개정증보판

뉴 에이지(NEW AGE)가 교회를 파괴한다

개정증보판

뉴 에이지(NEW AGE)가 교회를 파괴한다

뉴 에이지에 대한 신학적 비판

광명한 천사처럼 화려하게 사람을 설득한다.
그리하여 멸망의 바다로 내몰아 간다.
사람들은 이 흐름을 거스르기가 거의 불가능한 상황에 와 있다.
－추천사 中에서－

▌김영재 著

한국학술정보㈜

"뉴 에이지(New Age)는 새로운 시대라는 의미이다. 새로운 시대가 있기 위해서는 그에 버금가는 구시대(Old Age)가 있어야 하는데 이 구시대로 지목되는 것은 바로 예수 그리스도이다.

뉴 에이저들(New Ager)의 주장은 구시대의 주역인 예수 그리스도가 역사의 무대 뒤로 사라지고 이제는 사탄이 주도하는 새로운 시대인 뉴 에이지가 도래했다는 것이다. 그러므로 뉴 에이지를 단지 문화라고만 하기에는 불충분한 것이다. 왜냐하면 이처럼 뉴 에이지가 종교적인 색채를 강하게 띠고 있기 때문이다.

종교의 요소를 여러 가지로 분류할 수 있지만 크게 세 가지로 분류한다면 신과 구원과 내세이다. 이 세 가지의 사상이 뉴 에이지 속에 엄연히 내포되어 있기에 뉴 에이지는 단순한 문화가 아니라 반 기독교적인 종교인 것이다. 뉴 에이지는 창조 대신에 영적인 진화를 주장하는데 그 진화의 의미는 인간이 여러 가지의 수행을 통해 진화하여 신이 된다는 것이다. 그러기에 신인 인간이 다른 신을 숭배하는 것은 어리석은 행위에 불과한 것이며 진정한 자아를 알지 못하는 무지에서 나온 발산물이라는 것이다."

— 본문 中에서 —

지금의 시대는 문화 혼돈의 시대이다. 문화 속에 나타난 사탄의 궤계가 더욱더 드세게 자리매김을 하고 있는 시대이기 때문이다.

사람들이 접하고 있는 문화 전반부에 사탄이 덫을 놓고 그들의 영혼을 노리고 있다. 정말 지금이야말로 하나님 문화와 사탄 문화의 옥석을 가려야 할 때이다.

그러나 그 일은 결코 순조롭지도, 쉽지도 않다. 왜냐하면 사탄이 교묘하게도 가라지를 뿌려 놓았기 때문이다.

사탄의 표적은 당연히 크리스천이며, 궁극적으로는 교회를 무너뜨리는 것이다. 이미 서구 교회들은 이러한 사탄의 계략에 넘어가 교회가 세속화되어 가고 있는 실정이며, 심지어는 교회가 관광지로 변해 가고 있는 실정이다.

안타까운 문제 중의 하나는 문화 전반부에 감추어져 있는 사탄의 문화를 분별하기가 그리 쉽지 않다는 것이다. 아니 이제는 너무나도 교묘해서 문화에 대한 전문적인 지식이 없으면 분별할 수가 없는 상황이 되어 버렸다. 이러한 시대 속에서 교회는 하나님의 도우심 가운데 문화에 대한 관심도의 상승선을 아름답게 그려 나가야 할 것이다.

하지만 문화에 대한 관심을 간과해 버리는 경우도 없지 않아 있다. 21세기를 맞이한 이 시점에서 교회가 문화에 대해서 심사숙고(深思熟考)하지 않는다면 다가오는 시대를 감당하기가 어려울지도 모른다.

세상의 문화는 여러 가지의 모양과 다양한 방법들을 총동원하여 미래의 주역이 될 청소년들의 영혼을 사로잡고 있다. 아니 그들의 삶을 주도해 가고 있다.

사탄은 문화 전반부를 장악해 가고 있다. 또한 사탄은 사람들이 생활하면서 자연스럽게 받아들이는 문화의 영역 속에서 하나님의 유일성을 부인하며, 예수 그리스도 외에 다른 방법으로의 구원을 외치고 있으며, 예수 그리스도의 신성을 철저히 부인하며, 반면에 인성을 너무 강조한 나머지 십자가를 실패의 모형으로 주장하며 냉소를 짓고 있다.

사탄의 문화를 다른 말로 뉴 에이지(New Age) 문화라고 일컫기도 한다. 이 뉴 에이지 문화는 힌두교의 사상에 뿌리를 두고 있는데, 힌두교에는 3천3백만의 신이 있다. 그중에 최고의 신인 브라만을 두고 인간을 모두 브라만의 작은 부분으로 여기는 것이다.

다시 말하면 "당신은 신이다."라는 말이다.[1] 또다시 말하면 "내가 바로 신이다."라는 것이다.

사탄이 하와를 유혹할 때 어떤 말로 유혹했는가? "너희가 그것을 먹는 날에는 너희 눈이 밝아 하나님과 같이 되어 선악을 알 줄을 하나님이 아심이니라(창 3:5)."

지금도 여전히 사탄은 뉴 에이지 문화라는 선악과(?)를 가지고 사람들을 유혹하고 있다.

사탄은 영화, 음악, 비디오, TV, ……심지어는 교회 내에 침투하여 교회의 음악을 변질시켜 하나님께 드리는 예배의 거룩성을 무너뜨리고, 대중음악에서 사용하는 전자 악기들을 총동원하여 사람의 마음을 도취시키며 진정한 찬양의 의미를 희석시켜 가고 있다.

그러므로 이러한 사탄의 전략을 깨달아 알고, 마귀의 궤계를 능히 대적하기 위하여 하나님의 전신갑주를 입어야 할 것이다(엡 6:11).

1) 김웅광, 『뉴 에이지 운동의 정체』(서울: 국민일보사, 1994), p. 6.

❂ 추천사 Ⅰ

허무주의의 시대를 살아가고 있는 우리 인류는 현재 엄청난 사상적 혼돈 가운데 처해 있다. 그래서 무엇이 진리이고, 무엇이 비진리인지를 기독교인들조차도 구별하기 힘든 때를 맞이하고 있다.

이러한 때 우리 기독교인들, 특별히 우리의 기독 청소년들의 마음을 혼란케 하는 것 중의 하나가 '뉴 에이지'라 명명된 운동이다. 문자 그대로 본다면, '새로운 시대'의 도래를 꿈꾸는 운동이니, 뭔가 우리에게 '새로운'(?) 대안을 제시해 주는 것이 아닌가 오해하기 쉽게 되어 있다. 특히 이러한 운동을 하는 사람들은 '문화'라고 하는 달콤한 매체를 통해 접근한다. 그래서 새로운 문화에 대한 동경심을 가진 많은 사람들, 그중에서도 청소년들을 유혹한다.

김영재 목사님은, 추천자가 봉직하고 있는 개신대학원대학교 출신으로, 이곳에서 목회학 석사학위(M. Div.) 및 목회학 박사학위(D. Min. – 미국 KNOX THEOLOGICAL SEMINARY와 공동 박사학위 과정)를 받았다. 그는 '뉴 에이지' 문제에 대해 박사학위논문을 쓸 정도로, 오래전부터 이 문제에 깊은 연구를 해 왔고, 글도 많이 발표한 줄로 안다. 이제 그가 그의 박사학위논문을 책으로 내어, 많은 사람들에게 뉴 에이지의 실상을 알린다 하니 매우 반갑다. 아무쪼록 이 책을 통하여, 뉴 에이지의 문제를 극복하는 중요한 초석이 놓이고, 복음에 입각한, 진정한 기독교 문화가 창달되는 새로운 이정표가 세워지기를 간절히 바란다. 주께서 김 목사님과 이 책을 읽는 모든 분들께 충만한 은혜로 함께하시길 빌며.

前 개신대학원대학교 역사신학 교수 김광채

❂ 추천사 Ⅱ

강줄기를 보면 바다가 가까울수록 폭이 점점 넓어지다가 바다에 다다르면 엄청나게 넓어진다. 이와 같이 역사가 종말에 이르면 멸망으로 가는 길이 현저하게 넓어진다. 이 멸망의 길을 이끌어 가는 세력이 사단 마귀이다. 그리고 오늘날 사단 마귀가 효과적으로 사용하고 있는 무기가 뉴 에이지 운동이다. 뉴 에이지 운동은 겉으로 보면 아주 인간적이고, 자연적이며, 달콤하고, 매력적이며, 감성적이다. 그래서 사람의 마음을 사기에 아주 효과적이다. 사람의 기분을 좋게 하는 음악을 사용하고, 건강을 회복해 주는 요가를 활용하고, 눈을 즐겁게 하는 영화와 드라마를 이용하고, 사람의 머리를 맑게 하는 뇌 호흡이나 초월명상을 장려하며, 사람의 능력을 개발하는 좋은 프로그램들을 개발한다. 사람을 미혹하는 데 있어서 탁월한 방법을 다양하게 동원한다.

광명한 천사처럼 화려하게 사람을 설득한다. 그리하여 멸망의 바다로 내몰아 간다. 사람들은 이 흐름을 거스르기가 거의 불가능한 상황에 와 있다. 이 같은 멸망에의 흐름에 하나님의 택함 받은 백성들이 휘말리지 않기를 간절하게 소원하여 열정을 가지고 반 '뉴 에이지' 운동(ANTI-NEW AGE MOVEMENT)에 헌신한 일꾼이 바로 김영재 목사이다. 그는 음악과 영화와 동성애, 그리고 복제 인간 등 주요한 부분에서 뉴 에이지 운동의 정체를 폭로하는 데 온갖 노력을 기울였다.

하나님의 교회와 하나님의 택함 받은 성도들을 사상적으로 보호하는 데 김 목사의 논문이 시급하게 교회에 소개되는 것이 필요하다고 여겨 적극적으로 추천하는 바이다.

개신대학원대학교 조직신학 교수 나용화

■ 감사의 글

"나의 달려갈 길과 주 예수께 받은 사명 곧 하나님의 은혜의 복음 증거하는 일을 마치려 함에는 나의 생명을 조금도 귀한 것으로 여기지 아니하노라(사도행전 20장 24절)."

먼저 부족한 종으로 하여금 이 연구를 할 수 있도록 지혜를 주시고, 은혜를 베풀어 주신 하나님께 모든 영광을 돌리며 감사를 드린다.

그리고 이 연구가 완성될 때까지 여러모로 지도해 주시고, 격려해 주신 김광채 교수님과 나용화 교수님께 깊은 감사를 드린다.

또한 이 박사학위를 마치기까지 물질로 후원해 주신 나의 어머니 김정자 권사님과 늘 기도를 아끼지 않으며, 내조한 나의 아내 전사라에게도 감사를 드린다.

부족한 종에게 이렇게 귀한 박사과정을 통해 깊이 있는 학문을 연구할 수 있는 기회가 주어짐에 대한 큰 기쁨을 이루 다 말할 수가 없다.

아무쪼록 이 책이 하나님의 교회를 보호하는 데 미력하나마 도움이 되기를 바라며, 앞으로 교회에서 중추적인 역할을 감당해 나아갈 청소년들을 바른 진리 가운데로 인도하는 활력소가 되기를 바란다.

끝으로, 이 책이 신학교의 강의실과 교회의 목회 현장과 여러 곳에서 유익하게 쓰이기를 바라며, 뉴 에이지(New Age)에 대한 경각심을 불러일으키는 데 효율적인 계기가 되었으면 하는 간절한 바람뿐이다.

　이 책은 필자가 서울특별시 강북구 미아동에 소재한 개신대학원대학교와 미국의 낙스신학대학원(KNOX THEOLOGICAL SEMINARY)에서 공동으로 실시하는 목회학 박사학위과정(THE JOINT DOCTOR OF MINISTRY PROGRAM)을 마치고 2004년 5월 21일에 미국 플로리다(FLORIDA) 주의 포트 로더데일(FORT LAUDERDALE)에 소재한 낙스신학대학원(KNOX THEOLOGICAL SEMINARY)에서 목회학 박사학위를 받은 박사학위논문의 내용을 수정 없이 그대로 옮겨 놓은 것이다. 논문의 제목은 *"A STUDY OF THE INFLUENCE OF NEW AGE MOVEMENT ON THE ANTI-CHRISTIAN CULTURE"* 이며, 한국어로는 "뉴 에이지의 반 기독교 문화적인 영향에 대한 연구"이다.

　이 책의 머리말에 해당하는 글은 원래 본문의 내용 중에서 제2장, 제3절, 2에 해당하는 문화에 대한 각종 견해의 1)에 속하는 글이었으나 필자가 머리말로 옮겨 놓으면서 본문에서는 그 내용이 빠지게 되었다.

　또한 '패션 오브 크라이스트'와 '다빈치 코드'는 필자가 논문을 완성한 이후에 상영되었으므로 제5장, 제1절의 '뉴 에이지와 영화'에 관한 부분에 6. '패션 오브 크라이스트'의 반 기독교적인 성격과 7. '다빈치 코드'의 비성경적인 성격이라는 제목으로 추가하였다.

필자가 신학교와 교회에서 이 연구의 내용을 강의할 때마다 많은 사람들로부터 책으로 출판해 달라는 부탁을 받았으나 여러 가지의 이유로 미루어 오던 차에 한국학술정보(주) 출판사업팀의 박주선 님으로부터 필자의 연구 내용을 책으로 만들자는 연락을 받게 되어 2007년 9월 6일자로 『뉴 에이지(NEW AGE)가 교회를 파괴한다』 - 뉴 에이지에 대한 신학적 비판 - 이라는 제목으로 초판을 발행하게 되었고, 2010년 2월 26일에 한국학술정보(주) 출판사업부 김남동 님으로부터 이 책이 자사 도서 중에서 내용이 우수하고 현재·미래적 실용가치가 있는 도서로 선별되어 상업용 출판물에 어울리게 만드는 '개정(Remake)' 작업을 하자는 연락을 받게 되었고, 동년 3월 11일에 출판사업부 출판기획팀 문진현 님으로부터 기존에 출간했던 단행본 원고를 받아 개정증보하게 되었다. 그리고 개정하면서 논문 형식인 장절식이었던 목차의 형태를 단행본 형식인 십진법식으로 바꾸었으며, 기존에 목차 중에서

'~에 대한 고찰'을 '~에 대하여'로 바꾸었다.

또한 내용을 보충하고 증보하면서 6. 뉴 에이지와 반 기독교적 윤리, 6.1. 뉴 에이지와 동성애, 6.1.3. 동성애에 대한 분류에 관한 부분에 있는 넷째로, '트랜스섹슈얼(trans‒sexual)'에 하리수의 결혼에 대한 내용을 추가하였다.

끝으로, 필자의 연구를 책으로 만들어 주신 한국학술정보(주)에 다시 한번 감사를 드리며, 이 책을 통해 많은 독자들이 뉴 에이지의 의미와 위험성에 대해서 바로 알고 이에 대한 대책을 세워 나가기를 간절히 바란다.

2010년 5월

CORAM DEO(코람 데오‒하나님 앞에서)

김영재

■ 목 차

3. 뉴 에이지의 반 기독교적 사상 NUMBER THREE. THE ANTI-CHRISTIAN THOUGHT OF THE NEW AGE MOVEMENT / 63

4. 문화와 사탄의 음악 NUMBER FOUR. THE MUSIC OF THE CULTURE AND THE SATAN / 125

5. 문화와 사탄의 대중매체 NUMBER FIVE. THE POPULAR MEDIA OF THE CULTURE AND THE SATAN / 185

6. 뉴 에이지와 반 기독교적 윤리 NUMBER SIX. THE NEW AGE MOVEMENT AND ANTI-CHRISTIAN MORALS / 263

7. 끝나는 말 NUMBER SEVEN. CONCLUSION / 327

참고문헌 BIBLIOGRAPHY / 343

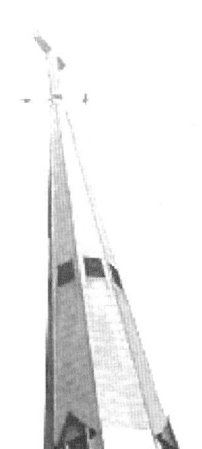

1. 시작하는 말

NUMBER ONE, PREFACE

수년 동안 교회의 학생부와 청년부를 지도하는 과정 중에 그들이 애착을 갖고 즐겨 찾는 문화에 대해 공감하는 마음으로 관심을 갖게 되었다. 그리고 그들이 접하고 있는 문화가 그저 그들의 욕구를 충족시켜 주는 것에 그치는 것으로만 알았는데 그것이 아니라 그 문화의 배후에는 사탄이 활동하고 있었고, 그러한 문화에 접한 자들은 하나같이 심각한 영적인 혼란을 겪게 된 나머지 교회를 떠나는 자도 있고, 심지어는 예수 그리스도만이 유일한 구원자 되심을 부인하는 자도 있었으며, 심한 방황의 틀 속에 갇혀 있는 자들도 있게 되었다.

그래서 필자는 문화에 대한 깊은 관심을 갖게 되었고, 연구에 몰두한 나머지 그 문화는 단순히 삶의 피로를 풀어 주고, 생동감을 주는 건전한 문화의 차원이 아니라 사탄이 사람들의 영혼을 말살시키는 목적으로 주도하고 있는 문화인 것임을 발견하게 되었고, 그러는 중 그들이 접하고 있는 문화 속에 반 기독교적인 요소가 스며들어 있는 것을 발견하고, 그 배후에 사탄의 강한 힘과 교묘한 술수가 있음을 발견하여 놀라움을 금치 못하게 되었다.

또한 그러한 사탄의 문화라고 이름할 수 있는 뉴 에이지(New Age Movement) 문화가 교회 속에도 잠식하여 들어와 교회에 심각한 영적 혼란을 초래하며, 심지어는 교회 내에서도 이러한 사탄의 문화인 뉴 에이지 문화에 대한 관심을 갖지 않고, 경각심을 갖지 않은 나머지 이 문화를 그대로 받아들이기도 하며, 답습하기도 하여,

진정한 교회의 모습을 상실하고, 성도들이 자신의 정체성을 상실하여 진정한 예배를 드리지 못하는 상황들이 발생하기도 하였다.

그리고 가장 급속도로 교회에 이 사탄의 문화인 뉴 에이지 문화가 퍼지게 된 것은 찬양이라는 이름으로 여러 가지 전자 악기를 통해 연주하는 음악인 것이다. 이 부분은 상당히 민감한 부분이지만 그 위험성이 심각할 정도로 크기에 꼭 밝혀야 할 과업인 것이다.

이러한 전자 악기들은 사람들의 감정을 자극시키는 데 충분한 효력이 있는 것이며, 이 전자 악기에서 흘러나오는 굉음을 듣다 보면 자신의 정체성을 잊어버리고, 이성이 실추되게 되며, 하나님을 바른 인격으로 찬양할 수가 없게 되는 것이다. 또한 심각한 정신적인 혼란을 가져오게도 되는 것이다. 그리고 진정한 회개의 눈물이 아닌 그저 자기감정에 충실한 눈물만을 흘리게 되며, 그때 그 순간에는 그 음악의 분위기에 압도되어 자신을 주체할 수 없는 것이며, 그것이 마치 진정한 은혜를 받은 것처럼 큰 착각을 하기도 하는 것이다. 그러나 그 상황이 종료되고 다시 현실로 돌아가게 되면 그때 흘렸던 그 눈물의 의미는 좀처럼 온데간데 없이 사라지고 마는 것이다. 그리고 그 분위기를 다시 찾기 위해 그때의 그 상황 속으로 빨려 들어가게 되는 것이다.

그러므로 하나님을 찬양하는 순수한 목적이 아닌 자신의 감정을 되살리고자 하는 이기적인 마음으로 찬양을 부르게 되는 것이다. 그러기에 필자는 이러한 심각성을 알고 그러한 사탄의 역할이 뉴 에이지, 즉 새로운 시대라는 허울 좋은 이름으로 다가오는 것을 알고, 그 정체성을 밝히고자 기도하면서 혼신의 힘을 다해 오던 중에 부족하나마 여러 가지 문화의 방편 속에서 사탄의 교묘한 술수를 알게 되었고, 이 정체를 밝히기 위해 여러모로 힘써 오게 되었다.

그래서 이에 대한 상담도 여러 차례 하게 되었고, 전국에 있는 교회에 강의도 여러 차례 하게 되어 큰 호응을 받게 되었다. 그리고 필자는 사탄이 과거처럼 예배와 신앙생활을 못 하게 방해하는 것이 아니라 문화를 통해 서서히 성도들의 마음을 좀먹고, 장악해 가며 끝내는 성도들을 진실한 신앙이 없는 육신의 사람으로 타락시키는 것임을 남달리 확신하고, 그래서 이러한 정체를 이 책을 통해서 철저하게 밝히고, 교회를 온전하게 세워 나아가는 데 일익을 담당하기를 원하는 바이다.

필자는 이 문제를 연구하는 데 있어서 그 기초를 하나님의 말씀인 성경에 두고 구약의 창세기 1장 28절 말씀인 "하나님이 그들에게 복을 주시며 그들에게 이르시되 생육하고 번성하여 땅에 충만하라, 땅을 정복하라, 바다의 고기와 공중의 새와 땅에 움직이는 모든 생물을 다스리라 하시니라."고 하는 말씀과 신약의 마태복음 28장 19절로 20절 말씀인 "그러므로 너희는 가서 모든 족속으로 제자를 삼아 아버지와 아들과 성령의 이름으로 세례를 주고 내가 너희에게 분부한 모든 것을 가르쳐 지키게 하라. 볼지어다 내가 세상 끝 날까지 너희와 항상 함께 있으리라 하시니라."고 하는 말씀에 입각하여 이 두 말씀 가운데서 원리를 찾고자 한다.

이 말씀처럼 하나님께서는 사람을 지으시고 문화를 정복하고 다스리라는 명령을 주시고 그에 따른 권세를 주셨지만 인류의 시조인 아담과 하와는 사탄의 유혹에 넘어가서 하나님께서 금기시하시는 선악과의 실과를 따 먹게 되었고(창 3:6), 하나님이 주신 문화의 정복권을 상실하게 된 것이다.

이 결과로 인해서 사탄은 문화를 장악하게 되었고, 그 문화의 늪으로 많은 사람들을 빠뜨려 허덕이게 만들었으며, 이를 다시 회복시키기 위해서 예수 그리스도께서 이 땅에 성육신하시어 십자가를 지시고, 사탄의 권세를 물리치시고, 아담이 상실했던 권세를 다시 인간에게 주시고, 모든 족속으로 제자를 삼아 아버지와 아들과 성령의 이름으로 세례를 주어 다시 문화를 정복하게 하셨다. 그리고 세상 끝 날까지 항상 함께하시겠다는 약속을 주셨다.

또한 덧붙여서 에베소서 6장 11절의 말씀에서는 "마귀의 궤계를 능히 대적하기 위하여 하나님의 전신갑주를 입으라."고 말씀하시고 있다.

이러한 문화 정복에 관련된 성경 말씀들을 여러 가지 문화의 방편들에 적용하여 그 실태를 낱낱이 파악하며, 성경에 입각한 건전한 가치관을 확립하여 문화에 대한 바른 인식과 분별력을 심어 주고자 한다.

여러 가지 문화의 방편이란 영화, 음악, TV, 동성애 등 사회 전반에 걸쳐 사람들과 친숙해져 있는 모든 문화를 의미하는 것이며, 사람들에게 없어서는 안 되는 의식주(衣食住)와도 깊은 관련이 있는 것이다.

또한 이 문화란 앞서 말한 뉴 에이지 문화를 지칭하는 것으로서 이 뉴 에이지 문화의 범주는 방대하므로 모든 곳에서 그 적용점을 찾을 수가 있는 것이다.

2. 문화의 성경적 · 신학적 개념

NUMBER TWO. THE SCRIPTURAL AND THEOLOGICAL
CONCEPT OF CULTURE

2.1. 문화의 개념

2.1.1. 개념

우리가 쓰는 문화라는 말은 동양에서 '글을 깨치게 되다.'는 한자어 '文化'에서 온 말인데 인간 문명이 발달되어 생활이 편리하게 되었다는 것을 의미한다.

그러나 영어의 문화를 의미하는 'Culture'란 단어는 라틴어의 '콜레레(colere)'에서 나온 말로서 그 뜻은 '땅을 갈거나 경작한다'는 의미의 말이다.

언어학적으로 본다면 동양은 정신적 의미로, 서양은 물질적 의미로 문화를 파악했다고 볼 수 있다.

서양의 문화인류학을 살펴보면 "문화는 사람의 마음속에 존재하는 관념들로 구성되어 있다."는2) 주장이 있다. 이는 문화를 다분히 추상적으로 보는 것이다.

그리고 어떤 학자들은 "문화란 행위로 구성되어 있다."고 말했다. 이는 문화를 학습된 행위로 보는 것이다.

또한 어떤 인류학자들은 "문화란 하나의 정신적 방어 기제이다."고 주장했는데 그것은 정신의학적으로 보는 것이다.

그러나 이상과 전혀 다른 논의도 제기되었는데 공산주의자인 레닌은 "한 떼의 원숭이들이 막대기를 움켜쥐었을 때 문화가 처음 시작되었으며 이에 의해 사람은 진화해 왔다."고 했으며, 엥겔

---

2) 성인경, 『아담과 문화를 논할 때』(서울: 낮은울타리, 1998), p. 41.

스는 "인간은 자신의 양손을 사용하면서부터 문화를 창조했다."고 말했다. 이는 다분히 진화론적이고, 유물론적으로 문화를 본 것이다.

이처럼 문화의 개념들이 발전되어 온 역사를 보면 시대가 흐를수록 문화의 개념이 계보적으로는 정신분석학이나 정치학 혹은 사회학으로부터 독립되어 점차 인류 문화학적인 입장에서 발전되어 왔다는 것과 영역의 범위에 있어서는 정신적 예술의 영역에서 삶의 전 영역을 의미하는 것으로 변천하고 있다. 그리고 성질상으로는 다분히 규범적인 개념에서 기술적인 개념으로 전환되고 있다는 것을 알 수 있다.

이렇듯이 세상의 문화의 개념은 유동적이고 다원적이다. 특히 유물론적 개념들은 마치 인간이 독립적으로 문화를 창조할 수 있는 것처럼 그리고 아무것도 없는 무에서 문화가 출발한 것처럼 말하고 있다. 그러나 사실 그것은 하나님이 문화 창조를 위한 모든 기초를 제공해 주셨다는 것을 무시하는 견해이며, 또한 문화가 어떤 수준까지 도달하면 문화가 인간을 구원할 수 있다는 문화적 낙관주의에 빠질 위험도 있는 개념들이다.

2.1.2. 기독교적인 문화의 개념

기독교적인 문화의 개념은 하나님이 아담을 에덴동산에 두시고 세상을 "정복하고 다스리라."고 하신 말씀에 근거한다. 본래 '정복하고 다스리라'는 말은 '착취하거나 남용하라.'는 말이 아니라 '개발하고 관리하라.'는 말이다. 왕이 자기 백성을 다스리듯이 청지기의 마음과 사랑으로 잘 관리하라는 것이지 결코 착취하라는 뜻이 아니다.

그러나 이 하나님의 명령을 왜곡하여 서양에서는 자연을 착취의 대상으로 보았고, 동양 사람들은 범신론적 사고 속에서 경배의 대상으로 보는 어리석음을 저질렀다.

서양 사람들이 달을 이용하려는 목적으로 연구한 반면 동양 사람들은 달을 숭배하느라 정성을 다한 것에서 문화관의 차이가 얼마나 무서운 결과를 낳는가를 알 수 있다. 이것은 잘못된 이념의 마술에 걸려들었기 때문이다. 이원론과 범신론이라는 마술에 걸린 것이다. 이런 어리석은 마술에서 구출한 것이 바로 기독교라고 환경학자인 화이트가 지적하였다. "유대 기독교는 세상을 마법에서 풀어 버렸다."

여기에 화이트가 "세상을 마법에서 풀어 버렸다."는 말은 자연을 착취의 대상이나 숭배의 대상이 아니라 심미적인 감상이나 과학적 연구의 대상이 될 만한 가치가 있는 실재하는 피조물로 이해할 수 있는 새로운 세계관을 갖게 했다는 말이다. 그러나 그 말은 자연을 실재하는 피조물로 받아들여야 한다는 그 이상을 의미하고 말았다.

안타깝게도 화이트는 자연을 사실로 보는 눈을 열어 주기는 했으나 아시시의 성 프란시스와 같은 종교적 환상이나 낭만적 관점에까지 나아가 버린 것은 잘못이었다.

그러므로 기독교적 문화의 개념은 기본적으로 서양 사상과 동양 철학과 배치되는 것으로서 반틸이 잘 지적했듯이 "하나님의 창조 세계에서 인간이 관리하고 개발하는 일체의 일"을 의미하는

말로 사용할 수 있다.3)

성경적인 의미에서 문화란 하나님의 형상을 가진 인간이 삶의 전 영역에서 생각하고 느끼고 창조하는 전 인격적 행위라고 할 수 있는 것이다.

즉 문화란 사람이 땅과 역사와 관계된 모든 업적들이다. 그런 의미에서 기독교 문화라고 하는 것은 기독교적 세계관에 의해 만들어진 인간 문화 전체를 말하는 것이며 예술 영역에만 국한시키는 것도 아니고 기독인들만이 만든 문화도 아니다. 건전하고 훌륭한 문화는 기독교적 문화인 것이다.

이런 개념은 문화를 예수 그리스도의 통치권 아래에 있는 기독교적 세계관의 결과로서 보는 것인데, 종교 개혁자 칼빈의 "하나님의 주권 아래 가정과 국가, 사회 및 문화의 모든 생활 영역을 두어야 한다."는 영역 주권 사상에 잘 나타나 있다.4)

기독교적인 문화란 한마디로 일축하면 첫 사람 아담에게 말씀하신 하나님의 명령에 의해서 시작된 것이다. 그러나 그의 범죄로 말미암아 온 피조세계가 부패하여 하나님의 문화 명령은 실현되지 못하였고, 그러기에 그러한 것을 회복시키시기 위해 예수 그리스도께서 이 땅에 오시고 십자가의 죽으심과 부활하심으로 다시금 새롭게 하신 것이다.

---

3) Ibid., pp. 42~44.

4) Ibid., p. 45.

2.2. 문화의 성경적 개념

2.2.1. 하나님의 문화 명령

창세기 1장과 2장에는 인간의 문화적 명령에 대한 말씀이 기록되어 있다. 에덴동산에서 인간의 문화적 명령은 '땅에 충만하라, 땅을 정복하라, 다스리라.'(1:28)는 세 가지의 말에 잘 표현되어 있다.

하나님의 형상을 입은 인간은 이와 같은 하나님의 통치를 감당할 수가 있었다. 인간은 피조물 중에서도 탁월한 존재이다. 그러므로 하나님의 피조계를 잘 다스리고 피조물들을 주관해야만 하는 것이다.

위임된 주권이란 하나님께 대해 문화적인 책임을 진다는 뜻이다.[5] 이 문화적인 책임은 하나님을 섬기는 복종심 아래에서 땅에 있는 모든 것들에 대해 특별한 관리를 수행해야 한다는 뜻이기도 하다. 이러한 인간의 문화적인 책임을 가리켜 문화 명령이라고 한다.

하나님은 아무것도 없는 황무지에 사람 하나만 덜렁 창조해 놓으신 것이 아니다. 이 최고의 정원은 누군가가 계속 지켜야 하고 돌보아야 하기 때문에 가장 위대한 창조물인 아담에게 문화 명령을 내리신 것이다.[6]

하나님은 아담을 창조하시고 그에게 명령을 내리사 하나님의

---

5) 신상언, 『행복한 문화사역』(서울: 낮은울타리, 1998), p. 17.
6) Ibid., p. 18.

창조가 자연 상태 혹은 처음 창조된 대로 있게 하신 것이 아니고, 하나님의 창조의 복사물이 이루어지게 하셨다. "생육하고 번성하여 땅에 충만하라,7) 땅을 정복하라, 바다의 고기와 공중의 새와 땅에 움직이는 모든 생물을 다스리라 하시니라(창 1:28)."고 말씀하셨다.

여기에서 땅은 단지 아담이 사는 생활공간만을 뜻하기보다는 전 세계를 내포한다고 보아야 맞다. 이 전 세계가 전 우주를 뜻하여 너무 광대하므로 아담의 탐구와 지배가 다 미치지 못하지만 그것이 배제된다고 할 수 없다. 아담의 지성의 대상으로서 닿는 곳은 다 그의 정복의 대상이다.

아담의 직접적인 다스림의 대상은 생물들이었다. 그중에 특히 동물들을 다스려야 했다. 이 다스림은 그 본성들을 연구하여 그 생물들을 활용하는 것을 뜻한다. 그 본성을 바로 알면 그 생물을 잘 활용할 수가 있는 것이다.

실로 6일간의 모든 창조의 백미는 인간 창조이다. 그 이전의 모든 창조물은 하나님의 형상대로 지음 받은 인간을 위한 것이며, 이 모든 것은 마지막에 창조된 인간에게 종속된다.

그러나 인간에게 주어진 정복과 다스림의 권한은 결코 인간 마음대로 취급해도 좋다는 방종의 허용이 아니라는 것이다. 오히려 이는 땅을 개발하며 자연을 잘 관리하여 선한 목적을 이루라는 하나님의 문화 명령에 순종하는 귀중한 소임으로 받아들여야만 하는 것이다.8)

---

7) 서철원, 『기독교 문화관』(서울: 총신대학출판부, 1992), p. 17.
8) 한성천, 김시열, 『옥스퍼드 원어성경대전』 창세기(서울: 제자원, 2002), p. 150.

하나님이 인간에게 문화적인 명령을 주신 목적은 인간으로 말미암아 자연계가 하나님을 영화롭게 하려는 것이며, 만물을 지배하므로 하나님을 알며 섬기는 데 힘을 얻게 하기 위함이다. 또한 그것은 자연계에 매이지 않고, 또는 섬기지도 않고, 그것들을 지배하므로 하나님을 영화롭게 하며 하나님과 가까워지도록 하기 위한 것이다.9) 인생이 만물을 정복하고 다스릴 때에 하나님을 알게도 되고 섬기게도 되는 것이다.

하나님께서 아담에게 땅을 정복하라고 명령하신 것은 땅을 자신의 것으로 취급하여 마음대로 행해도 좋다는 뜻이 아니라 선한 목적을 좇아 땅속에 포함된 자원을 개발하며 유용하게 이용하라는 문화 명령인 것이다.10)

2.2.2. 인간의 문화적인 책임

에덴동산에서의 인간의 문화적인 책임은 '다스리라', '정복하라', '다스리고 지키라'는 세 가지 말에 표현되어 있다.

사람이 하나님의 피조물 중에서 높은 위치에 있다는 것은 첫째로는, 인간이 문화적인 책임을 지닌다는 것이다. 그는 말할 것도 없이 문화적인 존재이다. 그러므로 이 세상에 속한다는 것은 인간의 본질의 하나이다. 그는 땅으로부터 만들어졌으며, 땅에 대한 특별한 책임을 가진다.

---

9) 박윤선, 『성경주석』 창세기(서울: 영음사, 1968), p. 84.
10) 강병도, 『호크마종합주석』 창세기 1(서울: 기독지혜사, 1989), p. 134.

둘째로는, 인간의 이 문화적 책임은 그 근거를 하나님의 뜻에 두고 있다는 것이다. 사람이 문화적 기능을 행사하는 것은 신적 명령 때문이다.

셋째로는, 이렇게 하나님의 뜻을 행하는 것이 인간의 하나님께 대한 바른 반응이라는 것을 생각할 수 있다. 가장 기본적인 수준에서 성경적 종교도 하나님께 대한 반응이다. 인간은 긍정적으로 반응할 수도 있고, 부정적인 반응을 보일 수도 있지만 어떻게든 반응해야 한다.

특히 개혁파에 속하는 많은 신학자들은 이런 인간의 문화적인 책임을 문화 명령이라고도 부른다.[11]

2.2.2.1. 인간의 특별한 지위

하나님의 형상대로 창조된 인간은 하나님의 대리자로서 땅을 정복하고 땅과 공중과 바다의 모든 생물을 다스려야 한다. 여기서 정복하고 다스린다는 말은 땅을 황폐화시키고 멸절시키라는 의미가 아니다.

그 반대로 사람은 하나님께서 맡기신 자연 만물을 가꾸고 지키며 돌보아야 한다. 그러므로 하나님의 지상 대리 통치자인 사람은 이 하나님이 세우신 창조 규정이 잘 이행이 되도록 감독하고 돌보아야지 자연을 파괴하고 생물을 말살시키는 것은 본질적으로 하나님의 창조의 뜻을 거역하는 것이다.[12]

---

11) 로버트 E. 웨버, 『기독교 문화관』 이승구 역(서울: 엠마오, 1984), p. 34.
12) 손석태, 『창세기 강의』(서울: 성경읽기사, 1993), p. 32.

창세기 1장 28절에서 시작된 역사의 진행 목표는 사람에 의해 다스리고 충만해지는 세상이다. 그 세상만이 하나님의 명령을 만족시킬 것이며, 이러한 명령은 이중적이다. 아담은 생육하고 땅에 충만해야 하고, 아담은 모든 피조물을 그의 지배 안에 복종시켜야 한다.[13]

인간은 하나님의 형상과 모양으로 창조되어 모든 피조물 중에 가장 존귀한 자로 또는 가장 위대한 통치자로 지음을 받아 복 주심으로 만물의 영장권을 행사하게 하셨다.[14]

하나님은 특별 조물을 만드시고 그를 아담이라 혹은 사람이라고 이름하시고, 그에게 자기의 창조를 맡기셨다. 그리고 이런 특별 조물을 지으시고 하나님은 그에게 큰 축복과 함께 우주의 통치를 위탁하셨다. 땅을 정복하고 모든 생물을 다스리는 책임을 위임하셨다. 이 위임으로 그는 창조를 계발할 책임을 맡았고, 하나님의 창조를 다스리는 대리 통치자의 책임을 받은 것이다. 그리고 시간의 진행 속에서 하나님의 뜻을 깨닫고 그 뜻을 해석하고, 선포할 책임을 지게 되었다.[15]

첫째로, 인간의 특별한 지위는 인간이 하나님의 특별한 사랑을 받는 존재임을 의미한다. 물론 하나님은 전 우주를 사랑하신다. 그러나 인간은 그중에서도 가장 커다란 사랑을 받는 존재이다.

둘째로, 인간의 특별한 지위는 인간은 하나님이 보시기에 특별한 가치가 있는 존재임을 의미한다. 물론 하나님은 모든 창조 세계를 가치 있게 여기신다. 그러나 하나님은 우리에게 특별한 가치

---

13) 워렌 오스틴 게이지, 『창세기의 복음』 손석태 역(서울: 솔로몬, 1999), p. 39.
14) 주현철, 『성경일반(모세오경)』(광주: 태광출판사, 1991), p. 16.
15) 서철원, 『하나님의 나라』(서울: 총신대학출판부, 1993), p. 15.

를 두신다.

셋째로, 인간의 특별한 지위는 인간에게 주어진 특별한 책임을 의미한다. 인간 외의 생물과 무생물들은 하나님을 영화롭게 해야 할 자신들의 책임을 상당히 자연스럽게 수행한다.

그러나 창조자에 대한 인간의 응답에는 인간을 다른 피조세계와 구별 짓는 무언가 특별한 면이 있다. 에덴동산에서 아담에게 주어졌던 금지 명령을 통해 알 수 있듯이 하나님은 우리가 창조자에 대한 적극적인 순종을 통해 하나님의 사랑에 사랑으로 응답하기를 바라신다.

인간들에게는 하나님의 계획에 자발적으로 따를 수 있는 특권이 주어져 있다. 그와 같은 하나님의 바람은 우리에게 커다란 책임을 부여한다.

성경은 우리의 책임을 창조 세계 속에서 지배권을 행사해야 할 사명과 연결 짓는다.16)

2.2.2.2. 인간의 '땅을 다스림'에 대하여

하나님의 형상이라는 개념과 우리가 땅을 다스린다는 개념은17) 창세기 기록 속에서 서로 인접해서 등장함으로써 그 둘의 연관성을 자연스럽게 보여준다.

우리는 동산을 경영 곧 경작해야 한다. 재배는 경작의 결과이다. 문화는 많은 것을 포함하고 있다. 우리가 손을 대는 것은 무

---

16) 스탠리 J. 그랜즈, 『하나님의 비전』 장경철 역(서울: CUP, 2000), pp. 80~81.
17) 리처드 미들턴, 브라이언 왈쉬, 『그리스도인의 비전』 황영철 역(서울: IVP, 1987), p. 64.

엇이든지 바꿔진다. 즉 우리는 어떤 종류의 발전을 일으키는 것이다. 발전과 변화가 인간의 관여 없이도 일어날 수 있지만 세상과 인간의 상호작용 혹은 세상에 대한 우리의 경작은 언제나 문화를 이룩한다. 그러므로 문화와 역사는 거의 분리될 수 없다.

문화는 인류가 발전시켜 오고 있는 것을 지칭하므로 본질적으로 문화는 역사적이다. 동산을 경작하는 것 이외에 우리는 또한 여러 가지의 관계 그리고 경배의 방식과 형태를 개발한다.

우리는 동물을 길들이며, 자연의 힘을 이용한다. 우리는 사상과 전통을 형성하고 발전시키며, 또한 기술에 의한 생산물들을 만들어 낼 뿐만이 아니라 사회적인 모임들과 제조들도 만들어 낸다.

문화란 단순히 지적인 추구나 미적인 추구만을 가리키는 말이 아니다. 문화란 인간 사회의 모든 영역을 망라하는 것이다. 문화 속에는 미술, 음악 그리고 학문만이 포함되는 것이 아니라 우리의 정치적, 경제적 생활, 종교, 교회, 교육, 기술, 대중매체, 결혼, 가정생활, 광고와 오락 같은 온갖 것들이 모두 포함되는 것이다.

문화적인 존재가 된다는 것은 간단히 말하면 인간적이 되는 것이다. 이와 같이 땅을 정복하라는 최초의 명령은 문화적 명령이다. 이 최초의 명령은 창조의 명령이라고도 불린다.18)

---

18) Ibid., pp. 65~67.

2.3. 문화의 신학적 개념

2.3.1. 문화와 종교와의 관계

　도날드 맥가브란(Donald McGavran)과 같은 입장을 가진 신학자들은 문화를 여러 구성 요소들의 집합체로 본다. 즉 그들은 문화를 유기체로 보기보다 여러 가지를 모은 복합체로 본다. 왜냐하면 그 속에 물론 고도의 상호관계가 있긴 하지만 그 구성 요소들이 문화의 본질은 아니기 때문이다. 그는 "대부분의 구성 요소들이 아무런 충격이 없이도 변화되거나 유기될 수 있다."고 계속해서 주장한다.

　그렇지만 대다수의 신학자들은 문화를 이런 식으로 분절하기를 꺼린다. 1920년대 이후에 유행한 기능주의자들이 다듬은 인류학파의 언어와 사상들을 종종 빌려 와서 그들은 문화를 '우리의 삶이 구성되는 것', 한 사회의 특정적인 행동과 사상, 실물 다듬어진 형태의 '총체적인 체계'로 정의하였다. 이런 시도들을 관통하는 공통분모들이 있다.

　즉 문화라는 것은 우리가 실재를 보는 방법을 결정짓는 총체적인 힘이요, 역동적인 유기체이다. 이런 문화적 구조의 형태 기능들 속에서 그 의미의 용법이 독특성을 지니지만 그래도 상호관계를 갖고 있게 된다.

　각각의 문화적 형태는 특별한 기능들을 발휘하면서 그 문화를 누리는 자들에게 의미를 전달해 준다. 또한 그것은 원래 비교적 수동적인 것이기 때문에 그 의미와 기능은 그 문화적인 형틀 속에서 능동적인 인간 대리자들이 어떻게 그것을 사용하느냐에 따라서 결정된다.

문화란 상호 연관성 때문에 결코 단순한 종교적 중립을 띠고 있을 수만은 없다. 그것은 영적, 도덕적, 기술적, 농경적인 힘들의 복합체이다.

그 속에서 한 부족과 민족은 신과 자연과 그 자체에 대한 기본적인 느낌들을 표현하려고 애쓰고 있다. 문화적인 형태는 그 자체가 중립적인 구조물이지만 그것이 가진 기능들과 의미의 사용도와 연관 지어 생각해 볼 때 우리는 엄밀한 의미에서 중립적이라고 말할 수는 없다.

문화란 종교의 구현이다. 그것은 헤아릴 수 없는 일상생활의 관계 속에서 실현된 종교이다.[19] 종교란 결정적인 구심점 역할을 하는 것이다. 문화 속에 종교는 초문화적인 하나님에 대한 반응이다.

타락한 아담은 문화를 건설해야 하는 의무를 피할 수 없었다. 그것은 언약이었다. 땅을 경작하는 그의 힘든 노동조차도 종교적인 차원에서 하나님이 주신 것이다.

문화의 형태는 범세계적인 시와 음악과 철을 완벽하게 하는 것이었다. 그러나 그것들은 그 의미와 용법에 있어서 꼭 같은 종교적 동질성을 지니는 것은 아니다. 문화의 형태들은 우리 자신이 드리는 예배에 따라서 결정된다. 그리스도인이 자기가 사는 문화권 속에서 그리스도 안에서 사는 모든 삶의 영역이 영적 예배이다.

그렇다면 종교란 문화가 지닌 통제부의 심장부요, 유기체로서의 구심점이요, 하나님의 계시에 대해 언약 속에 있는 인간의 전 포

---

19) 최현기, 『그리스도와 문화 Ⅱ』(서울: 유니온학술자료원, 1990), pp. 350~351.

괄적으로, 근본적으로 나타내는 반응이다. 세계의 종교들이란 단지 많은 유익을 지니고 있는 복합적 실재가 아니다. 그것들은 강력하게 삶을 지배하는 실재들이요, 불가견적인 구조물로서 개체 개체의 요소들이 다른 모든 것들과 밀착되어 전체적인 구조 속에서 그 의미를 부여받고 있다. 이미 형성된 문화나 하부 문화와 기독교가 만나게 될 때 그의 역할이 이제 선명하게 나타나게 된다. 기독교의 역할은 그 문화의 기능들과 의미의 용법을 일차적으로 그리스도께서 소유하도록 하며 그리고 나서 그 형태를 그리스도 안에서 개혁하는 것이다.[20)]

문화란 다양한 요소들의 집합체이므로 그 요소들 중에는 종교적인 요소도 있는 것이다. 그러므로 종교와 문화는 서로 밀접한 관계를 가지고 있는 것이며, 바른 종교관으로 문화를 이끌어 가야 하는 것이다.

2.3.2. 문화에 대한 각종 견해

2.3.2.1. 리처드 니버가 말하는 기독교 문화관의 다섯 가지 유형

첫째는, 문화에 대립하는 그리스도형이다. 이것은 세상과 그리스도를 대립 관계로 보아 그리스도는 거룩하나 모든 세상 문화를 부정적으로 인식하는 것이다.

여기에서 그리스도는 문화와 어떤 상관관계도 없으며 오히려

---

20) Ibid., pp. 352～354.

문화를 거부하는 것으로 이해가 된다.

이런 경우 기독교 문화는 성립되지 않는데 이런 관점으로 본 문화는 결코 기독교적인 요소나 색채를 띨 수가 없는 것이다.21)

터툴리안과 톨스토이는 여기서도 모든 문화에서 완전 단절을 요구하는 기독교 복음에 대해서 아주 다른 견해로 분리된 그 대표자들이다.22)

둘째는, 문화의 그리스도형이다. 여기서는 그리스도가 인간문화 사상에서 위대한 영웅으로 등장한다. 그리스도의 생활과 교훈은 최대의 인간 업적이며 그리스도께서 과거의 모든 선한 것을 재확인함과 동시에 문명의 전 과정을 정당한 목표로 인도한다는 것이다.

여기서 그리스도는 문화의 한 부분이 되는데 그리스도를 소망의 성취자로, 참믿음의 완성자로, 가장 거룩한 영의 원천으로 찬양하면서도 교회와 세상 사이의 긴장을 느끼지 못하는 우를 범하는 폐단이 있다.23)

또한 여기서는 리츨(Ritschl)이 대표하는 자유주의 입장을 생각하고 있다. 서구 문화의 기독교화된 요소들을 문화적 범주에 적용한다고 생각하고 그리스도에게 관계시키는 것은 어려운 일이 아니다.24)

셋째는, 문화 위에 있는 그리스도형이다. 여기서 볼 때 그리스도는 문화 그 자체인 동시에 문화 위에 있는 분으로, 즉 그리스도와 세상이 서로 반대될 수 없다는 주장이다.

토마스 아퀴나스가 대표적인 유형인데 그리스도뿐 아니라 다른

---

21) 신상언, 『사탄은 마침내 대중문화를 선택했습니다』(서울: 낮은울타리, 1992), p. 54.
22) 이근삼, 『칼빈 · 칼빈주의』(서울: 엠마오, 1972), p. 159.
23) Op. Cit., p. 54.
24) Op. Cit., p. 160.

법도 인정하고 있으나 단지 그리스도가 우위에 있을 뿐이라는 종합적인 형태이다. 이런 관점에 대한 비평은 모든 인간의 행위 안에 내포된 근본악에 대하여 진지하게 대결하려고는 하지 않는다는 것이다.25)

또한 이것은 중세 문화관을 니버가 표현한 말로서 은혜는 자연 위에 얹혀 있음이 마치 건물의 이층과 같다는 합성을 의미하는 것이다.26)

넷째는, 역설적인 관계를 가진 그리스도와 문화형이다. 그리스도와 문화는 양극성과 긴장 가운데 있으면서 역사를 넘어서 있는 정의를 불안정하게, 죄 있는 채로 소망하는 가운데 살아야만 하는 역설적 관계를 들 수 있다. 이 관점에서 볼 때 크리스천은 이중적 생활이 가능하며 상반되는 두 세계의 시민 노릇도 적당히 해 나갈 수 있는 것이다.

루터가 대표적 인물로 피안에 놓인 의인의 희망에 젖어 살면서도 여기서는 불안정하고 죄악 된 생을 살 수밖에 없다는 논리가 적용되기도 한다.27) 또한 여기서는 니버가 마르시온의 이원론뿐만 아니고 바울과 루터에게도 같은 동기가 있었다고 생각하면서 말하고 있다.28)

다섯째는, 문화의 변혁자로서의 그리스도형이다. 여기서는 타락되고 비뚤어져 있는 인간 본성이 문화 면에 나타날 뿐 아니라 문화로 말미암아 전승된다는 주장이 제기된다.

---

25) Op. Cit., p. 55.
26) Op. Cit., p. 160.
27) Op. Cit., p. 55.
28) Op. Cit., p. 160.

그리스도와 모든 인간적 제도, 관습과는 서로 대립되는 것을 인정하면서도 여기에서의 반립은 제1그룹에서와 같이 기독교인을 세상에서 분리시키는 데로 이끌어 가는 것도 아니고, 제4그룹에서와 같이 다만 초자연적인 구원을 바라고 참으려는 것도 아니다.

그리스도는 각자의 문화와 사회 안에 있는 인간을 개변시키는 분이시다. 그분은 인간을 향하여 문화에서 떠나라고 말씀하시지 않으신다. 문화를 떠나서 자연도 없으며, 사회를 떠나서 사람이 스스로 개심하거나 우상 숭배에서 하나님께로 돌아올 수 없기 때문이다.

이것은 어거스틴과 칼빈으로 이어지면서 새로운 문화, 즉 기독교 문화를 형성하도록 촉구한 관점이기도 하다.[29] 여기서 니버는 아우구스티누스의 견해를 취하고 있다.[30]

2.3.2.2. 외래문화의 침투로 인한 전통문화의 쇠퇴에 대하여

요즘 사회상은 점차 불건전한 방향으로 흐르고 있는 감이 있다. 그것은 사회악이 점차 증가 일로에 있음을 보아서도 짐작할 수 있는 바이다.

단적으로 표현한다면 우리나라는 사회적 붕괴의 과정을 밟고 있는 것 같다. 그것은 기존의 가치체계가 외국과의 접촉으로 인하여 붕괴하여 그것에 대치될 새로운 가치체계가 서지 않는 데서 오는 것이다.

---

29) Op. Cit., pp. 55~56.
30) Op. Cit., p. 160.

기존의 가치체계 속에 포함된 인습 내지 민속이 구속력을 상실하였기 때문에 도덕적으로 타락하고 사회악이 난무하게 되는 것이다. 그것은 외래문화에 대한 태도에 있다고 본다.

외래문화의 국내 침투로 인하여 기존 문화, 전통문화를 무가치하게 생각하는 사람들이 많다. 선진 문화를 섭취하는 것은 좋으나 외래문화를 무조건 받아들이는 태도는 삼가야 할 것이다.

우리들은 너무나 외국과 외래문화에 대하여 열등감을 품고 있는 것 같다. 모든 외래문화가 반드시 가치가 있는 것은 아니다.

외래문화는 여과시켜 장점만을 받아들여 우리 문화의 단점을 보충하는 요소가 되어야 하겠다.

외래문화나 외래 사상에 대한 열등감, 이것을 시정하기 위해서는 국민 각자의 자각과 반성을 촉구하지 않을 수 없다. 그리고 외래문화에 대하여 허영심을 갖거나 호기심에서 그를 받아들이는 태도도 삼가야 할 것이다.

자국 문화와 이질적인 외래문화를 취사선택함이 없이 무조건 받아들여 사회 질서가 파괴되고 멸망한 미개 민족도 있었다는 전례에 비추어 외래문화에 대한 고질적인 열등감을 버려야 할 것이다.[31]

끝으로, 무분별한 서양 문화와 일본 문화가 우리나라에 침투하여 감수성이 예민한 청소년들을 자극하고 이성에 대한 잘못된 시각의 눈을 뜨게 하여 성범죄를 부추기고 있다. 그리하여 바른 가치관을 갖지 못하게 하며, 이로써 기존의 삶에서의 탈피를 촉구하게 한다.

---

31) 최현기, 『그리스도와 문화 Ⅰ』(서울: 유니온학술자료원, 1990), pp. 164~165.

2.3.2.3. 대중문화에 대한 정의와 그 실태

맹용길 교수는 「기독교 신앙과 대중문화」라는 글에서 대중문화를 대중의, 대중에 의한, 대중을 위한 문화라고 정의하고 있다.

그렇다면 여기에서 말하고 있는 대중이란 누구를 지칭하는 것인가라는 질문에 그는 대중을 대다수의 사람들로 이루어진 집합체로서 사회적 지위, 계급, 학력, 재산 등의 사회적인 장벽을 초월해서 구성되는 사람들이라는 일반적인 의미로 말하고 있다.

손봉호 교수는 「대중문화에 대한 기독교인의 태도」라는 글에서, 대중문화를 "대중이 만들어 내고 대중이 즐기는 문화"라고 정의하지만 대중에 대한 이해는 매우 다르다. 그에게 대중이란 대부분의 사람들을 뜻하는 것이 아니라 '어떤 특정한 성격을 가진 인간군'을 가리킨다.

이 거대한 인간 집단은 현대 산업 사회에서 대량 생산과 대중 매체에 의하여 생겨난 획일화되고 규격화된 '소외된 인간군'이며, 따라서 대중문화는 소외된 문화라고 부정적으로 평가하고 있다.

그리고 '기독교인은 대중에 속할 수 없다.'라는 논리로 기독교인은 대중문화를 수용하거나 향유해서는 안 된다고 주장한다.

그뿐 아니라 많은 기독교 신학자들이나 문화 이론가들은 대중문화에 대해 강력한 비판을 가하고 심지어는 '문화 전쟁'까지도 선포하고 있다.[32]

그렇다면 왜 대중문화가 비기독교적이며 그리스도인이 비판적으로 대해야 하는 형태의 문화인가에 대해서 살펴보면 첫째로, 문

---

32) 강영안, 김연종, 신국원 외, 『대중문화, 더 이상 침묵할 수 없다』(서울: 예영커뮤니케이션, 1998), pp. 29~31.

화의 대중화는 공동체와 자아의 상실을 유발시키기 때문인 것이다. 문화는 공동체를 전제로 한다. 인간이 공동체를 형성하고 서로 교제하며 사는 삶의 방식이 그 공동체 특유의 문화를 산출하는 것이다.

둘째로, 현대성은 대중문화가 가지고 있는 또 하나의 위험성이다. 대중문화는 인류의 오랜 역사에 있어서 현대라는 특정한 시대에 일어난 새로운 문화 현상으로서 현대성이 그것을 가능하게 만든 본질적인 요소인 것이다.

20세기는 산업 혁명으로 인한 경제적인 갈등이 야기되어 공산주의와 자본주의라는 양대 이데올로기가 대립하였으나 80년대에 접어들면서 공산주의는 대부분 붕괴되고 자본주의의 승리로 결말을 맺고 있다.

그러나 공산주의든 자본주의든 둘 다 경제주의라는 시대정신이 낳은 쌍둥이였고, 사상적으로는 공히 물질주의를 지배한다. 이와 같이 물질주의가 지배한 20세기를 거치면서 인류 문화는 점차 상업적인 문화로 변질되었다. 이러한 결과를 계기로 해서 이제 문화는 상품으로 전락하게 되었고, 상품의 가치가 문화의 가치를 결정하게 된 것이다.

과거에 문화는 경제와 무관한 분야였으며, 오히려 재정적인 도움을 필요로 하였다. 그러나 현대의 대중문화는 산업의 한 분야로서 거대한 경제 규모를 가진 고도의 부가가치 산업으로 각광을 받기에 이르렀다.33)

이처럼 문화는 산업화되어 거대한 시장으로 변모하였고, 따라서

---

33) Ibid., p. 33.

거기에 종사하는 문화인들은 부에 대한 욕망을 충족시키기 위해서 인기라는 우상을 섬기고 있는 것이다.

텔레비전이나 영화나 음악 등과 같은 모든 현대의 문화는 시청률과 판매량에 관심을 집중시키며 촉각을 곤두세우고 있는 것이다.

이러한 자본주의적인 논리와 기회주의적인 인기 조작은 대중을 위해서가 아니라 자신의 경제적인 치부와 신분 상승을 위해 대중의 기호를 조작하고 죄악성을 부추기는 위험한 결과를 초래하게 되었는데[34] 이러한 문화를 일컬어 뉴 에이지 문화라고 한다.

실로 최초의 인류 문화는 하나님을 떠나 관계가 단절되면서 극도의 불안을 느꼈던 가인과 그 후예들에 의해서 만들어진 것이다.

현대의 대중문화는 그 자본주의적인 경쟁성 때문에 좀 더 재미있고, 쾌감을 줄 수 있고, 무료함을 달래 주는 문화로 전락해 버렸고, 따라서 좀 더 자극적인 섹스와 폭력이 갈수록 강도를 높여 가고 있는 것이다.[35]

셋째로, 대중문화의 세속성이 부정적인 평가를 유발시킨다. 현대 문화는 과거의 문화에서 종교를 제외시켜 버렸기 때문에 사람들은 의미를 발견하지 못한 채 무의미하고 피곤한 방황을 하게 된다. 이러한 현상을 가리켜 '문화의 세속화'라고 한다.[36]

일반적으로 세속화란 비종교화를 의미하고 있다. 대중문화는 대량 생산에 의해 대량으로 전달되고, 대량으로 소비되는 문화라고 할 수 있다.[37]

---

34) Ibid., p. 34.
35) Ibid., p. 35.
36) Ibid., p. 38.
37) 신상언, 『사탄은 마침내 대중문화를 선택했습니다』(서울: 낮은울타리, 1992), p. 137.

그러나 하나님의 문화 명령에 의해서 출발된 문화가 외형적으로 점차 물질이 풍부해지고 과학이 발달하면서 사회와 국가는 타락의 길을 걷기 시작하였고, 급기야는 전쟁과 살인, 폭력과 섹스, 환락과 무절제 등 사탄이 유혹하기 쉬운 현상으로 변해 버렸다.38)

이러한 대중문화가 쇠퇴하게 된 배후에는 사람들의 죄악이 관여되었고, 사탄이 문화를 이용해 바른 가치관을 상실하게 만든 것이다. 그리고 대중문화의 여러 가지 배경 속에서 끊임없는 유혹을 하고 있는 것이다.

과거에는 사람에게 의식주가 중요하였지만 지금처럼 풍부한 시대에는 의식주보다도 더 중요한 것이 문화인 것이다. 그리고 이 시대의 젊은이들에 대중문화는 목숨을 걸어도 좋을 만큼 중요한 것이 되어 버렸다. 그러므로 이 대중문화의 늪에 빠져 허덕이는 젊은이들이 많아지고 있으며 심지어는 자살이라는 이름으로 세상을 등지는 자들도 많아지는 것이 지금의 대중문화의 현주소인 것이다. 그리고 대중문화가 더 이상 우리에게 바른 인성을 심어 줄 수 없는 것이며, 우리가 경계해야 될 대상이 되어 버렸다.

사탄은 대중문화라는 거대한 무기를 가지고 많은 사람들을 죽이고, 그들의 정신을 혼란스럽게 만드는 데 사용하고 있는 것이다. 그리고 급기야는 거짓된 종교관을 대중문화라는 이름으로 사람들에게 주입시켜 영혼을 말살시키고 있는 것이다.

---

38) Ibid., p. 138.

2.3.3. 칼빈주의 문화관

칼빈은 어거스틴처럼 문화에 대한 그리스도인의 태도에 관하여 변혁 모델을 주장한다. 이 변혁 모델의 특성은 첫째로, 인간의 삶의 구조가 변혁되고 변화되어야 한다는 데 있다. 즉 하나님의 나라가 이 세상 나라 한복판에서 경험되고 인간의 삶의 모든 영역에서 하나님을 보며 그의 영광이 나타나야 한다는 것이다.

둘째로, 변혁 모델은 죄의 치명적 영향이 삶의 모든 구조에 스며들어 있음을 전제한다.

셋째로, 변혁 모델은 그리스도의 구속의 우주적 성격을 전제한다. 그리스도의 구속은 그 영향을 인간의 영혼뿐만 아니라 모든 삶의 영역과 피조세계 전반에까지 광범위하게 미친다. 즉 그리스도의 십자가의 죽으심과 부활은 모든 문화를 변혁시키는 능력이 있다.

넷째로, 변혁 모델은 교회를 이해함에 있어서 모든 삶의 구조에 복음이 구속적 영향력을 미치도록 부르심을 받은 새로운 공동체, 즉 문화적 사명의 공동체로 본다.

요약건대, 어거스틴과 칼빈의 문화관의 핵심은 복음이 인간의 모든 삶의 영역에 스며들어 그것을 변화시킴으로써 삶의 한복판에서 하나님의 영광이 드러나야 한다는 것이다. 이로써 칼빈의 체계를 따르는 칼빈주의자들은 그리스도의 복음이 인간의 모든 삶의 영역과 문화의 활동과 그것의 성취에 스며들어 그것을 변혁시켜 하나님의 영광이 선포되는 기독교 문화가 이루어질 것을 강조한다.[39]

---

39) 나용화, 『칼빈과 개혁신학』(서울: 기독교문서선교회, 1992), pp. 164~165.

성경이 말하는 문화적 기초에 관해 고찰함으로써 문화의 변혁 문제를 다루어 보고자 한다.

인간의 거주를 위하여 마련된 세계는 하나님이 보시기에 '참 좋았더라.'고 하였다. 아담과 하와의 거주하는 집은 특별히 마련된 동산이었고 거기에는 좋은 과실들과 아담에게 이름을 지어 주라고 아담 앞에 이끌어 놓은 동물들로 가득 찬 것이다. 창조와 그 속에 있는 보물들은 하나님이 다 하신 일이다. 그것들은 다 좋았다.

더욱이 사람은 하나님의 형상으로 지음을 받았고, 에덴동산에 있게 되어서 자기를 위하여 마련된 창조에서 유익을 받을 수 있고, 그 창조와 더불어 일할 수 있는 것이었다.

이와 같이 문화의 기초는 창조의 구조 속에 있는 것이다. 뿐만 아니라 문화의 기초는 언약의 구조 속에도 있다. 하나님이 아담을 에덴동산에 두실 때 벌써 창조 구조에다가 언약 구조를 더하신 것이다. 그것은 하나님이 사람에게 말씀하시고 그와 사귐을 가지신 것이다.

에덴동산은 곧 하나님의 동산이다. 아담이 하나님의 형상을 가진 것은 먼저 그가 창조의 주인으로서 자기 임무를 하기 위함이 아니고, 하나님과의 인격적인 사귐을 가지기 위함이었다.

문화적 사명이라고 하는 명령은 축복의 형식을 가지고 있다.[40] 성경에 있는 모든 축복과 같이 문화적 사명도 하나님과의 사귐과 하나님과의 총애의 표징인 것이다.

사람의 임무는 하나님이 주신 것으로 창조주와의 언약적 사귐으로 인간을 매는 것이다. 그 임무를 성취하는 언약의 관리직은

---

40) 이근삼, 『칼빈 · 칼빈주의』(서울: 엠마오, 1972), p. 161.

하나님과의 사귐의 성장이다. 더욱이 사귐과 관리직은 하나님의 창조사업을 완성시키는 데 있어서 아담과 하와가 먼저 실천한 것이다.

동물들과 무생물들을 구별한 것은 지상에서 아담의 통치를 의미한다.

하와가 아담의 살과 뼈에서 특별히 창조된 것은 하나님의 형상 안에서 인간의 사귐의 본질을 말해 주고 있다. 그 사귐은 동산을 지키고 땅을 정복하는 일과 함께 자손들로서 땅에 충만하는 것으로 실천되는 것이다.

창세기에는 문화의 확고한 기초가 창조와 언약의 구조 속에 놓인 것이다.

성경에 말하는 문화적 변혁은 마지막 아담, 예수 그리스도의 사역에 초점을 두고 있다. 그리스도는 언약과 창조의 구조를 새롭게 함으로써 문화의 기초를 변혁시킨다.

첫째로, 하나님이 아담과 더불어 에덴동산에서 세운 언약적 사귐은 예수 그리스도로 말미암아 새롭게 되었다.

이 땅은 죄로 말미암아 광야가 되었다. 화염검은 하나님 앞에서 죄인을 단절시켰다. 그러나 예수는 아버지에게 순종하는 아들로 광야에 오셨다. 그는 정한 시간에 심판의 검을 가지고 자기가 구속한 백성들을 새로운 성, 새 성소, 하나님의 새 동산에 인도하신다.

그리스도의 완성하신 사역을 통하여 교회는 그리스도의 형상으로 새로워지며 심지어는 아버지의 형상을 가지게 된다. 언약적 사귐을 다시 가지게 되는데 이것은 그리스도 안에 있는 하나님을 저희 아버지라 부르게 되고, 형제들의 사귐을 알게 되기 때문이다.

둘째로, 그리스도는 창조 구조를 새롭게 함으로써 문화의 기초를 변혁게 하신다. 새 언약의 충만함에서 하나님과 인간과의 언약적 사귐의 설정이 또한 새로워져야 하는 것이다.

그리스도는 성령의 능력으로 개인들을 중생시키시는 것만이 아니라 새 하늘과 새 땅에 있는 만물을 새롭게 하실 것을 약속하신다. 모든 자연은 새로워지고, 인간 사회도 그와 같이 새로워진다.

아담은 땅에 충만하고 그것들을 다스리라는 명령을 받았다(창 1:28). 바울은 말하기를 그리스도가 죽은 자 가운데서 부활하여 하나님의 보좌의 오른편에 좌정하셔서 모든 통치자들과 권세와 능력을 주관하시므로 만물이 그의 발아래 복종하며 만물을 그가 충만케 하신다고 하였다(엡 1:23; 4:10). 그리스도가 만물을 충만케 하심은 마지막 아담으로서의 충만케 하심이다.41)

그리스도 안에서 사람이 하나님의 형상으로 지음 받은 의의가 있고 하나님께 순응해야 할 인간의 임무 수행의 충만이 그에게 있다.

문화와 예배가 뜻할 수 있는 모든 것이 예수 그리스도 안에 요약되는 것이다. 그리스도의 통치는 그의 재림 때까지 모든 배교적 문화 위에 미친다.

끝으로, 그리스도는 그의 나라에서 문화를 새롭게 하신다. 그리스도 안에서의 새로운 생은 하나님의 백성으로 하여금 이 세상 문화 속에서 누룩이 되게 한다.

소금처럼 저들은 이 세상이 더 부패하는 것을 막는다. 그리스도 나라의 생활은 자기 백성들 가운데에서 문화적 구현을 가진다.

하나님의 백성들의 한 형체로서의 교회는 그리스도가 명한 것이

41) Ibid., pp. 162~165.

고, 그리스도가 지배하는 것이고, 그리스도가 내재하시는 것이다.

그리스도 나라의 문화에 대한 변혁적인 세력은 특수 기술이나 제한된 양식에서 찾아서 안 된다.

기독교 문화는 어떤 때는 예술 분야에서도 찾을 수가 있다. 그러나 성령은 열심과 질서의 원인자이시며, 우리는 그리스도의 구속의 능력으로 활동력과 구조에 있어서 문화의 쇄신을 기대해야 한다.

문화는 특수 양식의 소개로 새로워지는 것보다 근본적으로 더 새로워지는 것이다. 회복된다는 것은 하나님께 초월적으로 관련되어 모든 문화를 가능하게 하는 것이다.

또한 문화는 그리스도의 통치 아래에서 참된 인간화로 말미암아 새로워지는 것이다. 의의가 없으면 모든 문화는 산산조각이 난다. 로고스이신 그리스도만이 오늘에 있어서 인격적 의의를 가지게 할 수 있다.

문화의 범위는 넓어진다. 다양성과 신진성은 그리스도와의 교제에서 오는 해방된 기쁨을 통해서 오는 것이다. 물론 기독교적 문화의 표현은 아주 종교적일 것이다. 시는 하나님을 찬양하는 성가이며, 음악은 예배를 위해서 작곡이 될 것이다.

우리들이 이 세상에서의 문화적인 노력은 그리스도가 오시는 날에 판단될 것이다. 그러나 우리는 헛된 수고를 하지 않는다. 그 이유는 우리 손에 일을 주신 이가 하나님이시며 우리에게 있는 것은 하나님의 아름다움이기 때문이다.[42]

---

42) Ibid., pp. 166~169.

2.3.4. 성경적 세계관

모든 사람은 세계관을 가지고 있다. 세계관은 결코 삶에 대한 시각만은 아니다. 그것은 언제나 삶을 위한 시각도 된다.

한 개인이나 민족으로 하여금 실제로 어떤 특정한 인생행로를 걷게 하지 못하는 삶의 시각이나 세계관을 실은 전혀 세계관이라고 할 수 없다. 우리의 세계관은 우리의 가치 기준을 결정한다. 우리의 세계관은 우리 주위의 세계를 어떤 방식으로 해석하게 한다. 그러나 세계관은 단 한 사람에게만 속하는 것이 아니라 언제나 공유되는 것이며 공동적 성격을 지니고 있는 것이다.

또한 이 세계관은 문화와 밀접한 관계를 가지고 있으며 문화의 서로 다른 모든 측면들은 그 문화의 세계관에서 나오는 것이며 그것에 의하여 방향이 정해지는 것이다. 그리고 문화의 서로 다른 측면들을 함께 묶어 주는 것이 바로 세계관이다.

문화적인 삶은 지배적인 세계관에 뿌리를 내리고 있을 뿐 아니라 그 삶은 그 세계관에 부응하도록 방향 지어진다.[43]

세계관은 삶에 대한 시각만이 아니라 삶을 위한 시각으로서 세상에서 삶의 모델을 제공한다. 이 세계관은 1) 내가 누구인가? 2) 내가 어디에 있는가? 3) 무엇이 잘못되어 있는가? 4) 그 치료책이 무엇인가 하는 질문에 대답하는 데 기초한다.

그러기에 성경적 세계관은 창조, 타락, 구원이라고 하는 삼중 구조를 성경적으로 이해하는 데서 비롯된다.[44] 성경적 세계관은

---

43) 리처드 미들턴, 브라이언 왈쉬, 『그리스도인의 비전』, 황영철 역(서울: IVP, 1987), pp. 37~39.
44) 나용화, 『기독교 세계관 문답공부』(서울: 기독교문서선교회, 1990), p. 22.

창조주 하나님과 그의 창조 사역으로부터 시작한다. 하나님이 창조하실 때 시간과 공간이 시작되었다. 하나님께서 만유를 창조하신 아버지로서 모든 좋은 것들의 원천이심을 알고 그를 사랑하며 신뢰하고, 그가 창조주이시기에 만유의 주관자요, 주인이심을 알고 그를 경외하며, 그 앞에서 그를 위하여 사는 데서 우리의 삶의 의미를 갖는다.[45]

2.3.5. 사탄 문화와 포스트모더니즘

포스트모던(post‐modern)은 포스트 논의 속에서 떠오른 가장 두드러진 주제이다.

이 논의에서 중요한 두 단어는 포스트모더니즘(postmodernism)과 포스트모더니티(postmodernity)이다. 전자는 주로 사상적 경향을 지시하는 말이라면, 후자는 그 사저가 지배하는 시대를 의미한다. 처음에는 주로 건축과 문학 등 예술 분야와 철학에서 논의되던 포스트모더니즘이 어느새 오늘날 문화 전체의 성격을 규정하는 지시어로서 자리를 잡아가고 있는 것이다.

한국에서도 포스트모던이란 용어는 어느새 학술 전문 서적뿐 아니라 언론 매체에서도 자주 등장할 정도로 익숙해져 있다.

포스트모던은 글자 그대로 모던(modern), 즉 근대와 관련된 말이다. 근대란 대략 16세기 이후의 과학 기술과 계몽사상에 근거한 인본적이고 이성적인 삶의 양식이 지배하는 시대를 말한다.

---

45) Ibid., p. 26.

그렇다면 포스트모던이란 이제 과학과 이성으로 특징지어진 근대를 떠나 새로운 시대로 접어들고 있다는 이야기이다. 그것이 후(後)근대 또는 탈(脫)근대로 번역되는 것은 이를 잘 보여준다.

따라서 포스트모던을 이해하기 위해서는 모던뿐 아니라 그 이전 세계의 역사적 변천 과정에 대해 다소간 알 필요가 있다.

포스트모던이 전 시대로부터 비판과 이탈을 시도하는 운동이라 할지라도 단절뿐만 아니라 연속성이 있기 때문이다. 그러나 물론 거기에는 모던의 연장만 있는 것이 아니다. 포스트모던이 모던의 연장이라면 오늘날의 문화 현상을 설명하기 위해 자주 사용되는 '포스트(post)'라는 말의 의미를 과소평가하는 것이다.

대개 포스트모던이란 단어는 아놀드 토인비가 대표작 「역사의 연구」(*Study of History*)에서 서구 역사를 크게 암흑기, 중세기, 모던, 포스트모던의 네 시기로 구분한 것에서 유래되었다고 알려져 있다.

여기서 포스트모던이란 제1차 세계대전 또는 1870년대 이후의 세계를 의미한다. 곧 합리주의가 붕괴되고 무정부주의가 처음 대두되기 시작한 가장 최근의 역사적 시기를 지시하는 말이었다.

포스트모던이란 어휘가 문화 전반부에 대한 묘사어로 처음 사용된 것은 역시 1956년판 토인비의 「역사가의 종교이해」(*An Historian's Approach to Religion*)에서다.

토인비는 이 책에서 포스트모던시대의 특징을 자포자기, 도피주의, 표류라고 보았으며, 또한 그 시대는 언어, 관습, 종교 등 사회 문화의 모든 영역에서 아무것이나 무차별하게 수용하는 초점 없는 혼합주의와 무비판적 관용의 시대라고 하였다. 그는 이러한 현상을 대중적 정신의 승리라고 표현하였다.

포스트모던이란 어휘가 광범위한 영역에서 주목받기 시작한 것은 70년대의 일이다. 그것은 건축에서 시작하여 문학과 철학을 거쳐 문화사회 전반부에 중요한 말로 부각되었다.

문학 비평가나 문화 이론가들 사이에서 점차 새로운 문학과 문화의 추세를 포스트모더니즘으로 규정함으로써 이 말은 한층 유행하기 시작했다. 결국 포스트모더니즘이 어느 날 갑자기 생겨난 사조가 아님을 감지할 수 있다. 포스트모더니즘이 잠복기가 길었다는 주장이 설득력을 갖는 것은 이런 이유에서이다. 그것은 이미 오래전부터 누적된 현상들의 폭발이라고 보는 것이 더 정확하다.46)

포스트모더니즘의 특징은 첫째, 모든 것이 불확실해졌다는 것이다. 이성의 신뢰성에 금이 가고 과거의 기준이나 가치관이 애매모호해졌다는 것이다. 따라서 앞으로의 세계는 불확실의 논리 위에서 모든 것이 결정될 것이며 그에 따른 혼란은 점점 더 심해질 것이다.

둘째, 미래에 대한 불안이 종전의 낙관주의를 대체하게 되었다. 세계대전의 위험은 사라졌으나 핵무기 사용의 불안은 여전하며 자원 고갈과 환경오염 등으로 인류의 내일은 그 어떤 것도 보장받지 못하게 되었다. 셋째, 다원주의 사상이 대두되기 시작했다. 모더니티의 절대성과 통일성은 사라지고 다원주의와 상대성, 우연성이 새로운 논리의 틀로 자리를 잡기 시작한 것이다.

다원주의의 출현은 특히 복음주의 신학에 심각한 영향을 끼쳤다. 예수 그리스도가 유일한 구원의 길이며, 절대 진리라고 하는 것을 믿으려 하지 않는 것이다.

성경적 다원주의라는 것은 진리 문제 이외의 것에서 적용되어

---

46) 신국원, 『포스트모더니즘』(서울: IVP, 1999), pp. 13~16.

야 하는데 포스트모더니즘적 사고는 구원의 문제에까지 그것을 확대시킴으로써 기독교를 뉴 에이지화하는 데 결정적인 영향을 미쳤던 것이다.

포스트모더니즘은 다양한 분야에서 가시화되기 시작했는데 이를테면 포스트모던 영화, 포스트모던 건축, 포스트모던 소설, 포스트모던 헤어스타일, 포스트모던 부부, 심지어 포스트모던 대통령이라는 용어까지 등장한 상태이다.

포스트모더니즘 문학에서는 종래의 플롯을 무시하고 다층적 서술자를 등장시킴으로써 독자를 혼란스럽게 한다. 작가 자신이나 어느 주인공을 절대시하지 않고 여러 등장인물의 서로 다른 시각과 해석을 그대로 살리는 기법이다. 필연성 대신 우연성이, 철저한 구성력과 인과응보적 논리 대신 앞뒤가 안 맞는 잡다한 얘기들이 작품을 이루기도 한다.

포스트모더니즘 미술에서도 관객을 당황하게 하기는 마찬가지다.

'생명'이라는 제목을 붙여 놓고 썩어 가는 생선을 매달아 전시장을 온통 썩은 냄새로 진동하게 하는가 하면 수십 마리의 병아리를 칼로 찔러 놓고 피를 흘리게도 한다.

'관객모독'이라는 포스트모더니즘 연극은 관중과 무대의 초연적 거리감을 무시한 채 극 중에서 관객을 끌어다가 고문하는 장면에서 사람들은 종래의 가치관으로 도저히 이해할 수 없는 충격을 받는 것이다.[47] 그런데 이러한 돌발적인 사태에 대하여 관객이 항의하는 게 아니라 더 많은 호기심을 가지고 달려드는 것이다.

---

47) 신상언, 『대중문화 최후의 유혹』(서울: 낮은울타리, 1993), pp. 48~50.

3. 뉴 에이지의 반 기독교적 사상

NUMBER THREE, THE ANTI–CHRISTIAN
THOUGHT OF THE NEW AGE MOVEMENT

3.1. 뉴 에이지의 정의

뉴 에이지(New Age)는 새로운 시대라는 의미이다. 새로운 시대가 있기 위해서는 그에 버금가는 구시대(Old Age)가 있어야 하는데 이 구시대로 지목되는 것은 바로 예수 그리스도이다. 뉴 에이저들의 주장은 구시대의 주역인 예수 그리스도가 역사의 무대 뒤로 사라지고 이제는 사탄이 주도하는 새로운 시대인 뉴 에이지가 도래했다는 것이다. 그러므로 뉴 에이지를 단지 문화라고만 하기에는 불충분한 것이다. 왜냐하면 이처럼 뉴 에이지가 종교적인 색채를 강하게 띠고 있기 때문이다. 종교의 요소를 여러 가지로 분류할 수 있지만 크게 세 가지로 분류한다면 신과 구원과 내세이다. 이 세 가지의 사상이 뉴 에이지 속에 엄연히 내포되어 있기에 뉴 에이지는 단순한 문화가 아니라 반 기독교적인 종교인 것이다. 뉴 에이지는 창조 대신에 영적인 진화를 주장하는데 그 진화의 의미는 인간이 여러 가지의 수행을 통해 진화하여 신이 된다는 것이다. 그러기에 신인 인간이 다른 신을 숭배하는 것은 어리석은 행위에 불과한 것이며 진정한 자아를 알지 못하는 무지에서 나온 발산물이라는 것이다.

이 뉴 에이지는 1975년까지 비밀리에 완전히 지하에 숨어 있었다. 그러나 그들은 새로운 세계 질서와 임무를 위하여 계획을 공개하기 시작하였다. 새로운 시대의 이론은 광범위하게 퍼졌고 새로운 시대의 구세주의 선언과 연결되어 전 세계적으로 사용 가능한 모든 매체를 통하여 선전되어야 하는 것이다.[48]

---

48) 신상언, 『사탄은 마침내 대중문화를 선택했습니다』(서울: 낮은울타리, 1992), p. 72.

3.2. 뉴 에이지의 본질

뉴 에이지 사상을 그리스도인들에게 있어서의 유신론만큼이나 자연스럽게 여기는 사람들이 있다.

심리학 분야에서 의식의 변화된 상태의 정당성을 인식한 최초의 이론가는 윌리엄 제임스이다.

후에 융과 아브라함 매슬로우가 그의 추종자가 되었다.

알더스 헉슬리는 전문적인 심리학자는 아니지만 심리학과 정신의학 분야에 있어서 마약 치료와 연구에 전념했는데 그는 1960년대의 마약 숭배에서 영감을 받은 듯하며 젊은 과학자들로 하여금 마약에 대해 학문적인 이유 그 이상의 심도 깊은 연구를 하도록 부추겼다.

메릴랜드 연구센터의 스타니슬라브 그로프는 죽어 가는 환자들을 대상으로 실험하여 그들에게 LSD(lysergic acid diethylamide: 환각을 일으키는 투명한 결정체)를 투여하여 우주가 통일되는 그런 느낌을 갖도록 했으며 아울러 그들 자신의 죽음을 준비시켰다.[49]

『물병자리의 공모』라는 책을 쓴 마릴린 퍼거슨은 시작과 깨달음과 갈등의 단계를 설명하면서 LSD를 예로 든다. LSD가 육십 년대에 사람들을 깨달음의 단계로 인도하는 역할을 했다는 것이다. 투명 지성으로의 길을 조사해 보면 전에는 LSD에 의존했던 사람도 이제는 그러한 방법을 선(Zen)이나 인도의 명상 등에서 찾고 있는 경우가 실제로 많아졌다. 이 말은 LSD가 선이나 명상

---

49) 김성호, 『뉴 에이지』(서울: 엠마오, 1992), p. 208.

으로의 여행을 시도하는 입구로서의 역할을 했다는 의미이다.

마릴린 퍼거슨은 LSD가 육십 년대에 좌측 뇌를 사용했던 사람들이 상상력이 풍부한 우측 뇌를 사용하도록 만들었다고 말한다.

여기서 우측 뇌를 강조하는 이유는 인간이 투명 지성을 가진 존재, 즉 신적인 존재가 되기 위해서는 우측 뇌가 개발되어야 한다는 이론 때문인 것이다. 뉴 에이지 운동의 초점이 우측 뇌를 개발하는 것에 맞추어져 있는 것도 바로 이런 이유 때문이다. 그리고 뉴 에이지 음악도 인간의 우측 뇌를 자극시켜 명상으로 유도하는 역할을 한다. LSD를 통해 우측 뇌를 개발하여 의식의 확장을 시도했던 사람들이 바로 첫 단계인 여행의 입구에 서 있었던 사람들이었다. 자신이 일반적인 존재가 아니라 무엇인가 특별한 존재라는 사실을 깨닫는 단계가 바로 첫 단계이다. 그리고 깨달음과 그 과정에 대한 걱정과 불신으로 인한 갈등의 단계이기도 하다. LSD를 복용하기에 앞서 걱정을 하고 한편으로는 잘못될까 걱정을 하기 때문이다. LSD로 인한 환각을 경험하게 되면서 사람들은 무엇인가 다른 영적인 측면을 깨달았고, 그 세계를 신비의 세계라고 부르면서 여행을 시작하게 된 것이다. 그리고 화학약품에 의지한 자각은 미약한 것이기 때문에 사람들은 좀 더 강렬하고 영적인 것을 필요로 하게 되었다. 그때 당시에 유행하기 시작했던 동양 종교는 너무나 유혹적인 것이었다. 그래서 명상과 요가, 선에 심취하게 되면서 뉴 에이지라는 영적이고 신비주의적인 세계에 빠지게 된 것이다. 첫 단계 여행의 입구에 들어선 사람들의 공통적인 특징 중의 하나가 바로 영성에 대한 갈구 때문이다. 육십 년대의 수많은 젊은이들이 뉴 에이지에 빠져들었던 가장 큰 이유가 바로 영적으로 방황하는 그들 앞에 신선한 충격으로 와 닿는 뉴 에이지 영성 때문이었다. 이처럼 뉴 에이지는 분명히 영성을 가지고 있다.50)

인류학 분야에서 카를로스 카스타네다의 책이 대학가와 대부분의 서점 모두에서 베스트셀러가 되어 왔다. 인도 문화권 안에서의 마약의 효과에 대해 연구를 시작한 카스타네다는 자신이 직접 야쿠이 인도 마법사인 돈 후안의 도제가 되었다. 그는 몇 년간 마법 의식을 배운 후에 마법사가 되었다. 다양한 종류의 새로운 실체와 분열된 우주는 그를 황홀케 했으며, 때로는 놀라게도 하였다.

심지어 자연과학 분야에서조차도 뉴 에이지 사상의 시작을 찾을 수 있다. 물리학이 바로 이 길을 열었다. 왜냐하면 다분히 이론적이라는 점에서 물리학은 가장 사색적이며 사실을 변질시킬 경향이 가장 적기 때문이다.

위생학 분야에 있어서도 소위 전인적 치료라고 불리는 수많은 독특한 처방들이 제시되었다. 침술, 롤핑(근육을 깊이 마사지하는 물리치료), 심령요법, 운동 과학 등 이러한 모든 것들은 뉴 에이지 건강 요법사들에 의해 사용됐던 다양한 기술들이다.

정치학 분야에서는 1972년 도날드 키에 의해 만들어진 '혹성 시민들'과 같은 조직들, 마크 스태인의 뉴 에이지 정치학 강령과 같은 제안들, 독일의 녹색당과 같은 정치 정당들이 적극적으로 뉴 에이지 목표의 정치적 수단들을 옹호했다.

스포츠계에서도 점점 더 명상적인 기법을 강조하고 있다. 쿵푸,

50) 곽용화, 『당신은 뉴 에이지와 그 음악에 대해 얼마나 알고 있습니까?』(서울: 낮은울타리, 1995), pp. 43~44.

유도, 그리고 조지 레오나드가 관심을 가진 바 있는 합기도 등은 변화된 의식을 발전시켜 나가는 동양적인 기법에 근거를 둔 군사 예술이다.[51]

3.3. 뉴 에이지의 역사

3.3.1. 뉴 에이지의 사상적 배경

3.3.1.1. 바벨론 종교

노아 홍수 이후에 고대 바벨론의 절대 군주였던 니므롯은 처음으로 시날 평지에 강력한 왕국을 세우고 영걸인 자신이 숭배를 받기 위해 바벨탑을 쌓기 시작했다. 그러나 하나님의 진노로 언어가 혼잡해지면서 사람들은 사방으로 흩어지게 되었다. 결국 니므롯을 섬기는 우상 숭배 행위가 전 세계로 전파됨으로써 태양신 숭배를 비롯한 신비 종교를 탄생시켰으며, 고대 이방 종교들의 시조가 되었다.

특히 바벨론의 신비 종교는 모든 종교들에게 영향을 주었는데 본질적으로 뉴 에이지와 종교 의식, 예배, 교리 등 많은 점에서 매우 흡사하다. 결국 이 운동을 살펴보면 하나의 체계임을 알 수가 있다.

---

51) 김성호, 『뉴 에이지』(서울: 엠마오, 1992), pp. 211~214.

3.3.1.2. 힌두교

힌두교는 B.C. 1500년경에 생겼는데 매우 복잡하며 수 세기에 걸쳐서 발전하였다. 중요한 개념은 살아 있는 존재들 속에 영원한 원리가 있다는 것이다. 이것을 아트만(Atman)이라고 부르며, 이것은 우주에 생명을 주는 우주적 정신을 뜻하고[52] 개인의 마음 중심에 존재한다고 보며 힌두교의 유일한 궁극적 실체, 즉 신이라고 보는 브라만 개념과 연결이 된다.

또 운명주의는 인간이 브라만의 일부라는 힌두교의 신앙이기도 하고 카스트 제도는 섬기는 자가 있고 섬김을 받는 자가 있는 계급 조직이다.

그들의 중심 교리인 업, 즉 카르마(Karma)는 인과율이다. 이는 악한 행위들은 악한 결과를 낳고, 선한 행위들은 선한 결과를 낳는다는 것이다.

힌두교의 목표는 생존의 보다 높은 차원을 추구하면서 선한 업을 쌓는 일이다. 인간 존재의 최후 단계인 니르바나(Nirbana)로 영혼을 데려 감으로써 완성되는 윤회의 사슬이 있다고 그들은 생각한다.

이들이 요가를 통해서 윤회의 사슬에서 육신의 감정을 통제할 수 있는 힘을 얻는다.

구원관은 극기와 명상을 통하여 얻은 지식으로 업의 수레바퀴로부터 해방되어 브라만으로서 환생하게 된다. 이것은 신에 대한 사랑과 인간관계 속에서 베푼 사랑의 결과 등으로 평가된다.

---

52) 김호, 『성경의 입장에서 본 뉴 에이지 운동』(서울: 생명의 말씀사, 1995), p. 12.

힌두교의 경전인 베다는 힌두교의 예배 의식 때 사용되는 태양이나 다른 신성한 존재들에게 하는 기도 주문을 포함하고 있다.

우파니샤드는 후대의 경전들로서 보다 불가사의하고 신비적인 사상을 담고 있다.

가장 신성한 책으로 '바가바드기타'는 B.C. 1세기 동안 기록된 것으로 크리슈나와 아르주나 사이의 대화로 이루어졌으며, 이 책은 신에 대한 깊은 헌신으로 인도하는 경전 중의 경전으로 평가받는데 카르마를 비롯한 많은 교리가 뉴 에이지 사상에 흡수되어서 뉴 에이지의 사상적 뿌리가 되고 있다.[53]

이 힌두교에는 여섯 개의 파가 있는데 이 파들 중에 뉴 에이지와 접목이 되는 요가파에 대해서 살펴보면 이 요가는 옛 원주민들이 삼림 속에 앉아 명상을 행하며 안락을 구하던 습속이 점차 종교적 의미를 가지게 되고 종교적 실천법으로 발전한 것이다. 이들은 일상생활의 상대적 동요를 초월하여 절대적 고요의 신비경에 들어가 해탈로써 절대자와 합일을 실현하는 삼매경을 그 수행 목표로 삼는다.

이러한 요가 수행에는 제계와 내제의 두 가지 준비 수행이 있는데 제계는 불상생, 진실, 부도, 불사음, 불탐 등 5계를 말하며, 내제는 순결, 지족, 고행, 학수, 염신 등 다섯 가지를 말한다.

이와 같은 일상생활의 생리적, 심리적, 윤리적 수행 후에 여섯 단계의 정신적 통일의 수행으로 들어간다.

첫째는, 조신이라는 것으로 이는 앉는 법을 바로 하여 신체의 안정을 이루는 것인데 47가지 또는 84가지가 있다고 한다.

---

53) Ibid., p. 13.

둘째는, 조식이라는 것으로 이는 호흡을 고르게 하여 자기의 영적인 내재력을 일으키는 것이다. 여기에는 숨을 닫는 지식법으로부터 심호흡, 가늘고 긴 호흡 등의 여러 가지 호흡법이 있다.

셋째는, 제감이라는 것으로 이는 모든 감각 기능을 외적 대상의 자극으로부터 분리시켜 정의 작용인 번뇌를 가라앉히는 것을 의미한다.

넷째는, 총지라는 것으로 이는 마음을 어느 한곳에 두어 의식을 집중시키는 것을 의미한다.

다섯째는, 정려라는 것으로 이는 마음이 대상에 집중되어 드디어 일치되는 것을 말한다. 그러나 이 단계에서는 아직 자기가 그 대상에 머물고 있다는 자아의식이 남아 있다.

여섯째는, 삼매라는 것으로 이는 주객이 하나로 되어 완전히 자아의식조차도 없어져 공허한 경지에 이르게 됨을 말한다. 이러한 삼매가 바로 '푸루샤'가 나타나는 경지이다.

3.3.1.3. 불교

불교의 현실관은 불심을 가지고 인간의 의식을 참자아를 찾는 것이다. 그러므로 참선을 하는 사람들에게는 내면과 외면의 구별이란 무의미한 것이다. 자기 내부에 있는 참자아 밖에는 아무것도 존재하지 않고 모든 것이 무(無)인 것이다. 표면적으로 시야에 비치는 모든 사물들은 단지 불심을 동요케 하는 것에 불과하다.

다른 말로 하면 마음이 모든 것을 포괄하는 것이다. 불심을 떠나서는 어떤 것도 존재할 수 없다고 주장한다. 이러한 교리는

2,500년 전 인도를 방랑하며 부처, 즉 도를 깨우친 사람으로 추앙되는 수도자 싯다르타의 생애와 가르침에서 비롯된다.

불교는 세계적인 주요 다른 종교들과 마찬가지로 믿음과 실행이 일치하지 않는다. 물론 뉴 에이지 사상도 마찬가지다.

불교가 뉴 에이지 사상에 미친 영향은 두말할 나위 없이 명백하다. 불교보다 적어도 천 년은 앞서 발달한 불교의 모체인 힌두교도 뉴 에이지 사상에 지대한 영향을 미쳤다.

양대 종교는 특히 윤회와 업을 강조한다. 이들은 인간이 충분히 선을 쌓음으로 인해서 반복되는 탄생과 죽음, 환생의 숙명적인 굴레로부터 벗어날 수 있다고 가르친다. 적선만이 인간을 물질세계로부터 해방시켜 자유로운 존재로 만들 수 있다고 주장한다.

불교에서는 이러한 해방된 상태를 열반이라고 하는데 이것은 고통이 끝나고 영원한 기쁨의 상태로 들어가는 것을 말한다.[54]

불교에는 사성제가 있는데 이 사성제는 고성제와 집성제와 멸성제와 도성제이다.

첫째로, 고성제라는 것은 일체개고 곧 모든 것, 특히 인생은 고통이라는 것이다. 이는 불타의 현실 파악의 결론이다. 불타는 소년 시절에서부터 느껴 오던 약육강식, 생로병사라고 하는 현실의 부정적 측면에서 염세주의적 세계관 및 인생관에 빠졌다.

불타는 인생의 문제를 기독교에서와 같이 인격적인 차원에서 죄를 근본 문제로 삼지 못하고 고통을 근본 문제로 삼게 되었다.[55]

둘째로, 집성제라는 것은 고성제의 원인, 곧 현세의 고통의 원

---

54) 박영지, 『종교학 개설』(서울: 기독교문서선교회, 1990), pp. 105~106.
55) Ibid., p. 131.

인을 구명한 것으로 모든 고통의 근원은 집착과 애욕에 있다는 것이다. 여기에서 108번뇌가 생기는 것이다. 이것은 고통의 근원을 생리학적 내지는 심리학적으로 파악한 것이니 인간의 영혼과 인격신의 존재를 부정하는 불교의 범신론적 기질에서는 그 이상의 고통의 근원을 찾을 것이 없는 것이다.

불교에서는 더 나아가 무명을 근본적으로 자아의식으로 말한다. [나]라는 실체가 있다고 잘못 생각함으로써 [나]에 관한 애착과 욕심이 따라온다는 것이다. 그러므로 그러한 오류에서 벗어나 인간은 아공(나는 없다)을 깨달을 것이며 법공(자연 실체는 없다)을 깨달을 것이라고 한다.

셋째로, 멸성제라는 것은 고통을 없이한 이상적인 상태를 말하는 것으로 멸(滅)은 열반을 뜻한다. 니르바나란 말은 "불어서 꺼버린다."는 뜻이니 집착심 곧 번뇌, 애욕의 불꽃을 꺼서 없애는 것을 의미한다. 이는 불타 이전 힌두교의 전통적인 술어로 해탈이라고 하며 그 해탈한 결과적 상태가 부처가 된 상태라고 하는 것이다.

넷째로, 도성제라는 것은 멸성제에 이르는 길을 뜻하는 것으로서 이는 실천적 팔정도를 그 내용으로 하고 있다. 이 팔정도는 바른 견해를 의미하는 정견과 바른 목적을 가지고 생각하는 것을 의미하는 정사유와 정직하고 바른 말을 하는 것을 의미하는 정어와 바르게 행위 하는 것을 의미하는 정업과 바른 생애를 이어 나가는 것을 의미하는 정명과 성실한 마음을 기울이는 것을 의미하는 정정진과 굳은 신념으로 나가는 것을 의미하는 정념과 진리에 이르러 흔들리지 않는 것을 의미하는 정정을 말한다.

이처럼 불타가 깨달았다고 하는 사성제라는 것이 결국에는 철학적 윤리설의 한계를 벗어나지 못한 것이라고 볼 수 있다.

하여간 불타의 설법을 들은 다섯 제자는 즉시로 남자 승려인 비구가 되었고 비로소 교주, 교리, 교단을 갖춘 하나의 종교가 이루어진 것이다.

이제 교주인 불보와 교리인 법보와 교단인 승보를 갖춘 불교는 우여곡절을 겪으면서 불타가 80으로 입멸, 곧 죽을 때까지 40여 년간 불타 자신에 의하여 포교되었으며 그 후 주전 270년경에 아쇼카라는 왕에 의하여 불교는 인도의 국교로 되어 해외에까지 전파된 것이다.[56]

3.3.1.4. 영지주의

이 영지주의는 유대주의, 동방의 신비주의, 그리스 철학과 기독교를 혼합한 일종의 혼합주의이다.

이 영지주의의 기원은 기독교와 때를 같이하며, 사도시대 말기의 케린더스, 2세기 초엽의 바실리데스와 2세기 중엽의 발렌티누스 등에 의하여 시작되었다.[57]

케린더스는 애굽의 지혜를 공부하였고 그의 그리스도관은 에비온주의를 따른 것으로 예수님이 신성을 가지신 것은 세례를 받으실 때 성령이 그에게 내려옴으로 비롯된 것이라고 주장한다.

이들 주장에 의하면 예수님이 운명하시기 전에 성령은 예수님

---

56) Ibid., pp. 132~134.
57) 김호, 『성경의 입장에서 본 뉴 에이지 운동』(서울: 생명의 말씀사, 1995), p. 15.

을 떠나갔고, 십자가에 달려 운명하신 예수님은 신성을 가지신 예수님이 아니라 평범한 인간 예수라고 한다.

그의 신관은 그리스 철학적인 이원론이다. 예수님의 처녀 탄생을 부인하며 예수님은 요셉과 마리아의 아들로서 지혜롭고 매우 도덕적인 위인이며 그리스도는 전혀 다른 존재로서 예수님께서 깃들어 계시다가 십자가형 직전에 떠나갔기에 그리스도의 수난은 가현이라는 것이다.

케린더스주의는 그 후 점차로 가감 증보되어 영지주의의 체계가 형성된 것이다.

영지주의는 선신과 악신의 이원적 신관을 가진다. 많은 에온(Aeon)들의 집성체인 선신은 유출하여 물질계에 이르고 또 그것은 악신의 영역이기도 하다.

그리스도는 에온의 하나로서 그의 육체는 가현적이었고, 십자가에서 떠났다.

구원관은 높은 지식을 통해서 얻는다는 것이며 이로써 이 주의의 이름이 생겼다. 이 지식은 사색적인 것이 아니라 직관적인 것으로 이를 달성한 사람은 극소수였다.

영지주의 용어의 어원은 지식이란 뜻의 그노시스(Gnosis)에서 왔다. 이 지식은 비교적 신비적인 것으로서 특수 계층에 속하는 영적인 사람만이 소유할 수가 있다.

신앙 이상의 영역에 도달할 수 없는 정신적 계급의 사람들이 있는데 선지자나 선량한 유대인들이 이 계급이 속한다. 이들은 참지식을 가진 사람보다 한 등급이 낮은 사람들이다.

대부분 인간은 물질적 계층에 속하며 따라서 그들은 사탄과 자신들의 육욕에 사로잡혀 희망 없이 살아간다.

영지주의자들의 가르침은 물질은 회복이 불가능하게 악하며 구원은 이 물질을 극복하고 없이하는 데 있다는 것이다. 이 일은 참지식을 가지고 금욕 생활을 하는 사람에게 가능하고 참지식은 영적인 계층의 사람들에게만 온다. 물질을 멀리하고 극복하기 위하여 물질적 향락을 삼간다.

처음에 이들은 위험의 근원을 발견하고 물질적인 것의 감염을 두려워한 나머지 순수한 쾌락마저도 거절하였다. 그러나 부자연스러운 생활을 할 때에 발생하는 육욕적이고 방종한 생활이 이들에게도 예외 없이 나타나게 되었다. 영지주의는 인간은 신의 특성을 가지고 있으며 영지가 뜻하는 것처럼 인간이 신이라는 것을 깨닫게 될 때 그 능력은 무한하다고 보는 것이다. 더 나아가 이들은 죽음 자체를 환생이라고 보고 이 영지주의를 비밀스러운 계시의 신화로 보며 특정한 소수에게만 전수되는 밀교적인 지혜는 물질 세계를 지배하는 힘과 싸워서 이기게 하고 또 우주의 비밀을 해독할 수 있는 근거가 된다. 이 지혜로 인간은 구원받을 수 있다는 논리에서 이 사상은 뉴 에이지의 근본적인 뿌리가 되는 것이다.[58]

발렌티누스는 로마로 가서 자신의 교리를 설파하였다. 그의 교리에는 천상의 아이온을 거의 강조하지 않으며 최고의 신도 창조주와 별개 존재로 분리되어 있지 않다. 그러나 이것은 발렌티누스의 교설을 유대적 그리스도인의 마음에 들도록 변형시킨 것이라는 주장도 가능하다.

발렌티누스파의 교리 체계는 이원론적이다. 그러나 그들이 접촉

---

58) Ibid., pp. 16~17.

을 가졌던 사투르니누스나 외경 요한복음에 비하면 덜 이원론적
이라 하겠다.

외경 요한복음에서는 이알다바오트와 그리스도 사이의 투쟁을
상세하게 묘사하고 있다. 이알다바오트는 낙원을 만들었고, 인간
을 물질계에 묶어 두기 위해 남자에게 아내를 주었다. 그러나 그
리스도는 인간을 설득하여 지식의 나무에서 열매를 따 먹게 하였
다. 이 투쟁의 과정에서 그리스도는 다시 와서 제자 요한에게 자
신의 참된 가르침 곧 신비의 요의를 일러 준다. 그래서 그 복음서
의 제목은 요한의 신비적 교리가 된 것이다. 그 문서에서 요한에
중점을 두고 있는 것과 발렌티누스파가 요한복음을 중시하는 것
은 의미심장하다. 그것이 시사하는 바는 영지주의자들이 요한 사
상의 전통적 표현 속에서 영지주의적 발상들을 인지하였으며 그
것을 자기네에게 맞게 발전시켰다는 것이다.59)

바실리데스는 태초에 무(無)가 있었을 뿐이라고 한다.

비존재의 신은 무로부터 비존재의 씨앗을 낳았고 이 씨앗으로
부터 여러 가지 실재하는 것들이 나왔다고 한다. '삼중의 아들
됨'이라는 것도 그중에 하나인데 그것의 궁극적 목표는 비존재의
신에게로 회귀하는 것이라 한다. 이 회귀는 또한 역사의 최종적
목적이기도 하다.

모든 영적 요소들이 남김없이 천상으로 복귀했을 때 망각이 지
상을 뒤덮을 것이며 그 이상 더 구원은 없게 될 것이라고 한다.60)

영지주의자들은 2세기경 새로운 종교를 합리화시키려는 의도에

---

59) 이대복, 『이단종합연구』(서울: 큰샘출판사, 2000), pp. 97~98.
60) Ibid., p. 99.

서 신앙을 지식으로 바꾸려 했던 자들로 하나님, 세상, 인간에 대한 진정한 지식을 갈망했다. 이들은 보통 인간이 도달할 수 없는 경지의 지식, 즉 신과의 신비적 교제의 욕망과 또한 사후 하늘에서 영혼의 안전을 찾는 소망을 추구하였다. 그리하여 이들은 세상에서 일어나는 모든 사건 속에 숨겨져 있는 인과관계를 찾아내어 비밀들을 깨달을 것을 강조한다.

자칭 기독교로 자처한 이들은 자신들이 이 같은 과업을 훌륭하게 완수했으며 기독교는 절대적이요 우주적인 종교라고 했다. 하지만 이들은 사도적 가르침을 이교 철학이나 점성술 혹은 그리스의 밀의 종교에 뒤섞은 탈선적 이단이었다.61)

이러한 영지주의는 페르시아의 물질적 이원론과 플라톤적 정신적 이원론, 그리스 사상의 영향과 신비 종교들, 지중해의 점성학 및 이집트 종교들의 영향을 받았다. 이들은 기독교의 교리, 특히 그리스도를 사변적 대상으로 취급하고 인간의 구원을 목표로 종교적 지성을 높이는 신앙적 이상을 추구하였다. 따라서 이들은 신앙을 경시하고 대신에 사색을 중시하였다.

이들에 따르면 하나님은 여러 다른 계층으로 존재하는데 참으로 자고한 하나님은 이 세상과 완전히 분리된 초월적 존재이다.

이들에게 있어서 이 세상의 신은 열등한 존재이므로 이들은 구약의 하나님을 상대적으로 약하고 불완전한 존재로 격하시켰다. 과거에 알려지지 않은 완전한 하나님은 구약의 하나님보다 훨씬 유능하고 훌륭한 분이시다. 그는 자신의 계시를 위해 그리고 악의 세계로부터 빛의 나라로 나아갈 수 있는 지식을 사람들에게 주기

---

61) 서요한, 『초대교회사』(서울: 크리스천 다이제스트, 1999), p. 278.

위해 그리스도를 보내셨다.

하지만 물질적인 세상은 악하기 때문에 성경적인 실제적 성육신이란 생각할 수 없으며 그리스도의 죽음은 단지 형식일 뿐이다.

그는 세례를 받으신 때부터 십자가에 죽으실 때까지 신적인 그리스도가 내주한 보통 사람이었을 뿐이다.

결국 이들은 구약의 계시와 기독교의 역사적 연속성을 부정하고 실제적 성육신을 배척하였으며 기독교의 역사적 신앙을 우주의 기원과 본질에 관한 것으로 변질시켰다.

이 같은 이들의 신앙과 행위는 곧 그노시스, 즉 영지나 신비적 직관을 믿은 것에 기인한다. 이것은 인간 노력의 산물인 철학이 아니라 영지의 비전을 이어받은 자들에게 계시되고 전달된 지식이다.

이 특징은 많은 사람들에게 비밀로 되어 있으나 특정한 소수에게는 알려져 있다. 이들은 자칭 우주적인 것으로 공헌했으며 인류가 충성으로 신봉하는 어떤 신앙이든 그 안에 진리가 발견되면 거침없이 그것과 혼합하였다. 이들은 순수한 정신을 선으로 여겼으나 이 정신이 곧 부패한 물질 속에 갇혀 있다고 믿었다. 이들에게 있어 구원은 정신을 물질에서 해방시키는 것이다.[62]

영지주의는 크게 네 가지로 나눌 수가 있는데 그 네 가지는 이집트계와 시리안계와 폰틱계와 유대주의계이다.

이집트계의 대표적인 사람은 바실리데스로서 그는 120년에서 130년경에 로마에서 활동했던 사람이다.

유세비우스의 표현을 빌린다면 두 가지 상이한 이단 지도자들, 즉 안디옥 사람 새투르니누스와 알렉산드리아의 바실리데스는 시

---

62) Ibid., pp. 279~280.

몬의 후계자 메난더에서 나온 머리가 둘이고 혀가 둘인 뱀 같은 세력이다.63)

바실리데스는 시몬의 사상을 그대로 전수하기보다는 일대 수정을 가하여 새로운 영지주의 체계를 만들었다.

이레니우스는 바실리데스의 이론을 가리켜 불경한 이론이라고 하였는데 그 이론은 "나지 않으신 아버지가 마음을 처음 낳고, 마음은 이성을, 이성은 중용을, 중용은 지혜와 권세를, 지혜와 권세는 미덕, 프린스 그리고 천사들을 낳았다."

그들에 의하여 첫 하늘이 만들어졌고, 그 후에 다른 하늘들이 만들어졌고, 이들 하늘들에서 똑같은 방식으로 또 다른 하늘들이 만들어졌다. 그래서 모두 365개의 하늘들이 만들어졌다. 이처럼 바실리데스의 가르침은 심연과 알려지지 않은 아버지 사이에서 낳은 33개의 애온을 통하여 설명하는 발렌티누스의 가르침과 상당히 흡사하다.

바실리데스는 인간의 육체는 본성적으로 부패했기 때문에 구원을 단지 인간의 영혼에 국한시키고 있다.64)

시리안계의 대표적인 사람은 새투르니누스로서 그는 120년경에 세르돈의 지위를 계승하여 세르돈의 가르침을 확대하여 율법과 예언자들이 선포한 하나님에 대하여 신성모독까지 행하였다.

말시온은 구약의 하나님을 심지어 전쟁을 즐기는 악마의 협잡이며, 일관성 없이 심판을 일삼는 자기 모순적 존재라고 힐난하였다.

반면에 세상을 만든 하나님보다 우월한 아버지로부터 오신 예

---

63) 박용규, 『초대교회사』(서울: 총신대학교출판부, 1994), p. 183.
64) Ibid., p. 184.

수 그리스도를 예찬하였다.65)

유대주의계의 대표적인 분파는 에비온파와 케린투스파이다. 에
비온주의의 두드러진 특징은 유대주의와 기독교 요소들을 혼합시
킨 점이다. 이들이 갖고 있는 가장 두드러진 특징은 양자설이다.
예수는 동정녀에게서 탄생한 것이 아니라 요셉과 마리아의 사이
에서 탄생한 우리와 같은 평범한 인간이지만 공의, 신중성 그리고
지혜 등 다른 모든 면에 있어서 보통 인간들보다 탁월하다. 그들
은 예수를 참선지자로 이해하고 예수와 모세를 동일 선상에서 취
급한다. 또한 세례 시에 그리스도가 비둘기의 형태로 예수에게 임
하여 알려지지 않은 아버지를 계시하다가 예수 생애의 말년, 십자
가상에서 예수에게서 떠나갔다고 하였다.

에비온파가 교리에 있어서 통일성이 있었던 것은 아니다. 에비
온파의 어떤 부류는 '그리스도는 보통 평범한 인간으로서 자신의
덕의 진보에 의해 의롭다 함을 얻었으며 자연 생식에 의해 마리
아에게서 태어났다'고 생각했다. 다른 에비온파들은 그리스도의
동정녀 탄생이나 그리스도가 하나님이며 말씀이라는 사실을 인정
하기는 했지만 그리스도의 선재성을 부인하였다. 인간의 구원은
그리스도 사상과 부활과는 상관이 없었고, 오히려 그들의 기대한
바에 따르면 지상의 천년왕국이 이 땅에서 실현되며 예수의 재림
시에 최초로 이 땅에서 구원이 가시적인 실재로 나타난다는 생각
이었다. 이와 같은 사상들에 기초해서 에비온파들은 그리스도를
순수한 인간적 차원에서 인식하고, 예수가 그의 세례 시 혹은 부
활한 때와 같은 시기에 양자로 되기까지는 하나님의 아들이 아니

---

65) Ibid., p. 187.

었다고 주장하는 기독론의 원형이 되었다. 에비온파에서는 자연히 그리스도의 신성이 부인되었다.66)

기독교는 영지주의의 이단적인 가르침 때문에 거부하였는데 그 가르침은 첫째, 지존자 하나님에 대한 지식과 교제를 갖는 것은 불가능하다는 것이며, 둘째, 세상의 창조한 것은 열등한 신의 사역이라는 것이며, 셋째, 세상의 물질은 악하다는 것이며, 넷째, 구속자는 신도 인간도 아니며 예수는 십자가상에서 죽지 않았고, 죽음으로부터 부활하지도 않았으며 인간이 된 것처럼 보였을 뿐이었고 실제로는 그렇지 않았다는 가현설이며, 다섯째, 천부적으로 영적인 단지 몇몇 사람들만이 구원을 받을 수 있다는 것이며, 끝으로 부활은 없다는 것이다.

이와 같은 영지주의는 제2세기 후반 절정에 달했고, 그 이후에는 쇠퇴해졌다. 그리고 이레니우스와 터툴리안의 저서들이 영지주의를 쇠퇴하게 하는 데 기여했다.

영지주의는 교회에 요원한 변화를 일으킬 만큼 매우 영향력이 있었다. 이 영지주의가 발생할 때에는 아무런 강력한 교회 조직이나 제도도 없었다. 감독들은 단지 지역적인 권위만 가지고 있었다. 또 교회 내의 성문서들 중에 어떤 것이 정경의 권위를 가지고 있는지도 분명하지 않았다. 교회의 교리에 대한 아무런 공적인 선언도 없었다. 그러나 영지주의의 위협으로 인하여 교회의 정치 제도, 성경의 정경 형성, 신앙고백 이 세 부분이 크게 발달하게 되었다.67)

영지주의자들이 주장하는 가현설이란 그리스도의 몸은 몸처럼

---

66) Ibid., pp. 189~190.
67) 해리 R. 보어, 『단편 초대교회사』 백성호 역(서울: 개혁주의신행협회, 1986), pp. 84~85.

보이는 것일 뿐 진정한 몸이 아니라는 주장이다. 가현설은 그리스도의 신성 내지 초자연성을 지나치게 강조한 나머지 그리스도의 인성은 무시하게 된다.[68]

이에 대해 이그나티오스는 그리스도의 신성과 인성을 모두 강조하였다. 폴리갑 또한 영지주의들과 싸우며 가현설을 비판하였고 그 가현설을 비판하면서 유명한 말을 하였다. 그 말은 다음과 같다.

> "이는 예수 그리스도께서 육체로 오신 것을 시인하지 아니하는 자마다 적그리스도임이니 십자가의 증거를 시인하지 아니하는 자마다 악마에 속한 자요, 주의 말씀을 자기의 사욕을 좇아 변개하여 부활과 심판을 가르치지 아니하는 자마다 사단의 장자니라."[69]

결론적으로, 영지주의란 지식을 의미하는 헬라어 단어에서 비롯된 것이다. 영지주의자들은 일부 특수한 자들을 위하여 특별히 구별된 신비스러운 지식을 자기들이 소유하고 있다고 주장하였다. 이 지식이야말로 구원에 이르는 비밀 열쇠였다. 영지주의자들의 주된 관심은 구원에 있었다. 이들은 여러 가지 사상들로부터 추출하여 일체의 물질은 악한 것이며, 최소한 비실재라는 결론에 도달하게 되었다. 인간은 육체 속에 갇혀 있는 영원한 정신이라는 것이다. 육체는 이처럼 정신의 감옥일 뿐 아니라 우리들의 진정한 성품을 오도하므로 악한 것이라 하였다. 따라서 영지주의자의 최종적 목적은 육체와 아울러 우리가 유배되어 있는 물질적 세계로부터 이탈하는 것이었다. 영지주의에 있어서 유배의 이미지는 중

---

68) 김광채, 『교부열전』 상권(서울: 정은 문화사, 2002), p. 70.
69) Ibid., p. 77.

요한 의미를 지닌다. 이 세상은 우리의 진정한 거할 곳이 아니라 오히려 영혼의 구원에 방해물일 뿐이다. 영지주의는 원래 물체의 실재가 영적인 것이라 주장한다. 지존의 존재는 원래 물질적 세계가 아니라 오직 영적 세계만을 창조하시고자 하였다. 그리하여 일단의 영적 존재들이 배출된 것이다. 제2세기 전체를 통해 영지주의야말로 기독교에 대한 심각한 위협이었다. 교회의 주요 지도자들은 격렬하게 이를 반대하였다. 왜냐하면 그 속에서 창조, 성육신, 부활 등 기독교의 신조의 핵심이 부인되는 것을 발견하였기 때문이다.[70]

3.3.2. 뉴 에이지의 역사와 활동 사항

3.3.2.1. 역사

뉴 에이지 근원은 1875년 뉴욕에서 러시아 사람 헬레나 페트로브나 블라바츠키(Helena Pertrovna Blavatsky)에 의하여 창설된 '신지학 협회'에 있다.

신지학적인 기본 명제들 중의 하나는 "모든 종교는 그들 사이의 차이점에도 불구하고 공통적인 논리를 가지고 있다."는 것이다.

이 신지학 협회의 회원들은 특별히 감수성이 계발된 예민한 사람들이었다. 이 협회의 삼 대째 회장인 A. 베일리(Alice Bailey)는 영국 출신의 여자로서 뉴 에이지 운동의 실질적인 기초를 놓았고,

---

70) 유스토 L. 곤잘레스, 『초대교회사』 서영일 역(서울: 은성, 1987), p. 100.

그들의 대제사장으로 여겨진다. 그는 영매였는데 티베트 사람이었던 'Djawal Khul' 소위 지혜의 주인으로 자처하는 악령으로부터 지시를 받았다. 그가 자동 기술을 통하여 악령으로부터 받은 내용들이 비밀 원리로 많은 문서에 남아 있고, 오늘날까지도 계획(plan)이라는 이름으로 뉴 에이지 운동의 지침이 되고 있다.71)

뉴 에이지의 시작을 정확하게 규명하는 것은 그리 쉬운 일이 아니다. 그러나 뉴 에이지의 시작을 말한다면, 1875년 뉴욕에서 러시아 출신의 헬레나 페트로브나 블라바츠키에 의해 창설된 '신지학 협회'에 있다고 볼 수가 있다.

본격적인 뉴 에이지 운동이 일어난 60년대에 사상적 근간을 이루고 있기 때문에 그 출발점으로 볼 수 있다. '신지학 협회'의 창립자 블라바츠키는 1831년 3월 러시아의 한가라는 귀족 집안의 자녀로 태어났다. 어린 시절부터 영적인 힘을 발휘하였던 그녀는 1875년 뉴욕에서 '신지학 협회'를 설립하고, 「신지학 열쇠」, 「비밀교회」 등의 저작을 남겼으며, 19세기 후반의 구미, 인도, 동남아 등의 사상계에 영향을 미쳤다.72)

그녀는 자신을 수호영이라고 말한 '마하 로마M'의 수호를 받아서 넓고 깊은 지식을 쌓았다고 고백했다.

이후 3대 회장인 영국 출신 엘리스 베일리(Alice Baily)에 의해 뉴 에이지 운동의 실질적인 기초가 닦아졌고, 4대 회장인 스리랑카 출신의 즈나라 자사(Jnara Jasa)를 비롯한 역대 지도자들이 각종 강연과 저서 등을 통해 뉴 에이지 운동의 방향을 제시하고 있다.

---

71) 신상언, 『사탄은 마침내 대중문화를 선택했습니다』(서울: 낮은울타리, 1992), p. 72.
72) 김성호, 『뉴 에이지』(서울: 엠마오, 1992), pp. 211~214.

뉴 에이지 운동이 본격적으로 알려지게 된 것은 미국의 마릴린 퍼거슨(Marilyn Ferguson)에 의해서이다. 「두뇌와 정신 회보」라는 잡지의 편집인인 그녀는 1973년 출판된 「두뇌 혁명」을 통해 기존의 사고방식을 버리고 잃어버린 정신세계를 발견하도록 촉구하여 뉴 에이지 운동의 사상을 주장하기 시작하였다. 이후 1980년에 출판된 『물병자리 공모』(*The Aquarian Conspiracy*)란 책을 통해 비로소 전 세계가 새로운 시대를 맞고 있으며 인간이 스스로 주인이 되어 새 시대를 만들어야 된다는 뉴 에이지 운동에 대한 공식적인 선언을 하였다. 이 책은 당시에 큰 화제를 불러일으킨 베스트셀러가 되었다.[73)]

물병자리시대라는 개념은 점성술로부터 나왔다. 이것은 태양의 춘분점으로부터 순수한 천문학적인 변위를 의미하는 것으로서 약 2천 년 동안 지배하게 되는 12성좌의 하나이다. 뉴 에이저들은 점성술에 의해 우리 지구의 운명을 지배한다고 미신적으로 믿어 왔다. 그리고 2천 년 말에 태양의 춘분점이 물고기자리로부터 물병자리로 바뀐다고 한다.

어떤 사람들은 이 이행이 바로 1962년에 이미 있었다고 한다. 물고기는 초대 기독교에서 예수 그리스도를 구주로 고백하는 상징이었고, 그리스도인임을 나타내는 표시로 자주 사용되었다. 뉴 에이지 운동의 추종자들은 물고기자리를 떠남과 동시에 예수 그리스도의 시대도 끝났다고 주장한다.

이 새로운 물병자리의 영은 새로운 시대의 인간에게 명상과 요가, 정신 요법 등으로 '의식의 확장과 개혁, 혁명' 등을 이루게 하

---

73) 이대복, 『이단종합연구』(서울: 큰샘출판사, 2000), p. 167.

고 이러한 능력으로 어떤 어려움이나 문제가 없는 생활을 영위하게 할 수 있다고 주장한다.[74]

또한 '신지학 협회'는 각국에 '신지학 협회 롯지'라는 지부를 두고 지속적인 활동을 벌이고 있으며, 매년마다 신지학 회의를 개최하여 계속적인 사상 전파에 힘쓰고 있다.

특히 '신지학 협회'에 관여하고 있는 도우릴이 미국의 콜로라도 주에 건립한 브라더후드 본부는 브라더후드(Brotherhood) 대학을 설립하여 각국의 뉴 에이지 운동 지도자들과 관심 있는 사람들을 초빙하여 교육시키거나 방송 통신을 이용하여 지속적인 교육을 하고 있다.

우리나라에도 '국제 신지학 협회 롯지'가 있는데 대표는 김길영 씨로 되어 있다.

뉴 에이지 운동은 여러 가지 뜻으로 나타나는데 새로운 지구촌 주의, 제3의 세력, 새로운 세계 질서, 물병자리시대, 새로운 의식, 새로운 인간 잠재력, 우주 인문학, 새로운 동방주의 등이다. 이는 기본적으로 약간의 차이가 있지만 동일한 전제를 가지고 있다.[75]

뉴 에이지는 새로운 시대라는 의미로서 이 새로운 시대인 뉴 에이지가 도래해야 하는 이유는 오늘날 우리 시대가 물질문명 속에서 정신적인 지주였던 종교, 특히 기독교가 너무 타락되고 부패되었기 때문이다.

20세기를 맞는 인류는 너무나 큰 희망에 부풀어 산업 혁명을 통해 인류는 급진적인 발전을 이룩하여 최고에 다다르고 있고, 그

---

74) 신상언, 『사탄은 마침내 대중문화를?』(서울: 낮은울타리, 1992), pp. 102~103.
75) 이대복, 『이단종합연구』(서울: 큰샘출판사, 2000), pp. 167~168.

발전의 결과는 과거에 상상할 수도 없었던 인류의 삶에 풍요로움을 가져다주었다.

더욱이 18세기와 19세기를 거치면서 활짝 핀 예술과 철학의 꽃은 인간에게 낭만적이고 아름다운 끝없는 희망, 온 인류가 인간애를 통해 하나 되는 환상적인 유토피아를 펼쳐 주었다.

그러나 20세기 중반에 들어선 인류는 불행하게도 희망의 충격적인 사건을 경험하게 되었다. 그것이 바로 두 차례에 걸쳐 발생한 세계대전이다. 이 전쟁들은 발달한 문명의 힘으로 자국의 세력을 온 지구상에 확장하려는 구미 열강들의 끊임없는 욕망에서 인류 역사상 그 유래를 찾아볼 수 없는 대전쟁을 발생케 하고 말았다. 무한한 풍요와 안락만 가져다준 줄 알았던 문명의 발달은 희망보다는 이기주의화하여 인류의 본질을 말살하려는 불안에 싸이게 되어 이러한 시대적인 상황은 허무주의와 실존주의의 철학을 성장케 했고, 반문화 운동을 등장케 하는 요인을 주고 말았다.

두 차례의 세계대전을 통해 불행한 경험에도 불구하고 인간의 물질문명 발달은 더하여 왔고, 마침내 인류는 지난 수 세기 동안 이루어 놓았던 발전보다 훨씬 더 문명을 발전시켜 놓았다.

그러나 물질문명의 발전 속도에 비해 인간의 삶을 바로 이끌어 줄 정신문명의 발전은 오히려 방향을 잃고 풍랑을 맞은 배처럼 보이는 현실이 되고 말았다. 결국 인간을 물질문명의 노예로 전락시키는 결과를 초래했다고 볼 때, 끝없는 물질문명 속에 행복을 추구하려는 인간의 욕망을 충족하기 위해 더 높은 문명을 개발하려는 인간 의지는 갈수록 물질문명에 집착하게 만들었다. 또한 기존의 문화는 오히려 인간을 속박하고 피곤하게 만드는 큰 억압으

로 자리 잡은 것이다.[76)]

이 당시에는 그래도 기존 종교는 인간에게 정신적인 지주로서 한 가닥 희망으로 남아 있었다. 피곤하고 괴로울 때 인간에게 위로가 되고 삶의 생기를 일으켜 주는 활력소가 되었다.

그러나 20세기 물질문명은 종교, 특히 서구 사회의 정신적 지주였던 기독교가 서서히 물질문명의 그림자에 가려지기 시작하여 자지 반성, 즉 회개를 통해 자신을 거듭나게 하지 못했다. 그래서 인류는 더 이상 기성 종교들에게 걸었던 희망을 버리고 다른 곳으로 희망을 찾기 위해 발길을 돌리게 되었다. 이러한 시대적 상황은 서서히 모든 기존 문화에 대한 반문화운동을 벌이도록 내몰고 있는 것이 되었다.

60년대에 들어오면서 세계 물질문명의 선두주자국이었던 미국을 중심으로 본격적인 반문화운동이 일어나기 시작하였다. 그 대표적인 것이 히피족들과 영국의 비틀즈, 미국의 밥 딜런 등의 대중 가수들의 선풍이다. 이제 사람들은 노골적으로 기존의 가치들을 부정하고 새로운 가치들을 갈구하게 되었다. 그러나 이런 반항적인 운동으로 변화를 요구하는 시초에 모든 반문화 운동을 포괄하는 사상적 기반을 제공하고 새로운 세계에 대한 제시를 할 수 있는 종합적인 움직임이 필요한 때에 뉴 에이지 운동이 오늘의 현실을 바로잡아 보겠다고 등장한 것이다. 이들은 마침내 동양으로 눈을 돌리기 시작하여 그들이 보기에 신비한 정신적 세계를 가지고 있는 동양은 그들이 그토록 반대하던 서구의 물질문명에 대한 유일한 돌파구였으며, 물질문명에 대한 작용으로 신비한 현

---

76) Ibid., p. 164.

상인 심령술, 원시종교, 오컬트(Occult: 마법, 마술, 손금보기, 점, 점판, 악마 숭배, 강신술 귀신 등), 축사 등에 대한 관심을 높여 가던 그들에게 그런 현상을 설명할 수 있는 사상적 기반을 제공해 줄 수 있는 곳이었다.[77]

한편으로 서구의 물질문명 발달에도 불구하고 끊임없는 명상과 수행을 통해 우주와 하나 되어 마침내 완전한 세계에 이를 수 있다고 믿어 온 동양의 사상가들 역시 자신들의 가르침을 서구 세계에 알릴 수 있는 기회를 가지게 된 것에 대하여 긍정적인 태도를 취하였다.

특히 인도는 200여 년 동안 영국의 식민지로 지배를 받았기 때문에 동양의 다른 어느 나라보다도 서구 세계에 많이 알려져 있었으며, 인도에서 많이 행해지는 요가풍의 밀교적 수행법은 반문명적인 정신력의 굉장한 잠재력을 보여줌으로써 서구인들을 매료시켰다.

이리하여 동양의 신비주의적 사상을 받아들인 서구 세계의 반물질문명주의 자들은 인간의 영적 능력을 통해 멸망해 가는 물질문명의 세계를 구원하고자 뉴 에이지 운동을 일으키게 되었다.

3.3.2.1.1. 셜리 맥클레인에 대하여

셜리 맥클레인 비티(Shirley Maclaine Beaty)는 그녀의 마지막 이름이며, '성'인 Beaty가 무대에서 부적절했기 때문에 떼어 버렸다.

그녀는 1934년 4월 24일에 미국 버지니아 리치몬드에 있는 중류 가정에서 출생하여 성장하였다. 그녀의 남동생은 배우인 워런 비티이다. 맥클레인은 분명히 그녀의 성인 비티를 쓰지 않고 있다.

---

77) Ibid., p. 165.

그녀의 첫 번째 관심은 무용이었다. 1954년에 그녀는 '파자마 게임'이라는 뮤지컬의 배우가 발목이 부러졌기 때문에 출연을 못하자 대신 출연하여 코러스 걸로 갑자기 각광을 받고 연극계로 들어오게 되었다. 이 첫 출연 후에 그녀는 스타로 급성장하였다.

그녀는 1955년에 맨 처음으로 알프레드 히치콕의 "해리와의 사건(The Trouble with Harry)"이라는 영화에 출연하였다. 비록 그녀는 이 희극 영화를 실패라고 칭하지만 계속 노래와 무용과 연기에서 성공을 향해 전진하였다.[78]

그녀가 출연한 영화를 살펴보면 "아파트 열쇠를 빌려 드립니다(1962년)", 클린트 이스트우드(Clint Eastwood)의 "수녀와 무법자(1970년)", "터닝 포인트(1977년)", "찬스(1979년)", "애정의 조건(1983년)", "캐논 볼2(1984년)", "철목련(1989년)", "헐리웃 스토리(1990년)", "러브 어게인(1992년)", "월터와 프랭크(1993년)", "퍼스트레이디 특수 경호대(1994년)", "애정의 조건2(1996년)", "사랑이라면 이들처럼(1996년)", "A Smile Like Yours(1997년)", "Get Bruce(1999년)", "Bruno(2000년)", "Salem Witch Trials 'mini TV series……'(2002년)", "Carolina(2003년)" 등이 있다.

이 중에서 1994년에 발표된 "퍼스트레이디 특수 경호대"는 그녀가 뉴 에이지 운동의 지도자로서 또 할머니가 되면서 오히려 자연스럽고 자상해진 연기를 만끽할 수 있는 작품이다. 이 영화에서 그녀는 전직 대통령 부인 역을 맡으면서 자신에게 배속된 경호원 니콜라스 케이지를 괴롭히며 남편을 잃고 한적한 고향에서 지낸다. 그녀의 안정을 위하는 경호원에게 특유의 고집과 까다로

---

78) 박영호, 『뉴 에이지와 청소년 문화』(서울: 기독교문서선교회, 1995), p. 38.

운 식사 습관, 외출 도중 도망가기 등으로 노인의 쓸쓸함과 과거의 화려함에 대한 아쉬움을 달랜다. 그런 인간애가 어우러져 훈훈한 맛을 주면서 막을 내린다.[79)]

그녀는 10대 시절에 "돌아오지 않는 강"으로 유명한 로버트 미첨(Robert Mitchum)을 덩치가 있고, 위트가 있으며 사내다운 남자의 이상형으로 짝사랑하고 가슴을 졸였다고 한다.

그녀는 1972년 미국 대통령 선거 운동에서 맥거번 후보를 위해 일했고, 그 후 적극적인 여권주의자가 되었다.

그녀는 남편 스티브와 1954년에 결혼했으나 곧 별거했고, 후에 이혼했다. 그녀는 한동안 일본에서 살며 전 세계를 여행했다. 그녀의 종교적 관심은 세계 여행을 하면서 나타났는데 특히 아프리카와 부탄의 히말라야와 페루의 안데스를 여행하며 영적 깨달음을 추구했다.

1992년에 그녀는 뉴욕 힐튼 호텔의 무도장과 같은 장소에서 영적 계몽 세미나를 개최하였고, 그녀가 이제 스스로 발견했다고 느끼는 바를 찾고 있는 사람들을 위해 뉴 에이지 훈련 센터를 만들 계획을 세우기 시작했다.[80)]

그녀의 책 「산을 멀리하지 말라」에서 그녀의 삶의 의미를 갈구하는 활동의 시작을 볼 수 있다. 또 「당신은 이곳에서 저곳에 이를 수 있다」에서 그녀의 가장 시시한 영적 작품을 볼 수 있다. 분명히 그녀의 책들은 잘 팔렸다.

1987년 가을까지 「궁지에 빠져서」(Out on a Limb)는 거의 3백만

79) Ibid., p. 40.
80) Ibid., p. 38.

부가 인쇄되었고, 「빛 속에서의 춤」은 뉴욕타임스의 베스트셀러 목록에 30주간 동안이나 올랐다. 그리고 「그것은 모두 놀이다」(It's All in the Playing)는 두꺼운 표지의 장정으로 초판에 55만 부가 출판되었다.

더욱이 「궁지에 빠져서」는 5시간의 텔레비전의 미니 시리즈로 만들어져 1987년 초에 미국 ABC TV 방송의 골든아워에 방송되었다.

또한 그녀는 수년 동안 연구하여 터득한 기법들을 추구하는 「마음속으로 가는」(Going within)이란 제목의 책을 출판했다.

셜리 맥클레인(Shirley Maclaine)은 61세의 나이로 무희에서 배우로, 세계 여행가로, 뉴 에이지 운동의 영적 조언자, 수석 사제로, 일종의 통속적인 힌두교의 도사로 변해 갔다.

'타임(The Time)'지는 표지에 관련된 특집 기사로 셜리 맥클레인과 뉴 에이지 운동을 싣고 그녀를 "뉴 에이지를 지배하는 떠들썩한 승려"라고 칭했다. 맥클레인 자신도 뉴 에이지 운동의 최전선의 수석 사제로 본다.[81]

그녀는 1987년 10월에 2,400명이나 되는 신비주의 종교 지도자들을 비밀스러운 장소로 모이게 하는 능력을 소유한 대표적인 지도자이다.

맥클레인은 연극, 춤, 저작과 정치적 활약을 통하여 잘 알려지게 되었다. 그녀는 자신의 존재와 삶의 목적을 찾아 헤매었다. 그러나 어떤 그리스도인도 그녀에게 오지 않았고, 돕지도 않았다.

그러다가 어떤 점술가로부터 심령술을 통해서 죽은 자와 접촉해 보라는 권유를 받았다. 그래서 그녀는 35,000년 전에 죽은 자

---

81) Ibid., p. 39.

의 영과 접촉했다고 한다. 그녀는 자신을 뉴 에이지 운동의 최고의 전도자로 부른다.

맥클레인의 메시지는 4중적인데 첫째는, 우리는 모두 신이라는 것이며, 둘째는, 우리는 이전에도 살았고 후에도 다시 살 것이라는 환생이며, 셋째는, 죽음은 전혀 없다는 것이며, 넷째는, 사람들의 수만큼이나 많은 실체가 있다는 것이다. 자신의 책을 선전 보급하기 위해 맥클레인은 실제로 수개월 동안 대중매체를 조종했다. 빠른 시간 내에 그녀는 뉴 에이지를 전파하는 데 명사가 되었다. 그녀는 우리 모두가 무한한 존재가 되고 우리 자신의 우주에서 신이 되는 뉴 에이지로 들어오라고 교묘하게 초청한다.

맥클레인은 뉴 에이지 센터를 뉴멕시코에 건립하였다. 일억 오천만 달러나 되는 이 센터는 훈련을 시키는 곳도 있고, 이미 앞으로 훈련받을 사람들이 예약되어 있다.[82]

「내면세계의 탐험」이라는 책에서 뉴 에이지의 마녀인 맥클레인은 '대자아'가 있다고 말한다. "대자아는 인간의 영혼인데 어떤 사람들은 또 성령, 신의 중심, 내면의 신, 신과의 대면 등으로 부르기도 한다."고 말한다. 이는 내면세계에 들어갔을 때 만날 수 있는 대자아를 기독교에서 말하는 성령이라고 주장하는 것이다. 성령은 바로 삼위일체 하나님이신데 맥클레인은 인간의 영혼이며, 인간이 신이라는 사실을 깨달을 수 있는 신의 본질이라고 주장한다. 그래서 "자신이 신임을 명상할 때 자신은 그대로 신이 된다."고 주저함 없이 말하는 것이다.[83]

---

82) 박영호, 『뉴 에이지 운동 평가』(서울: 기독교문서선교회, 1992), pp. 28~29.
83) 곽용화, 『당신은 뉴 에이지와 그 음악에 대해 얼마나 알고 있습니까?』(서울: 낮은울타리,

3.3.2.1.2. 오쇼 라즈니쉬에 대하여

「배꼽」이라는 책으로 국내에 잘 알려진 오쇼 라즈니쉬(Osho Rajneesh)는 1931년 인도에서 출생하여 1953년 자발푸르의 한 공원 마울슈리 나무 아래에서 깨달음을 얻었고, 1957년 자발푸르 대학에서 철학 석사학위를 받아 그 대학에서 강의를 하였다.

그는 1964년 처음으로 명상 캠프를 열고, 1974년 봄베이에서 바가바드기타를 강의한 이래로 동서고금의 종교 경전들을 통하여 이 세상에 통쾌한 우주적 농담을 선사하였고, 그는 1990년 1월 16일 '바다와 같이 무한하다.'는 의미의 오쇼 라즈니쉬라는 이름을 남기고 영혼의 근원인 우주의 웃음바다로 돌아갔다.

이 오쇼 라즈니쉬는 예수를 두 가지로 평가한다. 첫째는, 실패한 혁명가요, 둘째는, 불교 사상을 가진 인간이라는 것이다. 「혁명」이라는 책에서 오쇼 라즈니쉬는 예수가 실패한 하나의 혁명가라고 말한다.

그 이유 중의 하나로 유태인들이 그를 처형했고 그를 추종하는 제자들이 그를 매장했기 때문이라는 것이다. 그러므로 그는 예수님이 시도했던 혁명은 결국 십자가의 죽음으로 끝났다는 말이다.

오쇼 라즈니쉬는 예수의 부활에 대해서 언급하지도 않고 인정하려 들지도 않는다. 왜냐하면 부활에 대해 언급하고 더구나 인정한다는 것은 혁명가 예수의 사역이 실패로 끝난 것이 아니라는 것을 의미하기 때문이다. 하지만 그가 예수의 부활에 대해 언급하지 않는 실제적인 이유는 예수보다 자신이 더 위대하다는 것을 강조하기 위한 것이다.

1995), p. 88.

또한 오쇼 라즈니쉬의 비리를 파헤친 '여러분 출판사'에서 집필한 『타락한 신』이라는 책이 있는데 그는 이 책에서 자신을 가리켜 '바그완' 곧 신이라고 칭하였다.[84] 그리고 자신의 신의 위치를 상극시키기 위해 예수 그리스도를 교묘하게 이용하였다.

그러나 자신이 신이라고 주장했던 그도 결국 죽음을 이길 수 없었던지 1990년 1월에 세상을 떠나고 말았다.

오쇼 라즈니쉬는 또한 예수님의 알려지지 않는 18년의 기간, 즉 예수님께서 12살에 예루살렘에 올라가시고 30살에 공생애를 시작하시면서 세례 요한에게 세례를 받으시기까지 예수님께서는 인도에서 살았다고 주장한다.

그리고 그곳에서 불교의 사상을 배웠다고 한다.

이 인도는 뉴 에이지의 뿌리인 힌두교의 발상지이다. 이 힌두교의 사상은 범신론인데 모든 것이 신이라는 것이다. 그러므로 우리 자신들 하나하나가 신이라는 것이다. 그러므로 이 뉴 에이지는 유일신을 믿는 기독교를 상당히 바보 취급하고 있다.

오쇼 라즈니쉬는 예수님이 불교의 사상을 배운 자라는 증거가 마태복음 5장 44절에 있다고 한다. 그 말씀은 "나는 너희에게 이르노니 너희 원수를 사랑하며 너희를 핍박하는 자를 위하여 기도하라."는 말씀이다. 이 말씀은 도저히 유태인의 사고방식에 맞지 않는다고 말한다. 왜냐하면 유태인의 신은 질투의 신이며 철저하게 악을 미워하는 신이라고 하면서 그러한 신이 어떻게 원수를 사랑하라고 이야기할 수 있느냐고 반문한다. 그러면서 원수를 사랑하라는 논리는 오히려 불교의 태도이며 이러한 태도가 '내면의

---

84) Ibid., p. 59.

연금술'이라고 말한다.[85]

그렇다면 불교에서 말하는 부처가 예수님처럼 인생들의 죄를 위해서 대신 죽었는가? 결코 그렇지가 않다. 오히려 예수님께서는 십자가에 못 박혀 피를 흘리면서까지 자신을 못 박은 사람들을 위해 사랑의 기도를 드린 분이시다.

불교는 자비를 주장하며 그 자비를 강조하기 위해서 대자대비라는 강조법을 사용한다. 그러나 불교에서 내세라고 말하고 있는 극락은 있지도 않는 곳이며 그 극락은 죽어서 바로 가는 것이 아니라 이 세상에서 죄를 많이 범했으면 죽어서 개나 돼지와 같은 천한 짐승으로 다시 태어난다는 것이다. 이 다시 태어난다는 것이 바로 불교에서 말하는 윤회 사상인데 이 윤회를 마쳐야 비로소 극락으로 가게 된다는 것이다. 그러나 이 윤회는 언제 마치게 될지 아무도 모르는 것이며, 그 윤회의 횟수가 많게는 십억 번에 도달한다는 것이다. 그러므로 이 불교는 거짓된 종교이며 인간에게 아무런 유익을 줄 수 없는 종교이다.

특별히 우리나라에 뉴 에이지 사상이 쉽게 접할 수 있었던 이유 중의 하나가 바로 우리나라가 500년여 동안 불교의 종주국이었기 때문인 것이다. 왜냐하면 힌두교에서 발생한 범신론적인 뉴 에이지 사상은 불교와 융합을 잘 이루기 때문이다.

또한 오쇼 라즈니쉬는 소돔과 고모라에는 선한 사람들도 있었는데 유태인의 신이 악한 사람들을 멸망시키기 위해서 선한 사람들까지도 함께 멸망시켰다고 주장한다.

이 오쇼 라즈니쉬의 저서들은 우리들이 서점가에서 쉽게 접할

---

85) Ibid., p. 60.

수 있으며 유명 도서로 손꼽히고 있는 것이 지금의 현실이다. 그렇다고 해서 그리스도인들이 절대로 보아서는 안 되는 책들이다.

그리고 그를 추종하는 세력들이 가히 많을 정도이며 그의 제자들의 모임이 있는데 그 이름은 '산야 신'이라고 불리고 있다. 그들은 일맥상통하게 오렌지색 옷을 입으며 목에는 108개의 알이 달린 염주 목걸이를 걸고 다니는데 이 목걸이의 이름을 '말라'라고 한다. 이 말라 목걸이의 끝에는 작은 사진틀이 있고 그 속에는 당연하게도 오쇼 라즈니쉬의 사진이 들어 있다. 이 108이라는 숫자는 불교적인 숫자로서 인간이 가지고 있는 번뇌와 고뇌가 108가지라는 의미이다. 그래서 흔히 108번뇌라고 하는 것이다. 오쇼 라즈니쉬에 관한 한 일화를 보면 그는 1981년 8월에 미국 땅을 밟으면서 "내가 바로 미국이 기다려 왔던 구세주다."라고 외쳤지만 4년 만에 미국 법정에서 유죄 판결을 받고 쫓겨났다는 것이다.

한국인으로서 오쇼 라즈니쉬의 산야 신이 된 첫 번째 사람은 바로 전위 무용가로 우리에게 알려진 홍신자 씨이다.[86] 전위 무용가란 새로운 시대 곧 뉴 에이지 정신으로 그 시대를 앞서가려는 선구적인 무용을 의미한다.

그는 1976년 7월 26일에 인도에 있는 푸나 아슈람에서 라즈니쉬에게 산야스와 말라 그리고 라즈니쉬의 머리카락이 들어 있는 나무상자를 수여받음으로써 산야 신이 되었다.

그녀는 「푸나의 추억」이라는 책에서 오쇼 라즈니쉬를 극찬하여 우주의 심원한 진리를 아는 분이라고 기술하였다. 그의 책 72쪽에 보면 "어쩌면 모든 신은 한 신의 다른 얼굴일지도 모른다. 신은 오

---

86) Ibid., p. 63.

직 하나이며 오직 하나의 신은 어쩌면 내 속에 있을지도 모른다."
라는 내용이 있다. 또한 268쪽을 보면 "우리 인간은 지상에 살면서
신을 경배하다가 신의 경지에 이르는 것"이라고 주장한다.[87]

오쇼 라즈니쉬가 저술한 「배꼽」에 기록된 내용은 "어떠한 믿음
도 관념도 갖지 말라. 믿어야 할 것이란 세상에 없다", "그대는
겁쟁이가 되지 말라. 기도는 나약한 자들이나 하는 것, 기꺼이 세
상에 도전하라. 명상은 하나의 도전이다. 기도처럼 쉬운 것은 없
다. 아무것도 할 일이 없어 보이므로 그저 신이여 이렇게 저렇게
해 주십시오 하고 말하기만 하면 되니까. 그대는 신에게 모든 책
임을 돌리고 있지 않은가. 신에게 모든 걸 맡겨 버리고 나서 대체
무엇을 할 수 있을까?", "천국과 지옥, 선과 악에 대해서는 나는
관심이 없다."는 것이다. 이처럼 반 기독교적인 사상을 내용으로
하고 있는 것이다.

3.3.2.2. 뉴 에이지의 분류

3.3.2.2.1. 영지주의와 관련성이 있는 뉴 에이지

영지주의의 용어의 어원은 지식이란 뜻의 '그노시스(Gnosis)'에서
왔다. 이 지식은 신비한 것으로서 특수 계층에 속하는 영적인 사
람만이 소유할 수가 있다. 영지주의는 인간이 신의 특성을 가지고
있으며 인간이 신이라는 것을 깨닫게 될 때 그 능력은 무한하다
고 보는 것이다.

더 나아가 죽음을 환생이라고 보고 이 영지주의를 비밀스러운

---

87) 곽용화, 『당신은 뉴 에이지와 그 음악에 대해 얼마나 알고 있습니까?』(서울: 낮은울타리,
1995), p. 64.

계시의 신화로 보며, 특정한 소수에게만 전수되는 밀교적인 지혜는 물질세계를 지배하는 힘과 싸워서 이기게 하고 또 우주의 비밀을 해독할 수 있는 근거가 된다. 이 지혜로 인간은 구원받을 수 있다는 논리에서 이 사상은 뉴 에이지의 근본적인 뿌리가 되는 것이다.[88]

이러한 영지주의와 관련성이 있는 뉴 에이지 사상은 의식 개혁과 초월과 합일 사상인데 이러한 사상은 인간 자신이 원래 신이었음을 깨닫는 사상으로서 인간이 기존의 지식과 경험, 가치관에서 벗어나지 못하기 때문에 자신의 신성을 깨닫지 못하는데 그런 것들을 초월해서 우주와의 합일을 경험하게 되므로 구원에 이를 수 있다고 뉴 에이저들은 주장한다.

그러므로 자신들이 원래 신이었음을 알지 못하는 인생들을 무지한 인생들로 치부해 버리고, 그들에게 참된 지식을 알게 하여 본래의 모습을 알게 하고 돌아가게 하는 데에 그 목적이 있다.

이 참된 지식이란 앞서 말한 바와 같이 영지주의의 의미이기도 하다. 이러한 목적의 실행으로 하나님을 부인하게 하고 인생을 참된 구원에서 멀어지게 하는 것이다.

이 일을 수행하는 뉴 에이지의 방법으로는 명상과 초월 명상과 강신술과 요가 등이 있다.[89] 이 중에서 요가에 대해 살펴보면 요가는 일반적으로 의(義)를 다스려 마음의 통일을 기하는 수행법을 말한다. 요가는 결부시킨다는 의미의 영어의 'Yoke'에서 나온 말로 마음을 가다듬는 것, 한 목적을 위해서 마음을 가다듬고 힘을 집중하는 것을 말한다.

---

88) 김호, 『성경의 입장에서 본 뉴 에이지 운동』(서울: 생명의 말씀사, 1995), pp. 16~17.
89) 신상언, 『사탄은 마침내 대중문화를 선택했습니다』(서울: 낮은울타리, 1992), pp. 81~82.

이 요가의 목적은 명상에 의해서 절대자와의 합일을 실현함에 있다. 이 요가는 육체적인 훈련과 수양 때문에 대중들의 인기를 얻고 있으며 차원 높은 목적을 이루는 기초가 되고 있다.

요가의 8단계는 보편적 도덕률 - 자기 정화 - 자세 - 호흡 조절 - 정신을 살핌 - 집중 - 명상 - 초의식 상태의 도달이다.

이 요가는 명상 훈련에서 시작하여 자아를 해방시켜서 다른 차원의 세계로 이끌어 가려는 힌두교에서 발전되어 나온 힌두교의 구성 요소이다.

요가에서는 물질적 우주와 형이상학적 우주의 합일을 말하고 천국과 지옥은 오직 마음의 산물로 규정하고 있다.

강신술, 마법, 신비 종교 등의 사상적 배후에는 요가의 원리가 있음이 어디서나 쉽게 발견될 수가 있다.90)

요가의 사상은 수련을 통해서 인간의 참된 실체를 아는 지식을 소유한다는 개념에서 영지주의와 밀접한 관련성이 있으며, 또한 뉴 에이지의 교리와도 일치하는 것으로서 뉴 에이지 신봉자들은 자신의 육체와 의식을 다스리며 나아가서는 의식 확장과 고등 의식 개발을 위해 요가의 정신 훈련과 신체 훈련을 하는데 정신 훈련으로는 명상, 자율신경 훈련, 정신 통일 등이 있으며, 신체 훈련으로는 호흡 훈련과 연화좌, 코브라좌, 물구나무서기 등의 여러 가지 몸의 자세를 포함하고 있다.

가끔 사람들은 이러한 요가의 초보 단계인 신체 요법적 요가는 신체 이완 운동으로서 아무 해악이 없을 것이라고 생각하지만 사실은 이 이완 기법과 자신을 텅 비우는 수련은 다른 영의 유입을

90) 김호, 『성경의 입장에서 본 뉴 에이지 운동』(서울: 생명의 말씀사, 1995), pp. 17~18.

초래하게 되는 것이다.

이 요가는 해방시켜 자유를 누리게 하는 것이 아니라 속박하며, 성령이 아닌 악령을 영접하게 하므로 예수 그리스도를 통한 대속의 진리를 전혀 감지하지 못하도록 한다. 뿐만 아니라 마지막에는 사탄의 세력하에 붙잡히게 하며, 악령 숭배로 귀결하게 한다.[91]

3.3.2.2.2. 영지주의와 관련성이 없는 뉴 에이지

인간이 영적으로 진화하여 원래 신이었음을 자각하게 하여 구원에서 멀어지게 하는 영지주의와 관련성이 있는 뉴 에이지가 있는 반면에 여러 가지 문화의 방편과 무분별한 섹스를 통해 사람들의 바른 이성을 실추시키고 가정을 파괴시키며, 바른 구원의 길에서 떠나게 하는 영지주의와 관련성이 없는 뉴 에이지가 있다.

이처럼 뉴 에이지의 주된 목적은 인간으로 하여금 참된 구원이신 예수 그리스도에게서 멀어지게 하는 것이며, 그 방법으로는 인간이 신이었다는 거짓되고 사악한 가르침을 통해서 떠나게 하고, 또한 예수 그리스도를 저주하며 부인하게 하여 떠나게 하는 것이다.

그리고 인간이 신이라는 개념으로 창조주의 존재 여부를 당연히 부인하게 하며 창조가 아닌 진화를 내세우는 것이다. 특별히 문화의 타락으로 말미암아 하나님의 말씀에서 떠나게 하고, 정상적인 생활을 무너뜨리고, 가정을 파괴시키며, 참된 진리에서 벗어나게 한다.

또한 성적인 타락의 말로는 동성애인데, 이 동성애는 뒤에서 살펴보겠지만 여러 가지로 분류할 수가 있으며, 그중에서 가장 극악

---

91) Ibid., p. 19.

무도한 것은 트랜스 섹슈얼로서 이는 의학적인 수술을 통해서 자신의 성을 다른 성으로 바꾸게 되는 것이며, 하나님께서 그 자신에게 주신 본래의 성을 무참히 깨뜨리며 하나님의 창조성을 부인하는 결과를 낳게 되는 것이다.

이러한 문화적인 타락의 말로는 하나님의 진노를 자초할 수밖에 없는 것이며 진리를 외치는 교회에 큰 파급효과를 가져오게 되는 것이다.

영지주의와 관련성이 있는 뉴 에이지는 사람들의 지식을 자극하여 자신이 본래 신이었음을 인식하게 하지만 이 영지주의와 관련성이 없는 뉴 에이지는 사람들이 평범한 생활 속에서 접하는 문화 속에 교묘히 침투하여 사람들을 자연스럽게 자극하여 본연의 이성을 실추하게 하고 하나님으로부터 멀어지게 하는 것이다.

이러한 문화라는 이름으로 다가오는 뉴 에이지의 사상은 판별 여부가 심히 어려우며, 그러기에 많은 시간이 소요되므로 그 시간이 소요되는 동안에 뉴 에이지의 위험한 사상에 노출되어 잠식되어 버리는 것이다.

이처럼 뉴 에이지의 범주는 우리가 생각하는 그 이상으로 상당히 많은 분포도를 가지고 있는 것이다.

3.3.2.3. 활동 사항

1992년 1월 10일자 국민 일보에 실린 기사의 내용 중에 뉴 에이저들의 활동 사항이 기록되었었다. 그 내용인즉 세계 각국의 뉴 에이지 운동가들이 이집트 기자의 어느 피라미드 앞에 모여 마귀의 능력이 도래하기를 기원하는 모임이 열린다는 것이다. 그리고 그들이 원하는 모인 사람들의 숫자는 요한 계시록 14장 1절에 기록된 구원받은 수인 14만 4천 명이다.

그러나 그 수대로 사람들이 찾아오지는 않았다. 이 뉴 에이저들의 모임 날짜는 1992년 1월 11일 오전 11시와 오후 11시이다. 이들이 유독 모임 날짜로 1이라는 숫자가 들어간 날을 택한 이유는 이들의 사상에서 피력하고 있는 것처럼 자신들이 세계의 정상에 오를 것임을 암시하고 있는 것이다.

그리고 이날 뉴 에이저들은 그리스도의 영적인 능력은 '옛 힘의 원천'이라고 지칭하며 궁극적인 이별을 고하면서 '새 문'을 여는 의식을 행했는데 여기서의 새 문이란 마귀의 능력과 고대 신들이 들어오는 입구를 일컫는 말인 것이다.[92] 그러나 우리가 구원받기 위해서 들어가야 할 진정한 문은 예수 그리스도이시다. 요한복음 10장 9절에 이렇게 기록돼 있다.

"내가 문이니 누구든지 나로 말미암아 들어가면 구원을 얻고 또는 들어가며 나오며 꼴을 얻으리라."

뉴 에이저들은 여러 가지의 실행 방법들을 통하여서 활동을 하고 있는데 그 방법은 동양 종교, 영지주의, 심령 과학, 무속 신앙, 초월 명상, 투시, 점치는 것, 최면술, 점성술, 요가, 관상, 수상, UFO에 관한 것, 마녀 숭배, 윤회설, 범신론적 학문 운동, 인간 잠재력 운동, 텔레파시, SF영화와 소설, 대중음악, 만화 등 인간이

---

92) 신상언, 『사탄은 마침내 대중문화를 선택했습니다』(서울: 낮은울타리, 1992), p. 74.

접하는 문화를 통해 자신들의 사상을 구축해 가고 있다.

뉴 에이지란 용어가 새로운 시대라는 뜻이기 때문에 그 용어 자체만으로는 기독교의 새 생활 운동과도 같은 인상을 풍기기에 새로운 것을 원하는 현대의 젊은이들에게 매력을 느끼게도 하는 것이다.

그리고 이 뉴 에이지는 순수한 기독교를 해치려는 목적이 뚜렷하며 적그리스도의 등장을 자연스레 준비하는 양상마저 보여주고 있다.

이 뉴 에이지는 현대의 사람들에게 아주 가까이 다가와 있는데 패스트푸드 음식을 통해서는 사람들의 성격을 급하고 난폭하게 만들며, 음악을 통해서는 예수 그리스도를 모욕하며 천국보다는 지옥이 훨씬 더 좋은 것이라고 소개하기도 하며, 영화를 통해서는 스크린에 예수를 등장시켜 형편없는 인간으로 치부해 버리며, 심지어는 예수 그 자신도 정체성을 잃고 방황하는 인간으로 묘사하기도 한다.

또한 TV에서 방영되는 어린이들을 위한 프로그램에 실재하지도 않는 괴물들을 등장시켜 가치관을 혼란스럽게 하며, 어른들을 위한 드라마에서는 이혼을 주제로 하여 이혼의 정당성을 말하고 있기도 하다.

이러한 대중문화를 통해서 가치관이 흔들린 자들은 뉴 에이지의 사상에 매력을 느끼게 되고 그 매력을 느낀 나머지 그 사상을 동조하며 진정한 구원의 종교인 기독교를 바른 시각으로 바라보지 못하며 이기적인 종교로 치부하기가 일쑤이다.

뉴 에이저(New Ager)들의 활동 사항 중에 가장 두드러지게 나타나며, 중요한 것은 바로 명상과 요가이다. 이 명상과 요가에서 말하는 인간의 실재는 우주의 유일한 존재인 '우주 대영'과 같은 전지전능한 존재라는 것이다. 이 말은 곧 인간이 신이라는 것이다. 그러나 이러한 신적 존재인 인간이 육체라는 방해물 때문에 그 능력을 발휘하지 못한다는 것이다. 그리고 이러한 방해물인 육체를 무력화시키는 것이 바로 명상과 요가라는 것이다. 그러므로 이 명상과 요가는 인간이 신으로 향하는 진화의 과정인 것이다.[93]

3.4. 뉴 에이지의 세계관

뉴 에이지의 세계관은 한마디로 말하기가 곤란한데 그 이유는 동, 서양의 여러 종교와 사상들이 잡다하게 융합하여 이루어져 있기 때문이다.

이 뉴 에이지의 세계관을 기독교의 세계관에 비추어서 7가지의 형태로 살펴보고자 한다.

3.4.1. "모든 것이 하나다."라는 단일론에서 출발

이들은 현상 세계의 차이를 인정하지 않고 본질적으로 같다고 믿는다. 인간과 인간, 인간과 생물은 물론이고 인간과 무생물도 하나인 관계로 보기 때문에 언제든지 서로의 의사소통이 가능하다고 믿는 것이다.

---

93) 김성호, 『뉴 에이지』(서울: 엠마오, 1992), pp. 57~58.

이러한 주장은 하나님께서 엿새 동안 모든 피조물들을 지으시고 마지막 날 인간에게 "이 모든 것을 다스리고 정복하라."는 말씀(창 1:28)에 위배되는 것이다. 다른 어떤 피조물과는 달리 사람만이 하나님의 형상대로 지음 받았음을 성경은 분명하게 기록하고 있다.94)

그러므로 TV에서 어린이들을 대상으로 방영되는 만화에서 동물들과 인간이 자연스럽게 대화하는 것은 물론이고, 동물을 사람처럼 의인화하여 등장시키는 것 또한 뉴 에이지이며, 이는 정서에 좋지 않은 영향을 미치게 되는 것이며, 바른 가치관의 정립이 필요한 시기에 놓여 있는 어린이들에게 진정한 가치관을 획득하지 못하게 하는 것이다.

이러한 모든 것이 하나라는 사상은 자칫 잘못하면 기독교적인 사상이라고 오해하기가 십상이다.

그러나 뉴 에이지에서 주장하고 있는 하나라는 것은 연합이 아닌 성향이 서로 다른 것끼리의 하나이기 때문에 혼합인 것이다. 그리고 이 혼합된 하나 됨을 통하여 순수성이 결여되며 진리가 희석되어 구원관이 바로 정립되지 못하는 것이다.

특별히 뉴 에이지는 힌두교의 범신론에 그 뿌리를 두고 있기 때문에 힌두교의 사상과 흡사한 불교가 우리나라에 깊이 자리 잡고 있어서 더욱더 매료되어 가고 있는 것이다.

반면에 기독교에서 말하는 하나라는 것은 성향이 서로 같은 것끼리의 하나이기 때문에 연합인 것이다. 그러기에 이 연합은 순수성이 보존되며, 진리가 진리 되어 구원관이 바로 정립되는 것이다.

---

94) 신상언, 『사탄은 마침내 대중문화를?』(서울: 낮은울타리, 1992), p. 118.

이 뉴 에이지의 하나라는 세계관은 세상에 있는 모든 종교가 하나라고 주장하는 사상이며 또한 모든 종교가 각기 저마다의 구원관을 옳다고 피력하는 것이다.

실례로 모 방송국 프로그램에서 김수환 추기경과 뉴 에이지의 전도자(?)라고 할 수 있는 도올 김용옥이 함께 출연하여 종교의 혼합을 정당하게 말한 적이 있다. 또한 한국 통신을 선전하는 CF에서도 수녀가 자전거를 타고 가다가 꼬마 승을 태우는 장면이 나오는데 이것 또한 종교의 통합을 의미하는 것이며 자전거를 함께 탔다는 것은 길을 같이 가겠다는 의미이며, 서로가 가고자 하는 종국의 길인 구원의 길이 같다는 의미를 내포하고 있는 것이다. 이것은 엄연히 뉴 에이지의 사상을 표본으로 한 것이다.

3.4.2. 우리 모두는 신이다 네가 바로 신이다

'Swami Muktananda'는 이렇게 말했다.
"당신 자신에게 무릎을 꿇어라. 당신 자신의 존재를 높이고 예배하라. 신은 당신 안에 당신으로서 거하고 있다."

사실 오늘날 많은 사람들이 신이 되려고 하고 있다. 초능력자가 되려 하고, 다른 사람을 지배하거나 다스리려는 마음을 가지고 있다.

인간이 인간으로서 평범성을 벗어나 초월하여 초능력자가 될 수 있다는 것은 마치 에덴동산에서 있었던 최초의 유혹처럼 대단한 매력인 것이다. 오늘날 뉴 에이저들은 이 사상을 토대로 하여 말하기를 "네가 바로 신이며, 나도 신이며, 우리 모두는 신이다."라고 한다.

3.4.3. 모든 것이 선하다

얼핏 보면 굉장한 도덕적 완성 주의를 부르짖는 것 같지만 선과 악을 비롯하여 세상에 실재하는 대립 개념들을 인정치 않으려는 의도가 분명한 것이다. 그러면서 이들은 모든 것이 선한 세상 속에서 신으로 살아가기 위해서는 의식을 개혁해야 한다고 주장한다.

모든 것이 선하다면 회개 없는 구원이 가능하며 심판 없는 구원이 가능하다는 것이다. 왜냐하면 회개와 구원은 죄인에게만 필요한 것이기 때문이다. 이는 사탄의 유혹에 빠져 죄를 지었고, 죄의 결과로 죽을 수밖에 없는 인간 멸망의 실존을 거부하고 하나님 없이도 구원이 가능하다고 말하는 것이다.

또한 이 사상을 통해 모든 사람이 죄인이라는 기독교의 사상 (롬 3:23)을 전면적으로 부정하는 것이다. 인간에게 무엇보다도 가장 필요한 것은 하나님 앞에서 자신이 죄인임을 발견하는 것이며, 이것이 구원의 시발점인 것이다. 그러나 뉴 에이지는 모든 것이 선하다는 사상으로 이러한 중요성을 간과해 버리는 것이다.

3.4.4. 의식 개혁, 초월, 합일 사상

인간이 기존의 지식과 경험, 가치관에서 벗어나지 못하기 때문에 자신의 신성을 깨닫지 못하는 것인데 그런 것들을 초월해서 우주와의 합일을 경험하게 되므로 구원에 이를 수 있다고 뉴 에

이저들은 주장한다.[95]

여기에서 명상이라든지 초월 명상, 강신술 등의 실행 방법이 그 타당성을 얻게 되는 것이다. 성경에서는 예수 그리스도를 믿어야만 구원을 얻을 수 있다고 하는 데 반해 이들은 자신의 노력으로 얼마든지 기존의 의식 세계를 초월하여 절대자와의 합일을 체험할 수 있다고 주장하는 것이다.

3.4.5. 윤회 사상과 인과응보 사상

이들이 불교적 사상, 세계관을 자연스럽게 수용하고 있는 것은 전혀 이상하지가 않은 것이다. 자신들의 구원과 자신들의 가치관을 전달하기 위해서는 이 세상의 어떤 종교도 마음대로 활용할 수 있기 때문이다.

미국에서 초기 뉴 에이지 운동가로 알려진 셜리 맥클레인은 인과응보, 즉 업(業: Karma)을 우주적 정의라고 부르는데 이곳은 심는 대로 거두리라는 사상이며, 인간은 수천 번, 수만 번의 삶을 계속할 수 있다는 주장이다.

그러나 성경에서는 히브리서 9장 27절에 이렇게 말씀하고 있다.

"한 번 죽는 것은 사람에게 정하신 것이요, 그 후에는 심판이 있으리니"

그러므로 이 인과응보 사상은 성경과 정면으로 대치되는 것이다.

---

95) Ibid., pp. 118~119.

3.4.6. 일반 세속주의보다 더 적극적인 세속적 인본주의

세속적 인본주의란 인간 존재의 가치를 그 어떤 가치보다 우위에 두자고 하는 개념이다. 이것은 과학의 도움을 받아 인간의 관심을 하나님으로부터 분리시켜 인간 자신에게만 쏠리게 하는 개념이며, 인간의 잠재력 개발에 초점을 두었기 때문에 결국 창조주하나님을 부인하고 인간 자신의 성공과 번영에만 궁극적 목표를 가지게 되는 것이다.

그러나 성육신으로 오신 하나님인 예수 그리스도는 천대받는 사람들의 지위를 높여 주셨다.

하지만 뉴 에이저들이 주장하는바 세속적 인본주의는 창조주하나님을 인정하지 않고 피조물에 불과한 인간의 자유를 한없이 주장하고 있다는 데 그 문제의 심각성이 도사리고 있는 것이다. 이처럼 세속적 인본주의는 기독교 신본주의와는 전혀 다른 관점을 가지고 있는 것이다.

참고로 세속적 인본주의와 기독교 신본주의의 차이점을 표로 정리하겠다.96)

---

96) 신상언, 『사탄은 마침내 대중문화를 선택했습니다』(서울: 낮은울타리, 1992), p. 83.

구 분 관 점	기독교적 신본주의	세속적 인본주의
세계관의 초점	하나님	인간
인류의 구원자	하나님	인간
세계관의 기초	하나님	과학주의
우주와 인류의 탄생	창조	진화
생명관	영적 존재	물질적 존재
윤리관	절대윤리	상황윤리
삶의 목표	내세적	현세적
생활철학	예수님 중심주의	자기중심주의

3.4.7. 범신론

이 사상은 우리 눈에 보이는 것, 즉 이 세상에 편만한 모든 것
이 신이며 명상을 통하여 신과의 합일을 경험함으로써 구원에 이
른다고 주장하는 것이다. 이들은 기독교의 하나님을 부르짖는다.
그러나 동시에 불교의 싯다르타를 부르짖고, 힌두교의 크리슈나를
부르기도 한다.

이 세상의 모든 것이 다 신이며, 이 세상의 모든 신을 다 수용
하고자 하는 노력이 뉴 에이지의 범신론 사상인 것이다.[97]

이 범신론은 신은 어떤 특정한 존재가 아니고 그저 존재하는
모든 것이 신이며 존재하는 것 가운데 신이 아닌 것이 하나도 없
다는 것이다. 또한 우리 인간을 구원하실 분은 신이 아니라 싸우
고 창조하며 물질을 정신으로 변형시키는 우리들이 신을 구원할
것이라고 바꾸어 말하였다.[98]

---

97) Ibid., p. 84.
98) 이대복, 『이단종합연구』(서울: 큰샘출판사, 2000), p. 173.

참고로 성경적 기독교관과 뉴 에이지 범신론의 차이점을 표로
정리하겠다.[99]

구 분 관 점	성경적 기독교관	뉴 에이지 범신론
신관	인격자이시고 선하신 창조주 하나님	비인격적인 힘, 만물 그 자체가 곧 신
인간관	하나님의 형상대로 창조되었으나 아담의 범죄로 죄인 된 존재, 부활하는 존재	인간이 곧 하나님이며 선한 존재, 죽은 후 환생하는 존재
예수 그리스도관	참하나님이시며 참사람, 십자가에 죽으셨다가 부활하심	신령한 영이 인간의 육체에 '담긴 존재, 죽은 후 환생하는 존재
구원관	하나님의 은혜로 말미암아 죄로부터 구원되는 존재	인간의 노력으로 어떤 부조화의 상태로부터 회복되고 공포로부터 승리하는 존재
신앙관	하나님의 능력을 신앙함 하나님에게 초점	자신의 내부에 있는 잠재력 자아능력에 초점
기적관	하나님의 명령에 의해 행해지는 초자연적인 능력	인간의 명령에 의해 행해지는 초자연적인 능력

3.5. 뉴 에이지의 4대 핵심 교리

3.5.1. 너희는 결코 죽지 아니하리라(창 3:4)

이 말씀을 윤회론과 환생론의 관점으로 해석한다. 이것은 사탄
의 불복종의 두려움을 약화시키기 위해 사용했던 것이다. 죽음이
란 모든 인간이 가장 두려워하는 사건이다. 무신론자조차도 죽음

---

99) 신상언, 『뉴 에이지에 대한 이해와 연구』(서울: 낮은울타리, 1993), p. 44.

이라는 미지의 세계에로의 전이를 두려워한다. 죽음에는 예외가 없기 때문이다. 그러므로 사탄은 자신의 거짓말을 정당화시킬 구실을 찾아야 했고, 그것은 바로 윤회설이다.

윤회론의 핵심 내용은 "그렇다. 당신의 육체는 죽는다. 그러나 당신은 또 다른 육체 안에서 삶을 계속한다. 당신이 원하는 만큼 얼마든지 윤회를 거듭하는 것이다. 자아의 본질 자체는 변함없이 껍데기에 불과한 육신을 바꾸는 것이 곧 죽음인데 그것을 두려워할 필요가 없다. 이생에서 축적한 당신의 지혜는 다음 생에서도 이용할 수 있는 것이다. 이러한 경험은 자연의 순환과 동일하다. 당신이 심판받아야 할 하나님은 존재하지 않는 것이다."라는 것이다. 이러한 내용은 불교로 이어져 카르마(Karma), 즉 업으로 발전한다. 그리하여 죽음의 공포는 인간의 뇌리 속에서 확실히 제거되며, 오히려 환영을 받기까지 한다.[100]

이 말씀을 통해서 사탄은 자신의 본성을 드러낸 것이다. 여자로 하여금 하나님의 말씀을 의심하게 하는 데 성공한 사탄은 여기서 정면으로 하나님께 도전한다. 하나님께서 '정녕 죽으리라' 하신 데 대해서 뱀은 결코 죽지 아니하리라고 한 것이다.

여자는 '죽을까' 하면서 반신반의(半信半疑)하였는데 사탄은 그녀를 꾀어서 '결코 죽지 않는다.'며 전적으로 부정하려고 시도했다.

여기에서 분명한 사탄의 목적은 거짓말로 하와를 하나님의 말씀에서 격리시키는 것이다.

사탄은 인간이 가장 두려워하는 죽음을 미끼로 유혹을 하는데 뉴 에이지 사상은 그들을 유혹할 정당한 구실로 윤회설을 제시한

---

100) 신상언, 『사탄은 마침내 대중문화를?』(서울: 낮은울타리, 1992), p. 127.

다. 이러한 윤회설의 사상은 힌두교의 카르마 이론을 확대시킨 것
으로써 죽음의 문제를 가볍게 생각하게 하고 죽음의 공포를 인간
의 뇌리 속에서 확실하게 제거해 버리는 것이다.[101]

3.5.2. 너희의 눈이 밝아지리라(창 3:5)

이 말씀을 밀교주의의 관점으로 해석한다. 에덴동산에서 하와와
사탄의 대화는 사탄이 하와의 의심을 자극하는 데서부터 시작된다.
하나님에 대한 하와의 배반에 의해 하나님이 차지하던 공간은
물질적인 욕망으로 대체되었다. 그에 관련하여 성경은 창세기 3장
6절에 말씀하고 있다.

> "여자가 그 나무를 본즉 먹음직도 하고 보암직도 하고 지혜롭게 할 만
> 큼 탐스럽기도 한 나무인지라 여자가 그 실과를 따먹고 자기와 함께한 남
> 편에게도 주매 그도 먹은지라."

하와가 그 나무를 보았을 때 그것은 그녀의 눈에 좋아 보였고,
그녀는 하나님의 명령을 어기고 그 열매를 먹었다. 사탄은 그녀의
눈이 열릴 것이라고 약속을 하였다. 그녀의 불복종은 문명을 경험
토록 했던 것이다.

고대 밀교의 교리는 뉴 에이지 운동의 필수 사항이다. 밀교에서
는 '인간 의식의 전환'을 매우 중요시했다. 밀교주의자들은 일반인
들에게 비밀로 되어 있는 특별한 지식을 자신들만이 알고 있다고

---

101) 김호, 『성경의 입장에서 본 뉴 에이지 운동』(서울: 생명의 말씀사, 1995), p. 38.

믿었고 지식의 확대와 문명을 발전시키는 것이 그들의 목표였다.

더 나아가서 그들의 궁극적인 목표는 영적인 전환이었다. 뉴 에이저들은 보편적인 신학은 있을 수가 없다고 믿는다. 그러므로 그들에게 있어서 교리란 중요하지가 않는 것이다. 중요한 것은 종교적 경험이며, 신이라고 불리는 어떤 강력한 힘과의 합일을 체험하는 것이다. 이성도 필요하지 않다. 궁극적인 실체와의 접촉을 통해 이성은 사라지고 무분별이 인간을 지배하여 "생각하지 말고 느낀 대로 하라."고 명령한다.102)

뉴 에이지의 경전 주해서에서는 뱀은 선도 악도 아닌 세상 모든 종교들의 상징이라고 말하면서 이 힘이 하락하면 슬픔, 고통, 병과 죽음을 낳고, 상승하는 힘이 되면 약동하는 힘, 죽음이 없는 신체를 만든다고 기록하고 있다. 이는 전혀 엉뚱한 해석으로 성경 본문이 의미하는 바를 피해서 뉴 에이지 사상을 옹호하고자 하는 아전인수 격의 설명이다.

눈이 밝아진다는 말은 그 자체가 어이없는 속임수이고 유혹인 것이다. 사탄은 창세기에서 사용한 수법으로 지금은 뉴 에이지를 통해서 거짓말하고 유혹하고 있다.

죄를 지음으로 눈이 밝아져서 계몽의 빛을 보게 된다고 하는 사탄의 설득은 언제 어디서나 누구에게나 강한 유혹이기에 뉴 에이지 신봉자들 역시도 해묵은 유혹의 가면을 쓰고 손을 뻗치고 있는 것이다.103)

---

102) 신상언, 『사탄은 마침내 대중문화를?』(서울: 낮은울타리, 1992), pp. 129~130.
103) 김호, 『성경의 입장에서 본 뉴 에이지 운동』(서울: 생명의 말씀사, 1995), pp. 39~40.

3.5.3. 너희가 하나님과 같이 되리라(창 3:5)

이 말씀을 범신론의 관점으로 해석한다. 사탄은 아담과 하와에게 하나님과 겨룰 만한 왕국을 이룩할 수 있다고 약속했다. 그들은 자신이 하나님이 될 수 있었던 것이다. 즉 사탄이 의도했던 것은 하나님과 동등한 인간이 아니라 하나님을 제거하고 인간 자신이 그 자리를 메우도록 하는 것이었다. 이러한 생각을 가공할 만한 것이다.

인간은 자신이 창조주가 될 수 없다는 것을 너무나 잘 알고 있으므로 자신이 하나님이 된다는 거짓말이 인간에게 설득력이 없었다. 그리하여 "만물이 신이고 신은 곧 만물이다."라고 하는 범신론이 오히려 호소력이 있었던 것이다.

뉴 에이지의 핵심이 되고 있는 범신론은 고대 힌두교의 사상이다. 즉 현존하는 모든 것은 신이기 때문에 우주는 완전한 영적인 실체물이라는 것이다. 또한 물질은 하나의 환상에 불과하므로 명상을 통하여 물질세계의 영향에서 벗어나 신과 하나가 됨으로써 신이 되거나 신이 되어 가는 과정에 있다고 주장한다. 뉴 에이저들에 따르면 우리의 정신이 준비만 되어 있다면 인간은 신과 동일한 능력을 소유할 수 있으며 그 과정에서 인간은 우주와의 합일에 도달할 수 있고 인간 자신의 신성을 수용할 수 있는 상태가 된다고 한다.[104]

뉴 에이지 신봉자들이 제창하는 "우리는 이미 모든 것을 알고 있다. 우리가 자신의 신성을 깨닫는 것이 가장 완전한 지혜이다."라는 말은 에덴동산에서 사탄이 하와를 유혹했던 내용인 "너희가

---

104) 신상언, 『사탄은 마침내 대중문화를?』(서울: 낮은울타리, 1992), p. 126.

하나님과 같이 되리라."는 말과 똑같은 반복일 뿐이다.

뉴 에이지 사상의 인본주의 심리학자인 에리히 프롬(Erich Fromm)은 그의 책 「너희도 신처럼 되리라」(*You Shall be As Gods*)에서 인간이 생명나무의 열매를 먹으므로 하나님의 적수가 될 수 있었는데 인간이 선악과를 따먹자 하나님의 지위가 위협을 받았고 그래서 하나님은 위험 부담에서 자신을 방어하려고 먼저 인간을 추방시켜 버렸다는 아전인수(我田引水) 격인 해석을 시도했었다.[105]

3.5.4. 너희가 선악을 알리라(창 3:5)

이 말씀을 상대론의 관점으로 해석한다. 사탄은 인간에게 선악과의 열매를 따 먹으면 선악을 결정할 수가 있다고 유혹하였다. 그리하여 그들은 선악을 구별할 수 있게 되었고 그것은 바로 사탄의 상대론을 바탕으로 한 것이었다. 이 상대론이란 나에게 옳은 것이라고 해서 반드시 남에게도 선은 아니라는 것이다. 이는 그 어떤 것도 절대적으로 옳고 그른 것이 없으며 상황이 도덕과 윤리를 결정한다는 것이다. 그러기에 선악을 분별하기 위해서 하나님께 자문을 구할 필요가 없다는 것이다.

상황에 따라서 선이라고 여겨지는 것을 마음대로 하면 되는 것이다. 뉴 에이저들은 선악에 관하여 터무니없는 논리를 펴고 있다.

그 논리는 "결국 모든 것이 선이고 선이 곧 모든 것이다. 그러므로 악 자체로 역시 선이 되어야만 한다."는 것이다. 사탄의 전

---

105) 김호, 『성경의 입장에서 본 뉴 에이지 운동』(서울: 생명의 말씀사, 1995), p. 41.

략은 인간 자신이 선악을 결정하도록 만드는 것이다. 이는 하나님이 만들어 놓으신 기존의 질서를 파괴하려는 것이다.[106]

여기에서 말하는 선악은 단순한 도덕적인 판단을 말하는 것이 아니라 하나님께서 독점하신 우주적인 전 지식을 말하는 것이다. 이런 지식이 있다면 더 이상 하나님의 간섭이나 지도가 필요 없고 인간은 하나님을 떠나게 된다. 여기에서 사탄은 하나님의 금단을 부당한 것으로 돌리고 인간이 하나님과 동등하게 되는 것을 시도하고 있는 것이다.

사탄은 그 열매를 먹기만 한다면 선악을 결정할 수 있다고 거짓말로 유혹하였다. 결국 그것을 먹음으로 선악을 구별할 수 있었는데 이것이 그들의 윤리를 만들어 낸 것이다. 이 윤리는 앞서 말한 것처럼 상대론인 것이다. 이 상대론은 나 자신이 도덕의 기준이 되기 때문에 어떤 상황에서 나의 판단에 의하여 나의 감정대로 행하는 것이 옳다는 것이다.

이처럼 사탄은 처음부터 거짓말쟁이인 것이다. 이 거짓말을 통하여 사탄은 인류를 사망으로 밀어 넣은 것이다.

예수님은 이 사탄에 대해서 요한복음 8장 44절 중에서 아래와 같이 말씀하셨다.

"이는 저가 거짓말쟁이요, 거짓의 아비가 되었음이니라." [107]

이러한 사탄의 4가지 거짓말의 바탕은 인간의 자만, 즉 모든 것

---

106) 신상언, 『사탄은 마침내 대중문화를?』(서울: 낮은울타리, 1992), pp. 128~129.
107) 김호, 『성경의 입장에서 본 뉴 에이지 운동』(서울: 생명의 말씀사, 1995), pp. 41~42.

이 인간의 정신 속에 잠재해 있다는 믿음이다. 다시 말해서 인간의 심층을 파헤쳐 보면 인간 자신이 하나님이라는 것을 발견하게 된다는 것이다.

교령술을 통하여 앞서간 영들과 접촉할 수 있고, 자신이 도덕의 기준도 될 수가 있으며, 영력을 개발하여 신이 될 수도 있다는 것이다. 즉 인간의 힘으로 원하는 것은 무엇이든지 할 수 있다고 주장하는 뉴 에이지 신봉자들은 인간의 문제는 죄가 아니라 무지라고 강조한다.

그러므로 계몽을 통하여 인간은 무엇이든지 해결할 수 있으며, 인간의 창조력과 힘만이 그 원동력이라는 것이다.[108]

3.6. 뉴 에이지의 반성경적인 사상

3.6.1. 마태복음 5장 44절에 대한 해석

뉴 에이지에서는 이 구절에서 말하는 사랑을 가르쳐 불교적인 사랑으로 역설하고 있다. 오쇼 라즈니쉬는 예수 그리스도의 알려지지 않은 18년이라는 기간 동안을 인도에서 살았다고 하면서 예수 그리스도가 불교 사상을 가진 인물이라고 한다. 그 증거로 마태복음 5장 44절에 기록되어 있는 '원수를 사랑하라'는 말씀을 내세우는데 이 말씀은 도저히 유태인의 사고에 맞지 않는다고 말한

---

108) Ibid., p. 43.

다. 유태인의 신은 질투하는 신이고 철저하게 악을 미워하는 신이라고 하면서 그러한 신이 어떻게 원수를 사랑하라고 말할 수 있느냐고 반문한다.

그러면서 원수를 사랑하라는 논리는 오히려 불교의 태도이며 이러한 태도가 '내면의 연금술'이라고 한다. 이처럼 오쇼 라즈니쉬는 하나님의 사랑에 대해서 전혀 이해하지 못한다.

원수까지도 사랑하라는 말씀이 바로 무한한 하나님의 사랑을 나타내는 것이며 죄 많은 인간을 미워하지 않으시고 독생자를 보내셔서 화목제로 삼으신 하나님의 그 크신 사랑을 의미한다는 것을 이해하지 못하는 것이다.[109] 그리고 불교에서 말하는 부처는 인생들의 죄를 위해서 대신 죽은 자가 아니고 예수 그리스도만이 인생들의 죄를 위해서 십자가에 대속의 죽임을 당하셨다. 이러한 죽으심은 오로지 사랑에 의해서만 가능한 것이다.

또한 예수 그리스도께서는 십자가 위에 달리시어 고통 중에서도 무지한 자들을 위해서 사랑의 기도를 드리신 분이시다.

불교는 자비를 주장하며 그 자비를 강조하기 위해서 자비라는 말에 대자대비라는 강조법의 의미를 부여한다.

그러나 불교에서 말하는 내세인 극락이라는 곳은 실재하지도 않는 곳이며, 또 그 극락은 죽어서 바로 가는 곳이 아니라 사람이 이 세상에서 죄를 많이 범하였으면 죽어서 개나 돼지와 같은 천한 짐승으로 다시 태어난다는 것이다. 이 다시 태어난다는 것이 바로 불교에서 말하는 윤회 사상인데 이 윤회를 마쳐야 비로소

---

109) 곽용화, 『당신은 뉴 에이지와 그 음악에 대해 얼마나 알고 있습니까?』(서울: 낮은울타리, 1995), p. 60.

극락이라는 곳에 가게 된다는 것이다.

그러나 이러한 윤회는 언제 마칠지는 아무도 모르는 것이며, 그 윤회의 횟수가 많게는 십억 번에까지 도달한다고 한다.

그러므로 불교는 결코 사랑의 종교라고 할 수 없으며, 원수를 사랑하라는 논리에 합당치 않은 것이다.

3.6.2. 전도서 1장 4절~7절에 대한 해석

뉴 에이지에서는 이 구절에서 말하는 자연의 순환을 가르쳐 환생으로 역설하고 있다. 많은 환생론자들은 자연에서 발견되는 반복의 형태는 환생에 대한 유효한 증거라고 주장한다.

계절의 순환이나 매월의 순환이나 매일의 일출 또한 증발과 강우에 따른 물의 재분배와 같은 온갖 순환들을 각 영혼의 운명에 대한 대 우주의 실례로 언급하며 환생을 주장하고 있는 것이다.

다음에 기록된 솔로몬의 전도서 1장 4절로 7절의 말씀 또한 환생을 말하고 있는 것이라고 주장한다.

> "한 세대는 가고 한 세대는 오되 땅은 영원히 있도다. 해는 떴다가 지며 그 떴던 곳으로 빨리 돌아가고 바람은 남으로 불다가 북으로 돌이키며 이리 돌며 저리 돌아 불던 곳으로 돌아가고 모든 강물은 다 바다로 흐르되 바다를 채우지 못하며 어느 곳으로 흐르든지 그리로 연하여 흐르느니라."

이 구절은 자연이 순환하고 있음을 말하고 있는 것인데 이것이 환생을 입증하고 있는 것이라고 한다.

또한 다람쥐와 같은 짐승이나 느릅나무와 같은 식물들로 환생한다고 주장한다. 환생론자들은 자신들의 이론에 대한 강력한 주장은 자연의 순환이나 전생 회상의 증거도 아니라고 믿는다. 오히려 그들은 자신들의 보다 설득력 있는 주장은 도덕적인 것이라고 믿고 있다.

그들은 뉴 에이지에서 말하고 있는 카르마의 법칙으로만이 참된 정의가 표현될 수 있고 또 수많은 인생을 경험함으로써만이 사람은 공정한 취급을 받을 수 있다고 주장한다.110)

이 카르마 또한 업(業)을 의미하는 것이며, 이 업은 윤회와 환생을 의미하고 있는 것이다. 그러나 분명히 성경의 히브리서 9장 27절에는 아래와 같이 기록돼 있다.

"한 번 죽는 것은 사람에게 정하신 것이요 그 후에는 심판이 있으리니."

이 말씀은 환생이 실재하지 않는 것임을 의미하고 있는 것이다.

---

110) 마크 C. 올브렉, 『뉴 에이지 운동과 환생』 박영호 역(서울: 기독교문서선교회, 1992), pp. 111~112.

4. 문화와 사탄의 음악

NUMBER FOUR, THE MUSIC OF THE
CULTURE AND THE SATAN

4.1. 뉴 에이지 음악의 개념

4.1.1. 개념

뉴 에이지 음악에 대해 일반적으로 정리된 개념은 크게 세 가지로 볼 수가 있다.

첫째는, 뉴 에이지 음악이 연주 형태나 스타일 등 외적인 요소보다는 의식의 전환을 표현하거나 심리적인 상태를 음악을 통해서 나타내려고 하는 음악가의 내적인 요소로 정의되어야 한다.

뉴 에이지 음악을 잘못 평가하는 이유 중 하나는 외적인 요소에 치중하기 때문이다. 연주 스타일이나 형태들 어떤 음악 장르의 요소들이 복합되어 있는가를 보기 때문이다. 사실 외적인 요소는 음악 장르를 구분 짓는 데 필요한 조건이다.

슬로우 록 음악이나 고고, 댄스 음악 등이 외적인 요소로 인해 하나의 장르로 구분되고 있는 것과 달리 뉴 에이지 음악은 외적인 요소로 그 개념을 파악할 수가 없다.

둘째는, 듣는 사람들에게 심리적인 치유 효과나 의식의 전환을 가져다주는 목적론을 가지고 정의되어야 한다는 것이다. 이러한 관점은 뉴 에이지 음악을 음악 치료를 위한 도구로 보기 때문에 나온 것이다. 지금은 여러 나라에서 음악 치료가 성행하고 있고 클래식 음악과 함께 뉴 에이지 음악이 많이 성행하고 있다. 음악 치료에서 뉴 에이지 음악은 외적인 요소가 아니라 환자의 내적인 상태를 중요시한다. 이러한 점은 반드시 음악 치료에서뿐이 아니라 일상생활 속에서도 나타난다. 스트레스를 해소하거나 기분 전환을 위해서 음악을 듣기도 하는 것이다. 뉴 에이지 음악이 나타나면서부터 떠오르기 시작한 대중음악에서의 명상 음악이란 내적 문제의 치유라는 개념이 들어 있다. 명상으로 유도하는 역할을 하는 데 단순히 사랑 타령으로 이루어진 대중음악들은 이러한 역할을 하지 못한다.111)

뉴 에이지 음악에 거의 가사가 들어 있지 않은 이유도 바로 이러한 이유 때문이다. 명상 음악은 음악을 들으면서 그 음악 속으로 빠져들어 가도록 만든다. 그리고 그 속에서 마음의 평안을 얻고 기분 전환을 시도한다. 무엇인가를 얻기 위한 음악이 바로 명상 음악인 것이다.112)

셋째는, 단순히 뉴 에이지 음악을 대중음악 속에 하나의 새로운 음악 장르로만 보는 것이다. 이것은 록 음악이나 블루스 음악처럼 대중음악의 한 장르로만 구별하는 것이다. 내적인 요소든 외적인 요소든 중요한 것이 아니라 그렇게 심각하게 볼 필요 없이 단순한 음악 장르로만 보아야 한다는 견해인데 이 주장은 너무 책임감 없이 보인다. 음악을 보다 정확히 구별하고 파악하려는 대신에 간단하게 정의하려는 성급함이 엿보인다. 그러나 뉴 에이지 음악은 그렇게 간단하게 생각할 음악은 아니다. 단순한 음악이 아니라 무엇인가가 더 있을 것만 같은 음악이다. 뉴 에이지 음악에 대한 개념이 정리되지 않고 있는 이유가 있는데 그것은 뉴 에이지 음

---

111) 곽용화, 『당신은 뉴 에이지와 그 음악에 대해 얼마나 알고 있습니까?』(서울: 낮은울타리, 1995), pp. 100~101.

112) Ibid., p. 102.

악이 가지고 있는 영적인 면을 보지 못하기 때문이다.

뉴 에이지 음악을 살펴보면 다른 음악 장르와는 분명한 차이점을 가지고 있음을 알 수 있다. 음악은 일반적으로 작곡자나 음악인들 중심으로 되어 있다. 라이브 공연에서 그 진가가 나타나는 록 음악도 연주하는 음악인들이 어떻게 연주하느냐에 달려 있고 음악을 듣는 사람들이 그 순간 느끼는 감정을 표출하는 매우 단순한 구조를 가지고 있다. 그렇기 때문에 음란이나 폭력 등 육체를 쉽게 자극하는 내적 요소를 가지고 있는 것이다.

그러나 뉴 에이지 음악은 작곡자나 청중 모두에게 하나의 분위기를 제공하는데 그것은 작곡자의 의식과 듣는 사람들의 의식이 일치되는 것이다. 보통 이것을 기가 전달된다고 표현하는 사람들도 있다.113)

록 음악과 같이 즉흥적인 육체의 자극이 아니라 의식과 의식의 만남이 이루어진다는 것이다. 그렇기 때문에 뉴 에이지 음악을 단순한 음악으로 보지 말고 의식을 변화시키려는 하나의 도구로 보아야 한다.

뉴 에이지 음악을 듣는 사람들은 그 음악 속에 담긴 작곡자가 보내는 메시지를 받게 된다.

4.1.2. 영적인 목적

뉴 에이지 음악이 가지는 영적인 목적은 인간이 신으로 진화하

---

113) Ibid., pp. 103~104.

는 것이다. 인간이 신이라는 말을 기독교적으로 표현하면 인간이 바로 하나님이라는 의미이다. 그러나 인간은 하나님의 형상대로 지음 받은 피조물일 뿐 하나님이 아니다.114)

뉴 에이지 음악의 반 기독교적인 영적인 목적은 듣는 사람들에게 거짓 평안을 주는 데서부터 시작한다. 인간이 신이라는 사상에 빠져들게 되기까지 순간적인 거짓 평안은 계속된다. 의식의 변화가 일어나 자기 자신이 바로 신이라는 생각에 빠져들게 되면서 뉴 에이지 음악은 단순한 음악이 아니라 하나의 도구로 인식된다.

스티브 고든은 "뉴 에이지 음악의 진수는 사람의 심령 중심부를 실제로 흥분시키고 우리들의 인식을 완전히 변화시키는 소리의 힘에 있다. 이 세상에 있는 사람들의 활기와 모든 것의 단일성을 우리 안에서 깨닫게 하는 그런 것이다."라고 '뉴 에이지의 진정한 영'이라는 아티클에서 말한다. 모든 것이 하나라는 단일성은 뉴 에이지의 핵심 사상이다.

궁극적인 신이 하나 있는데 그 신은 비인격적이며 우주 만물은 그 신의 일부분이고 다른 측면이라는 것이다. 그렇기 때문에 신과 하나라는 사상, 인간과 우주와 자연은 모두 하나라고 주장하는 것이다.

전 세계에 뉴 에이지 음악을 판매하고 홍보하는 역할을 하는 대표적인 레코드점인 'Only New Age Music'을 운영하면서 심리학이나 음악치유법을 연구하고 음악 활동을 하는 수잔 도셋(Suzzane Doucet)은 뉴 에이지 음악의 영적인 목적에 대해서 다음과 같이 말한다. "뉴 에이지 음악의 목적은 오염되고 더러워진 이 세상의

114) Ibid., p. 105.

영기를 순화시키고 정화시키는 것이다. 그뿐 아니라 내적인 평화와 하모니, 내적인 이해에 대한 지구촌의 필요를 채우도록 돕는 것이다." 이 말에서 뉴 에이지 음악은 단순한 음악이 아니라 하나의 도구라는 사실을 알 수 있다. 오염되고 더러워진 이 세상의 영기를 맑게 순화시킨다는 것은 인간이 신이라는 의식을 갖도록 만드는 것이다.

인간이 유한한 존재라는 인식에서 무한한 존재라는 의식으로의 전환을 의미하는 것이다. 이러한 면에서 볼 때 더러워진 영기에는 기독교도 포함된다. 왜냐하면 기독교 사상과 뉴 에이지 사상은 정반대의 입장을 취하고 있기 때문이다. 세상의 오염되고 더러워진 영기를 정화시키는 데에는 또 다른 이유가 있는데 그것은 뉴 에이저들의 소망이 이 세상에 있기 때문이다. 그들은 이 세상에 유토피아가 세워질 것을 바라고 있다.

자연 보호를 주장하는 것도 바로 그런 이유 때문이다. 뉴 에이저들에게 있어서 자연은 어머니와 같은 것이다. 자연 속에서 에너지를 받는다고 굳게 믿고 있기 때문에 그리고 자연과 인간이 하나라는 생각으로 자연이 훼손되는 것을 원치 않는다.

1992년 6월 1일부터 브라질의 리우 데 자네이루에서 개최되었던 유엔환경개발회의에 셜리 맥클레인, 올리비아 뉴튼 존, 조지 해리슨 등의 뉴 에이저들이 참가했던 이유도 여기에 있다.

표면상으로는 지구를 살리자고 주장하지만 그 목적이 순수하지는 않다. 예수 없는 지상천국을 이루려는 목적이 들어 있는 것이다. 유토피아가 건설될 지구의 환경 보호는 뉴 에이지 운동 전략 중의 하나이다.

환경 음악 가운데 뉴 에이저들의 작품이 들어 있는 것을 많이 볼 수 있다.[115] 환경 음악이란 지구를 보호하기 위한 메시지 송이라고 할 수 있고 국내에도 작곡자나 가수들이 있다. 음악 자체가 뉴 에이지 음악은 아니다.

그러나 환경 음악 가운데 뉴 에이저들의 작품이 많이 있는 것을 볼 수 있다. 환경 음악의 의도는 아주 좋은 것이지만 그 가운데 들어 있는 뉴 에이지 운동을 경계해야만 한다.

환경 음악 가운데 뉴 에이지 곡들을 분별하는 방법은 첫째로, 곡의 작곡자나 가수를 보는 것이다.

둘째로, 가사를 살펴보는 것이다. 가사의 내용 중에서 자연을 묘사할 때 마치 모든 힘의 근원이며 또는 신인 것처럼 표현하고 우주의 에너지를 주는 것처럼 한다면 그것은 뉴 에이지 환경 음악이다.

셋째로, 앨범 재킷을 살펴보는 것이다. 우선 그림을 보아야 한다. 그림 속에 명상하는 모습이나 태양이 지나치게 의인화되어 있고 초승달이 그려져 있는 것은 뉴 에이저들의 곡이다.

그림을 살펴보았으면 재킷에 쓰여 있는 글들을 보아야 한다. 곡에 대해 설명하는 글이나 감사의 글들을 보면 우주의 신에게 감사를 드린다든지 무한한 신에게 감사를 드린다는 내용이 적혀 있다. 모든 것이 하나며 선과 악도 하나이며 사랑과 미움도 하나라는 글이나 정치와 종교의 통합을 말하는 글이 적혀 있다. 이러한 요소들이 나타나지 않는 음악이라고 해도 만일 들었을 때 심한 불쾌감이나 두통 등 어떤 거부감을 느꼈다면 멀리해야 한다.[116]

---

115) Ibid., pp. 107~108.
116) Ibid., p. 109.

뉴 에이지 음악의 영적인 목적은 성경과 정반대의 입장을 취한다. 인간이 하나님이냐? 아니면 인간이 하나님의 형상을 따라 지음을 받은 피조물이냐고 하는 상반된 입장이다. 여기서 분명한 사실은 인간이 절대로 하나님이 아니라는 것이다. 인간이 진화해서 하나님이 되는 것도 아니다. 인간은 하나님께서 창조하셨다. 찬양 받으시기 위해서, 경배받으시기 위해서 지으신 것이다. 삼위일체 하나님만이 무한하신 분이시다. 인간은 유한한 존재다.117)

4.2. 뉴 에이지 음악의 역사적 배경

4.2.1. 역사적 배경

뉴 에이지 음악은 재즈(Jazz), 프로그레시브(Progressive), 클래식(Classic), 그리고 일렉트릭 음악(Electric Music)이 복합되어 있다. 현대의 대중음악은 사실 그 뿌리가 거의 60년대에 있다고 해도 과언이 아니다. 60년대에 거의 모든 록 음악의 장르들이 쏟아져 나왔다. 물론 뉴 에이지 음악도 60년대에 나온 것이다. 60년대 이후의 음악은 모두 변형이나 모방에 불과하다. 전자 기기의 발달로 매우 새롭게 변형된 테크노 음악도 사실은 60년대의 기원을 두고 있다. 60년대의 대중음악에서 뉴 에이지 음악의 그림자를 엿볼 수가 있다.

---

117) Ibid., p. 110.

1975년부터 노골적으로 표면에 나타나기 시작한 뉴 에이지 운동이지만 이미 60년대의 대중음악 속에 들어 있는 모습을 볼 수가 있는 것이다.

60년대의 대중음악을 '비트의 시대' 또는 '의식혁명을 일으킨 시대'라고 표현한다.[118] 음악을 통해서 의식혁명이 일어났었고 어느 때보다 다양하고 강한 비트 음악이 난립했었다는 얘기다.

의식혁명은 반 기독교적인 방향으로 흘러갔고 젊은이들의 문화는 반사회적인 모습을 갖고 있었다. 지금 말하고 있는 내용은 미국의 상황이다. 대중음악의 중심지였고 뿌리이기 때문이다.

영국에서 건너온 대중음악인들이 이러한 흐름에 기폭제가 되었는데 그 대표적인 인물이 바로 비틀즈이다. 긴 머리의 헤어스타일에 성적인 매력까지 갖춘 이들이 대중음악의 혁명을 일으킨 것이다. 그런데 이러한 상황에 활기를 더했던 것이 바로 뉴 에이지 운동이다.

60년대 중반에 아시아인들에 대한 이민법이 개정되면서부터 수많은 인도의 구루(Guru)들이 미국으로 건너와 힌두교 사상을 전했고, 서양의 신비주의와 함께 문화에 접목되기 시작했다.

동양 종교의 중심은 인본주의였고, 서양은 세속적 인본주의로 흘러가 하나님의 존재마저 부인하게 되었다. 이민 후 구루들은 포교 활동을 하면서 인간의 잠재력을 개발할 수 있다는 방법을 소개하였다. 그때까지 말로만 부르짖던 인간 잠재력 개발법을 구체적으로 동양 신비주의에서 나온 심령술에서 찾게 되면서 오랫동안 동과 서에서 모양은 다르지만 같은 색깔을 가지고 발전해 온

118) Ibid., pp. 113~114.

두 가지 인본주의가 드디어 서구 문명사회에서 만나게 되었다. 수천 년 동안 미신에 불과했던 동양 신비주의가 서구 문명사회에서 자연스럽게 수용되면서 뉴 에이지 운동은 출발하였다.

1964년은 뉴 에이지 운동에 있어서 음악적으로 중요한 시기라고 할 수 있다. 두 가지로 볼 수 있는데 첫째는, 뉴 에이지 음악이 나타났다는 것이고, 둘째는 비틀즈의 열풍이 불기 시작했다는 것이다.

비틀즈는 대중음악만이 아니라 뉴 에이지 운동사에도 커다란 영향을 끼쳤는데 그 이유는 60년대의 사상과 의식의 흐름을 타고 음악이라는 도구를 이용해 뉴 에이지 사상을 전염시켰기 때문이다.119) 비틀즈와 록 음악과 뉴 에이지 음악은 같은 시기에 시작되었지만 비틀즈는 60년대를 위한 주인공이었고, 뉴 에이지 음악은 80년대 이후를 위한 주인공으로 설정되어 있다. 그리고 이러한 시나리오대로 뉴 에이지 운동은 대중음악적인 전략을 실행해 왔다.

인간의 음악적인 성향을 잘 알고 있는 사탄은 대중음악의 역사에 있어서 주도적인 역할을 하기 위해 노력해 왔다. 어떤 사람들은 데스 메탈이나 사타닉 메탈만이 사탄의 음악이라고 생각한다. 그러나 사탄이 노골적으로 자신을 드러내는 방법만을 사용하는 것은 아니다. 자신의 모습을 드러내지 않는, 그러면서도 인간들의 기호에 맞는 음악들 속에서 역사하는데 뉴 에이지 음악이 바로 그것이다.120)

---

119) Ibid., pp. 115~117.
120) Ibid., p. 135.

4.2.2. 사람의 감정을 자극하는 음악인 C.C.M.의 위험성

이 C.C.M.은 Contemporary Christian Music의 이니셜 표기로서 그 의미는 『현대의 교회 음악』이다. 이는 교회의 음악을 현대의 성향에 맞추어서 부른다는 의미이며, 더 나아가서는 교회 음악의 경건성을 무너뜨리고 세속화하는 데 일익을 담당하고 있는 것이다. 이러한 C.C.M.은 첫째로, 감정적인 면에만 치우친다. 예술에 있어서 감정적인 면은 중요한 것이다. 그런데 그 감정이란 순수한 마음에서 나오는 순수한 감정이어야 한다. 순수한 감정에서만이 순수한 예술이 창출된다. 그런데 C.C.M.은 육신적, 감정적인 면에만 치우치므로 지적인 면의 빈약, 결여, 상실을 가져온다. 그러므로 소위 C.C.M.은 지적인 면과 감정적인 면의 균형과 조화를 상실한 불완전한 음악으로, 음악의 본래의 모습을 상실하였다.[121]

둘째로, C.C.M.은 자신을 즐겁게 한다. C.C.M.에 열광하는 사람들 다수는 C.C.M.을 부름으로 자기 자신들을 즐겁게 하고 있다. 자신을 즐겁게 한다는 말은 육체의 쾌락을 말한다. 물론 C.C.M. 중에서도 크리스천 록 음악은 더욱더 육신의 쾌락을 추구한다.

C.C.M.은 회중의 기분을 즐겁게 하는 일종의 여흥 오락이 되었다. 우리는 연예인들을 가리켜 여흥자들이라고 부른다. 분명히 대중가요를 직업적으로 부르는 가수들은 세인들의 마음을 즐겁게 해 주는 여흥자들이다.

영화롭게 하는 대상이 하나님이 아니고 사람이다. 하나님께 드

---

121) 조영엽, 『왜 열린 예배는 잘못되었는가?』(서울: 도서출판 미스바, 2001), p. 51.

리는 예배에서 사람의 쾌락주의란 있을 수 없다.122) 그럼에도 불구하고 작금에는 예배 음악이 사람들의 마음을 즐겁게 하는 C.C.M.으로 대치되고 말았다.

셋째로, C.C.M.은 사람들을 자기중심의 이기주의자로 만든다. C.C.M.은 자기만족을 추구하게 하므로 자연히 자기중심의 이기주의자로 만든다. C.C.M.은 하나님께 예배드리는 성도들로 하여금 하나님 중심으로부터 떠나 자기만을 즐겁게 하고 기쁘게 하는 이기주의, 주관주의, 상대주의, 쾌락주의, 실용주의, 인본주의로 점점 빠져들게 한다. 그 결과 하나님 중심이 아니라 자신이 중심이 되고, 하나님을 기쁘시게 하는 것이 아니라 자신을 기쁘게 한다.

넷째로, C.C.M은 신자들의 신앙을 저하시킨다. C.C.M.은 지적인 면이 결여된 빈약한 음악, 영감 또한 빈약한 노래이다 보니 신앙의 성장, 발전을 저하시킨다. C.C.M.은 신앙적으로 성숙한 음악이 아니다. C.C.M. 애창자들 다수가 자신들을 즐겁게 하고 만족을 추구하므로 신앙의 성장이 거의 없다. C.C.M. 애창자들 다수는 신앙적으로 미성숙할 수밖에 없다. 왜냐하면 그들은 굳은 음식, 즉 영의 양식을 거부하기 때문이다.123)

다섯째로, C.C.M.은 사람들을 우상 숭배로 안내한다. 사람이 지적인 면은 도외시하고 감정에만, 그것도 순수한 감정이 아닌 육신적 감정에만 치우쳐 육신의 기분과 만족만을 추구하다 보니 이기주의에 빠지게 되고 드디어는 자기 자신만을 위하고 섬기는 우상 숭배에 빠지게 된다.

---

122) Ibid., p. 52.
123) Ibid., p. 53.

여섯째로, C.C.M.은 전통적 예배 의식을 파괴한다. 진정한 예배는 하나님의 말씀과 성령으로 거듭난 자가 기도와 찬송, 진정한 신앙고백, 뜻과 정성이 담긴 헌신, 감사의 예물 등을 통하여 하나님께 존귀와 영광을 돌리며, 하나님을 두렵고 떨림으로 섬기는 행위이다.

그러나 기독교 역사 2천 년 동안에 일찍이 없었던 소위 C.C.M.이 교회 안으로 침투하여 들어옴에 따라 지금까지 지켜 온 전통적 예배 의식은 모두 파괴되고 세인들의 열린 음악회처럼 되어 버렸다.124)

일곱째로, C.C.M.은 기성세대와 젊은 세대 간에 장벽을 쌓는다. 기성세대 성도들의 예배 의식, 사고방식과 신세대의 예배 의식, 사고방식은 너무나 판이하다. 기성세대 성도들은 전통적 찬송으로 하나님을 경건하게 예배를 드려 왔으나 신세대 젊은이들은 소위 C.C.M.으로 자유분방하게 예배를 드린다. 어려서부터 C.C.M.으로 자기 기분, 자기만족을 추구하다 보니 엄밀한 의미에서 예배라고 할 수 없으며 기성세대와 신세대의 장벽을 쌓는 것이 된다.

C.C.M. 애창자들은 대다수 공 예배에 참석하지 않는다. 세대가 바뀌고, 교역자들이 바뀌고, C.C.M.을 좋아하는 사람들로 회중이 바뀌면 교회는 점점 무당 굿하는 것같이 될 것이다. 이는 실로 심각한 문제이다.

여덟째로, C.C.M.의 작사자들, 작곡가들은 자질과 자격이 부족하다. 교회 음악의 올바른 작사자, 작곡가가 되기 위해서는 먼저 선천적으로 타고난 예술적 자질과 재능이 있어야 하며, 후천적으로 그 소질과 재능을 잘 개발하고 발전시켜야 한다. 그러기 위해

---

124) Ibid., p. 54.

서는 소정의 전공 과정을 이수하고 그 전공 분야에서 상당한 경륜을 쌓아야 한다.

한 걸음 더 나아가서 교회 음악은 종교 음악이니만큼 바른 신앙과 신학적 지식과 인격이 갖춰져야 한다. 그럼에도 불구하고 C.C.M.의 작사자, 작곡가들 다수는 교회 음악인으로 갖추어야 할 자격들을 구비하지 못한 무자격자들이 태반이다.[125]

아홉째로, C.C.M.은 가사 내용이 너무나 빈약하며 잘못되었다. 자격이 결여된 무명의 작사자들의 작품이고 보니 가사의 내용이 빈약할 수밖에 없다. C.C.M.의 다수는 가사의 신앙적, 교리적 문제들을 많이 안고 있다. 신앙적으로 유치하거나 교리적으로 정통성이 아닌 내용들이 많이 들어 있다.

C.C.M.은 신앙의 진로가 되는 내용들이 결여되고 또 잘못되었으므로 성도들의 신앙의 성장을 오히려 감퇴시키며 잘못된 길로 오도하고 있다.

열째로, C.C.M.은 곡조가 단순하며 세속적이다.[126] 곡조가 단조롭다는 것 자체만은 잘못된 것이 아니다. 그러나 C.C.M.들은 빈약한 내용, 잘못된 내용에다가 단순한 곡조들이므로 많은 사람들이 접근하기는 쉬우나 영감이 없고 은혜가 되지 않는다.

또한 C.C.M.의 멜로디, 리듬 그리고 하모니가 전연 신앙인의 정서에 맞지 않는다. C.C.M.의 곡조들은 세인들의 대중가요 곡조들과 하나도 다를 바가 없다. 현대 복음 송들 중에 크리스천 록 음악은 사탄의 음악인 록 음악과 리듬이 조금도 다를 바가 없다.

---

125) Ibid., p. 55.
126) Ibid., p. 57.

C.C.M.들은 가사 내용이 빈약하고 잘못되고 곡조가 세속적이어서 사람들이 쉽게 접근하면서 세속에 물들게 된다. 이런 의미에서 C.C.M.은 타락된 교회의 대중가요이다.

열한째로, C.C.M.은 비성경적인 연합 운동을 촉진한다. 20세기 후반기에 나타난 기독교 내의 기이한 현상들 중 하나는 교회들의 비성경적 연합 운동이다. 비성경적 연합 운동은 두 가지 측면에서 두드러지게 나타나는데 그 하나는 신앙고백이 서로 일치하지 않는 교회들의 기구적, 조직적, 유형적, 세속적 연합 운동이요, 또 다른 하나는 소위 현대 복음 송으로 인한 연합 운동이다. 음악은 회중을 하나로 연합시키는 힘이 있다.

노래로서의 C.C.M.은 신앙고백, 신앙 노선을 각기 달리하는 교파, 교회, 신도들을 하나로 연합시킨다.127) 이러한 연합은 연합이라기보다는 혼합이라고 표현해야 적절하다. 이 혼합을 통해서 순수한 신앙이 결여되고 진리가 진리 되지 못하는 결과를 초래하고 말 것이다.

4.3. 뉴 에이지와 록 음악

4.3.1. 록 음악의 위험성과 C.C.M.과의 관계성

사탄은 음악을 악용하여 하나님께서 사람들에게 주신 순수한

---

127) Ibid., p. 58.

지, 정, 의를 실추시키고, 정상적인 삶의 궤도에서 벗어나게 하며, 인류을 저버리게 하여 급기야는 참된 구원에서 멀어지게 한다.

사람들은 음악을 듣고 살인을 하며, 음악을 듣고 도적질을 하며, 음악을 듣고 여러 가지 나쁜 관행들을 서슴없이 범하게 된다. 그 이유는 음악 속에 사탄의 성향이 감추어져 있고, 그러한 악한 성향들이 음악을 통해 사람들의 잠재의식 곧 무의식에 각인되어 의식으로 행동화하기 때문이다.

하나님께서 사람을 창조하실 때 영과 육으로 창조하셨다. 여기에서 영을 무의식이라 지칭할 수 있으며, 육을 의식이라 지칭할 수 있다. 그러므로 사람은 본래 영의 존재이기 때문에 의식보다는 무의식에 더 많은 영향을 받는 것이다.

바로 이러한 점을 사탄이 악용하여 사람들의 무의식에 자신의 메시지를 여러 가지 문화의 방편으로 각인시키고 하나님께서 창조하신 이 세계를 온통 무법천지로 만드는 것이다. 그러기에 쉴 새 없이 음악이 흘러나오는 나이트클럽이야말로 사탄의 전유물이며 온상인 것이다. 또한 차를 마시며 대화하는 카페조차도 사탄이 악용할 수 있다는 것을 염두에 두어야 한다.

자신이 원해서 음악을 듣고 악행을 범할 수도 있지만 길거리에서 흘러나오는 음악을 듣고 얼마든지 악행을 범할 수가 있다는 것이 실로 충격이며, 사탄의 놀라운 발상인 것이다. 정말로 눈을 감고 귀를 막고 살아야 할 시대가 이미 우리 앞에 펼쳐져 있는 것이다. 이 시대가 바로 뉴 에이지, 곧 새로운 시대이다.

사탄의 궁극적인 목적은 음악을 통해 사람들을 멸망시키고, 가정을 무너뜨리며, 교회를 파괴하는 것이다.

또한 부활로써 사탄의 머리를 깨뜨리시고 교회의 머리가 되신 예수 그리스도를 부인케 하며 저주케 하는 것이다. 바로 이러한 목적이 음악 속에 역력히 나타나 있으며, 가장 뚜렷한 증거로서 사탄은 음악의 장르 중에 하나를 가르쳐 반석이신 예수님을 뜻하는 ROCK이라고 한 것이다. 그리고 이 ROCK을 음악의 대표적인 장르로 내세워 사람들을 미혹시키는 것이다. 이것은 너무나도 간교한 사탄의 술책이다.

그러기에 ROCK 음악은 사탄이 사람들로 하여금 범죄를 일삼게 하며, 사람들을 멸망시키며, 가정을 파괴시키며, 궁극적으로는 교회를 무너뜨리며 그 교회의 머리가 되시며 모든 사람에게 참된 구원이 되시는 예수 그리스도를 저주하기 위한 목적으로 만들어진 음악인 것이다.

성경에서는 수도 없이 많은 부분에서 예수 그리스도를 가리켜 ROCK이라고 말씀하고 있다.

실례로 고린도 전서 10장 4절 후반부에서 사도바울은 "반석(rock)은 곧 그리스도시라."고 기록하고 있다.

또한 이 ROCK은 여호와 하나님을 뜻하기도 하는데 다윗은 시편 18편 2절에서 "여호와는 나의 반석(rock)이시요."라고 고백하고 있다.

그런데 이 ROCK을 사탄이 도용해서 음악이라는 이름으로 가장하여 ROCK의 진정한 의미이신 예수 그리스도를 짓밟아 버린 것이다.

이 ROCK 음악은 앞에서 살펴본 바와 같이 사탄이 예수 그리스도를 적대시하고, 저주하기 위한 목적으로 만들어진 음악이므로 많은 ROCK 음악의 가사를 보면 그러한 내용들이 담겨 있다.

지면 관계상 한 앨범 속에 수록된 음악 중에 두 가지의 노래를 살펴보고자 한다. 외국에서 활동하는 그룹 중에 우리나라 말로 번역하면 '발작'이라는 뜻을 가진 그룹이 있다. 이 그룹이 만든 앨범 가운데 "예수야 엿 먹어라"는 제목의 앨범이 있는데 이 앨범은 제목에서부터 예수님을 저주하는 내용을 담고 있다.

이 앨범에 수록된 곡 중에는 첫째로, 예수님을 낳은 동정녀 마리아에 관해서 말하는 내용의 가사가 실린 노래가 있는데, 그 내용은 마리아가 사람이 아닌 병신 수탉과 수간, 즉 동물과의 성관계를 하는 자라는 것이다. 이 수간은 하나님께서 성경을 통해 엄히 경고하고 금기시하고 있으며, 심지어는 죽이라고까지 말씀하시고 있는 것이다.

출애굽기 22장 19절의 말씀을 보면 다음과 같이 기록돼 있다.

"짐승과 행음하는 자는 반드시 죽일지니라."

이 노래의 가사를 보면 "마리아는 처녀가 아니지. 온전하지 못한 병신 수탉 한 마리가 그녀의 행위 상대라네. 그녀는 치마를 들어 올리고 자신의 XX를 남에게 보여주는 것을 즐기고 있지……"이다.[128]

예수님께서 성령으로 잉태하여 동정녀 마리아를 통해 원죄의 영향을 입지 않으시고 탄생하셨기에 구세주가 되시는 것인데, 이 노래는 이러한 예수님의 동정녀 탄생을 부인하기에 충분한 것이며, 더 나아가서는 참된 구원관을 말살시키기에 충분한 효력을 지니고 있는 것이다.

둘째로, 예수님의 죽음에 관해서 말하는 내용의 가사가 실린 노

---

128) 신상언, 「월간 낮은울타리」 통권 제70호(서울: 낮은울타리, 1996), p. 76.

래가 있는데, 그 내용은

> "예수는 오븐 속에서 나오려고 하고 당신은 지금 강제로 집어넣고 있
> 지. 손잡이를 돌려서 불을 켜자. 유리를 통해 오븐 속에서 소리를 지르는
> 그의 절규를 들으면서 즐기자. 그가 울부짖는 소리를 듣는 것보다 더 재미
> 있는 것을 원하는가? 그렇다면 몸이 타는 그 향수와 같은 냄새를 흠뻑 들
> 이마셔라. 그 속에서 살려고 발버둥치지만 희망이 있을 리 없지. 그를 태
> 워 죽이는 것으로 모든 죄가 씻음 받는다네"이다.[129]

이 노래는 거룩한 분노를 유발시키기에 충분한 것이며, 그러기
에 ROCK 음악을 거부해야 하는 것이다. 또한 ROCK 음악을 거
부해야 할 더 이상의 이유가 필요 없을 정도로 충분한 이유가 되
는 것이다.

여기에서 더 이상의 ROCK 음악(音樂)을 거부해야 할 이유를
묻는 자가 있다면 필자는 그에게 오히려 ROCK 음악을 들으라고
할 것이다.

이 ROCK 음악을 다른 말로 'Rock'n Roll(로큰롤)'이라고도 하
는데 이 로큰롤은 'Rock and Roll'의 약자로서 반석의 뜻을 가지
고 있는 'ROCK'과 '좌우(左右)로 흔들리다.'의 뜻을 가지고 있는
'ROLL'의 합성어로서 그 의미는 '반석을 좌우로 흔들다.'라는 것
이며, 더 나아가서는 반석은 교회를 상징하므로 '교회를 흔들어
타락시킨다.'는 의미를 함축하고 있는 것이다.

또한 은어적인 의미로서 'ROCK'은 남자의 성기를 뜻하며,
'ROLL'은 '굴러가다'를 뜻한다고 하여 '차 안에서 행하는 난잡하

---

129) Ibid., p. 77.

고, 불륜적인 성관계'를 의미하기도 한다.[130)

실제로, ROCK 음악의 가사나 음률이 부정적인 성관계를 촉구하고 있다. 이러한 'Rock'n Roll'의 의미들을 역순으로 해석하면 불륜적인 성관계를 통해 교회의 기초석인 가정을 무너뜨리고 그 결과로 인해 교회를 파괴한다는 것이다.

ROCK 음악의 대부분의 가사가 입에 담기도 역겨울 정도로 힘든 무분별한 'Sex'를 권장하고 있다.

많은 가수들의 노래를 다 열거할 수가 없으므로 두 명의 가수가 부른 노래의 가사를 살펴보면, 첫째로, 몰몬교 목사의 아들로 태어난 엘리스 쿠퍼가 부른 "요술 주머니(Trick Bag)"의 가사 일부를 보면 "허리띠를 내려요. 나의 벨벳 장갑을 애무해 주세요. 나는 나의 가죽 부츠를 집어넣은 기분이에요."이다.

여기에서 '벨벳 장갑'은 여자의 생식기를 상징하며, '가죽 부츠'는 남자의 생식기를 상징하는 것이다.[131)

둘째로, 무대에서 자신이 자칭 재림 예수라고 말하는 마이클 잭슨의 여동생인 자넷 잭슨은 "공공장소에서 사랑을 나누는 것은 침대에서 섹스를 하는 것보다 훨씬 스릴이 있어 좋다. 섹스는 인생에 있어 가장 중요한 것이다."라고 말하였는데 이러한 그녀의 사고방식은 그녀의 노래인 "Any Time, Any Place(언제나 어디서든)"에 잘 나타나 있다.[132)

그러므로 ROCK 음악은 사탄의 전유물이며, 사람들이 접하기에

---

130) 최광신, 『사탄은 대중음악을 정복하지 않았다』(경기: 두돌비, 1990), p. 37.

131) Ibid., pp. 66~68.

132) Ibid., p. 61.

는 너무나도 위험한 음악인 것이다.

그러나 사탄은 대중문화라는 매개체를 악용하여 사람들을 ROCK 음악에 중독시켜 ROCK 음악과 너무나도 친숙하게 만들어 버렸으며, 이제는 ROCK 음악을 한시라도 듣지 않으면 견딜 수 없을 정도로 만들어 버렸다. 그러기에 ROCK 음악에 노출된 청소년들이 ROCK 음악과 혼합된 C.C.M.을 듣기를 좋아하고 그 C.C.M.을 듣기 위해 교회로 몰려드는 것이다.

또한 마약의 중독성보다 이 ROCK 음악의 중독성이 더 심각한 결과를 초래한다. 왜냐하면 마약에 의해 중독된 자는 여러 가지의 의학적인 방법으로 치료가 가능하겠지만 이 ROCK 음악에 중독된 자는 치료가 불가능할 정도로 심각한 것이다.

이 '로큰롤'은 1950년대에 캐나다에서 처음으로 사용되었는데 이 '로큰롤'이라는 용어는 캐나다에서 DJ로 활동하던 앨런 프리드(Allen Pred)가 '혼전성교(결혼 전의 성관계)'라는 흑인 빈민가의 은어에서 차용하여 처음 사용하였다고 한다.[133] 이 혼전성교는 가정을 파괴시키는 데 큰 역할을 하고 있는 것이다.

또한 이 혼전성교는 하나님께서 십계명 중에 제7계명을 통해 "간음하지 말지니라"고 엄히 경고하고, 금기시하고 있는 말씀이기도 한 것이다. 우리나라의 대중가요 중에도 이러한 혼전성교를 부추기며 정당화시키는 저질적인 노래들이 긍정적으로 불리고 있다.

언어를 통해 혼전성교의 정당성을 말한다면 부인하는 사람들도 분명히 있을 것이다. 그러나 무대의 배경과 가수들의 화려한 옷차림과 감미로운 음악을 통해 혼전성교가 노랫말로 불린다면 그 음

---

133) Ibid., p. 37.

악에 심취하여 정말로 혼전성교가 정당하게 느껴지며, 하고 싶은 충동도 일어나는 것이다. 이것이 바로 음악의 위력이다.

이러한 일이 가능한 것은 바로 우리의 잠재의식에 그 메시지가 교묘하게 주입되기 때문이며, 그 주입된 메시지대로 의식이 행하기 때문이다.

혼전성교를 부추기는 노래가 많이 있지만 실례로 두 가지만 들어보면 첫째로, '끌레오'라는 그룹이 부른 노래 중에 "Good Time"이라는 곡의 가사를 살펴보면 "너와 함께 지내고 싶은 밤 부모님의 허락이 필요하지만 내가 너와 보내려 하는 이 밤이 나에겐 소중한 걸 나를 책임질 수 없다 해도 지금 너무 좋은 거야."이다.[134]

둘째로, 기독교인으로 알려져 있으며 청소년들에게 청순한 이미지로 알려진 핑클의 노래 중에 "내 남자 친구에게"라는 곡의 가사를 살펴보면 "내 모든 걸 너에게 줄게 기다려 왔던 나의 사랑은 너를 위한 거야 내 모든 걸 원한다면 너에게 줄게 지금 이대로 너의 품속에 나를 데려가 줘 난 니거야."이다.[135] 이 두 곡에서 말하고 있는 것은 '혼전성교'는 결코 범죄가 아니라 아름답고 순수한 것이라는 말이다. 이러한 음악들 때문에 순수한 청소년들의 영혼이 타락해져 가고 그들의 육신도 망가져 가는 것이다. 이러한 결과는 바로 사탄이 바라는 것이다.

성은 감추어져 있을 때 진정한 아름다움을 발하는 것이지 드러나 버리면 추해지게 되는 것이다. 그러나 사탄은 대중문화라는 매개체를 통하여 성의 베일을 벗겨 버리고 성의 순수성을 말살시켜

---

134) 강인중, 『대중음악 볼륨을 낮춰라』(서울: 낮은울타리, 1999), p. 34.
135) Ibid., p. 35.

버린 것이다.

사탄은 이처럼 ROCK 음악을 통해 그 ROCK이 의미하고 있는 예수 그리스를 조롱하며, 사람들의 마음에서 떠나게 하는 것이다.

그러나 궁극적인 목적은 바로 예수 그리스도의 몸 된 교회를 무너뜨리는 것이기에 이제 이 대단한 파괴력을 가진 가공할 만한 무기인 ROCK을 통해 교회 진리의 문을 무너뜨리고 들어오고자 하는 것이다.

ROCK 가수들의 뮤직 비디오를 보면 교회가 장소로 많이 묘사 되는데 그 이유는 바로 ROCK 음악의 궁극적인 목적을 실현하기 위함인 것이다.

그러므로 사탄은 ROCK 음악을 교묘하게 포장하여 교회로 들 어오게 하였는데 그것이 바로 C.C.M.인 것이다. 이 C.C.M.은 교 회의 음악과 지금까지 살펴본 강한 파괴력을 지닌 사탄의 무기인 ROCK 음악을 교묘하게 혼합한 것이다. 바로 이러한 혼합은 사탄 의 교묘한 술수이고, 이 혼합을 통해 참된 것이 거짓된 것과 희석 되어 무마되는 것이다. 바로 이것이 뉴 에이지의 주된 목적인 것 이다.

하나님을 섬기는 자들로서 C.C.M.을 통해 이 ROCK 음악이 교 회로 들어오는 것을 순교의 각오로 막아야 함에도 불구하고 오히 려 교회는 환영을 해 버렸고 그 어수룩한 환영의 이유는 ROCK 음악과 혼합된 C.C.M.을 통해 많은 청소년들이 교회로 몰려온다 는 것이다.

그 많은 사람들이 복음을 듣고 교회로 몰려온 것이라면 하나님 께 큰 영광이 될 것이지만 사탄의 술수인 ROCK 음악과 혼합된

C.C.M.을 통해 교회로 몰려든다면 이것은 정말로 너무나도 어처구니가 없는 일인 것이며, 교회의 거룩성을 무너뜨리게 되는 것이다.

이 C.C.M.은 'Contemporary Christian Music'의 이니셜 표기로서 그 의미는 '현대의 교회 음악'이다. 이 C.C.M.의 의미 자체가 이미 C.C.M.이 교회 음악이 아니라는 것을 입증해 주고 있는 것이다. 그 이유인즉 교회는 부패한 시대를 앞서가는 것이지 결코 그 부패한 시대를 답습하여 뒤따라가는 것이 아니다.

이 시대를 뒤따라가다가 종국에는 멸망의 길로 갈 수밖에 없는 것이다. 왜냐하면 지금의 이 시대는 사탄이 주도하는 시대이기 때문이다.

그러므로 진리가 선포되는 교회에서 당연히 사탄의 전유물인 ROCK 음악이 C.C.M.이라는 교묘한 술수로 들어오는 것을 막아야 하는 것이다.

그러나 안타깝게도 많은 교회들이 이 C.C.M.을 받아들였고 이 C.C.M.을 통한 거짓 부흥에 홍겨워하고 있다.

교회의 진정한 목적은 많은 사람들을 구원으로 인도하는 것에도 있겠지만 소수라고 할지라도 바른 진리로 인도하는 것이다. 사람들을 구원으로 인도하는 가장 최우선의 방편은 다른 어떤 것도 아닌 하나님께서 계시해 주신 말씀이다. 그 말씀만이 영혼을 살찌우게 하며 바른 진리의 길로 인도하는 것이다. 그러므로 교회에서 행해지는 모든 행사들도 사람들로 하여금 하나님의 말씀에 귀를 기울이게 해야 하는 것이다.

그러나 ROCK 음악과 혼합된 C.C.M.은 사람들로 하여금 하나님의 말씀을 듣기는 들어도 깨닫지 못하게 하며 사람들의 마음

밭을 옥토 밭이 아닌 메마른 자갈밭으로 만들어 그 말씀을 듣는다 할지라도 금방 망각하게 하는 것이다.

또한 ROCK 음악과 혼합된 C.C.M.은 사람들의 감정에 강한 자극을 불러일으켜 흥분을 일삼게 한다. 그 흥분은 하나님의 은혜와 아무런 상관관계가 없는 것이다. 그리고 그러한 흥분 상태에 심취하여 그 흥분 상태를 다시 맛보기 위해 음악을 듣게 되는 것이다.

C.C.M.을 통해 하나님의 은혜를 맛보기 위해 다시 듣는 것이 아니라 그 음악에 심취하여 반복적으로 계속 듣게 되는 것이다. 물론 C.C.M.을 통해서도 하나님의 은혜를 맛볼 수 있지만 그것은 약대가 바늘귀로 나가는 것(막10:25)과 흡사할 정도로 아주 미비한 것이다. 그러한 가망성이 없을 정도로 작은 은혜를 맛보기 위해 C.C.M.을 듣다가 은혜를 받기도 전에 육신의 감정에 먼저 치우쳐 버릴 것이다.

C.C.M.은 ROCK 음악과 혼합된 것이므로 여러 가지 다양한 전자 악기들을 사용할 수밖에 없다.

또한 ROCK 음악에서 사용하는 무섭고도 현란한 악기들을 사용할 수밖에 없다. 왜냐하면 이러한 악기들을 사용하지 않고는 결코 C.C.M.을 연주할 수가 없기 때문이다. 바로 이 점이 피할 수 없는 C.C.M.의 문제이다.

특별히 전자 악기는 볼륨을 마음대로 조절할 수 있다는 것에 큰 문제가 있다. 또한 그 음악에 심취하다 보면 아무리 크게 볼륨을 올린다고 할지라도 그리 크게 들리지 않는 것이다.

소리의 음량 수치를 데시벨(decibel)이라고 하며, 표기할 때 약자로 db라고 한다. 보통 통상적인 대화는 50db이며, 비명 소리는

100db의 수치가 넘는다. 그러므로 100db의 수치가 넘는 소리는 청각 기능에 심각한 영향을 미치게 되는 것이다. 바로 ROCK 음악이 100db를 훨씬 넘는 굉음으로 연주되는 것이기에 신경계에 심각한 악영향을 초래하는 것이다.

비행기가 이륙할 때에 내는 굉음은 100db 훨씬 넘어 120db까지 육박하는데, 이 소리는 우리의 신경계통을 자극하여 우리로 하여금 몸서리치게 하며 심한 스트레스와 심지어는 우울증을 유발하게 한다. 그 우울증이 심해지면 범죄로까지 이어지기도 하는데 이보다 더 큰 볼륨으로 연주하는 음악이 바로 C.C.M.인 것이다.

그러나 더 무서운 것은 그 흥분의 도가니에 심취하면 그 큰 소리도 감지할 수가 없다는 것이다. 그러기에 전자 악기가 위험한 것이며 ROCK 음악에서 이러한 전자 악기를 사용하는 것은 사람들의 청각을 마비시켜 마음대로 음률에 따라 조종하고자 하는 것이다. 이러한 음악의 연주 형태는 이미 사람들의 마음과 심성을 앗아가 버리고 마음대로 좌지우지해 버리는 것이다. 그러므로 얼마든지 눈물도 흘리게 하며 통곡도 하게 하는 것이다. 이러한 눈물과 통곡은 거짓된 것이며, 하나님의 은혜를 받기는커녕 하나님의 은혜에서 더욱더 멀어지게 하는 것이다. 이것이야말로 사탄의 대단한 술수인 것이다.

그러므로 아무리 가사가 성경적이라고 할지라도 ROCK 음악과 혼합된 C.C.M.의 음악으로 연주된다면 듣는 사람들이 가사의 의미를 통해 하나님께 나아가기 전에 사탄은 그 음악을 통해 먼저 사람들의 마음을 빼앗아 버리는 것이다.

그러나 ROCK 음악과 혼합된 C.C.M.은 결코 가사를 통해 하나님께 온전한 영광을 돌릴 수가 없으며, 혹 그럴싸하게 성경적인 가사라 할지라도 그것은 교묘한 술수에 지나지 않는 것이다.

C.C.M.은 하나님을 성경에서 말하는 하나님으로 부르기를 꺼리며, 예수님을 가리켜 '당신', '그대', '친구'라고 표현한다. 이것은 거룩성이 결여된 표현인데 이렇게 부를 수밖에 없는 이유는 앞에서 살펴본 바와 같이 C.C.M.의 음악이 거룩하지 못하기 때문이다. 때로는 C.C.M.에서도 하나님을 가리켜 '거룩하신 하나님'이라고 부르기도 하지만 이미 가사의 의미와는 별개로 ROCK 음악과 혼합된 음색으로 연주되므로 결코 가사처럼 하나님을 거룩하다고 말하는 것이 아니다. 그리고 이러한 음악의 색채에 맞추기 위해서 예수님을 예수님이나 구주라고 하기보다는 비속어적인 표현인 당신, 그대, 친구라는 표현으로 부를 수밖에 없는 것이다.

여기에서 한 가지 알 수 있는 중요한 것은 노래는 가사에 문제가 있는 것이 아니라 그 가사를 담고 있는 음악이 문제라는 것이다. 우리는 흔히 가사를 보고 그 노래가 기독교적인가? 아니면 비기독교적인가를 판단하는데 그것은 사탄의 간교한 지혜를 너무나도 무시하는 것이다. 그러므로 가사를 통해 그 노래가 교회에 합당한 것인가 아니면 교회에 합당치 않은 것인가를 판단한다면 십중팔구(十中八九) 잘못된 판단을 할 수밖에 없을 것이다. 가사를 통해 역력히 세속성을 드러내는 C.C.M.이 있는가 하면 음악을 통해 세속성을 드러내는 C.C.M.이 있다. 이 둘 중에 거의 다반사가 음악을 통해 세속성을 드러내는 C.C.M.이 즐비하다.

그러므로 C.C.M.은 음악의 색채를 통해 하나님의 위엄을 격하시키는 내용을 가사화하고 예수님의 인성을 너무나도 강조하여 예수님을 단순한 사람으로 하락시키는 내용을 가사화하고 있다.

실례로, 소개할 노래는 「많은 물소리」라는 Y2K 버전의 복음성가 519장에 실린 노래인데 그 노래의 제목은 "서른 해를 지내며"이다.

노래는 제목이 모든 것을 말해 준다고 해도 과언이 아닐 정도로 제목이 중요한 것이다. 이 제목에서 풍겨 나는 예수님에 대한 인상은 예수님이 구세주라는 인상보다 친근감 있는 단순한 사람이라는 강한 인상이 풍겨 난다. 이 제목에서 느끼는 인상처럼 역시나 가사에서도 예수님이 단순한 사람의 이미지로 소개되고 있으며, 심지어는 예수님이 사회 운동의 주동자이거나 혁명가로 표현되고 있다.

실례로, 뉴 에이지의 대표 주자라고 할 수 있는 오쇼 라즈니쉬는 「혁명」이라는 책에서 예수님을 '십자가로 실패한 혁명가'라고 주장했다.

"서른 해를 지내며"의 가사를 살펴보면

"서른 해를 지내며 내가 본 것들은 무너진 집 낡은 식탁 그리고 녹슨 못들 나는 목수의 아들이었으니까 지는 해를 바라보며 늘 생각한 것은 하얀 양 떼 포도송이 그리고 웃는 아이들 난 그때를 위해 왔으니까 기쁨의 해를 누리며 그 자유의 노래를 들으련 갇힌 새들아 묶인 손들아 그리고 우는 여인아 너희가 바로 그 노래니까 뜨는 해를 반기며 이 아침의 햇살을 느끼련 맨발로 빈손으로 그리고 펼친 나래로 너희도 이젠 햇살이니까 이제 나는 저 잃어버린 무리를 찾아서 그 상한 살을 헤집고 입을 맞춘다. 부서지고 타오르면서 버려지고 피 흘리면서 깨어진 너를 위해 나를 던진다."이다.

이 노래에서는 예수님의 인성이 너무나도 강조된 나머지 신성이 결여되어 있다. 그리고 "깨어진 너를 위해 나를 던진다."라는 표현은 마치 사회 운동의 정당성을 알리기 위해 몸에 석유를 붓고 온몸을 불태운 사람을 묘사하고 있는 듯하다.

끝으로 ROCK 음악과 혼합된 C.C.M.은 공연 시에 무대조명을 어둡게 할 수밖에 없다. 그리고 ROCK 음악이 연주되는 무대와도 같이 어두컴컴한 조명과 사람들의 눈을 혼잡게 하는 형형색색(形形色色)의 전구들의 불빛들로 무대를 장식할 수밖에 없으며, 금방 귀신이라도 나올 듯한 분위기를 연출할 수밖에 없는 것이다.

이는 우리의 참빛이신(요 1:9) 예수 그리스도의 진리가 선포되어야 할 강단을 온통 어두움으로 먹칠하게 되는 것이다.

이러한 여러 가지의 내용들이 사탄의 전유물인 ROCK 음악을 교회로 잠입해 들어오기 위해 C.C.M.이라는 이름으로 포장했다는 것을 입증하고 있는 것이다. 그러므로 더 이상 교회가 C.C.M.을 낭만적으로 바라보아서는 안 될 것이다. 그리고 적극적인 대처 방안을 모색하여 하나님께 온전한 영광을 드릴 수 있는 찬양만을 불러야 할 것이다.

교회가 세상에 대해서 취할 자세는 배타적인 의미에서 문을 닫는 것이 아니라 진리 수호적인 면에서 문을 닫아야 할 것이다. 순교적인 각오로 문을 닫아야 할 것이다. 그것만이 예수 그리스도의 몸 된 교회를 보호하며 하나님께로 온전히 나아갈 수 있는 것이다. 이제 더 이상 사탄이 배후에 자리 잡고 있는 세상의 문화에 대해서 매력을 느껴서는 안 될 것이며, 그 매력에 빠져 영적인 간음을 행해서도 안 될 것이다.

또한 그러한 자들에게 복음을 증거하여 그들에게 바른길을 제시해 주어야 할 것이다. 이것이야말로 이 말세에 하나님께서 모든 믿는 자들에게 주신 사명일 것이다. 그리고 오직 복음만이 사탄의 음악에 심취해 있는 자들을 바른 구원의 길로 인도할 수 있는 것이다.

4.3.2. 록 음악의 실상

4.3.2.1. 비틀즈와 백워드 매스킹에 대한 정의

비틀즈(Beatles)는 록 음악에 가장 큰 영향을 미친 영국의 록 그룹이다. 그들은 후일 영국 여왕으로부터 음악 발전에 기여하고 영국의 국위를 선양한 공로로 기사 직위를 받기도 하였다.[136] 그들은 스스로 "예수님보다 더 인기가 있다."고 할 정도로 타락한 모습을 보여주었다.

그들은 폴 매카트니(Paul MacCartney), 존 레논(John Lennon), 조지 해리슨(George Harrison), 링고 스타(Ringo Starr)의 4명으로 구성되었다. 그들은 드루이드교가 사용하는 곡의 리듬을 이용해 록의 모습을 변형시켰으며, 힌두교 정신, 선의 정신 등을 로큰롤에 이용해 말세적 종교 사상이 전 세계에 퍼지도록 만들었다.

존 레논은 "기독교는 장차 사라질 것이다. 점차 약해지고 기도 못 펼 것이다. 로큰롤이 먼저 사라질지 기독교가 먼저 사라질지 나는 잘 모르겠다."고 하였으며, 자신의 저서인 「작업장의 스페인 놈」에서 그리스도를 마늘을 먹는 냄새나는 황인종이라고 조롱하였다.

조지 해리슨은 "나의 사랑스런 주님(My Sweet Lord)"을 부른

---

136) 최광신, 『사탄은 대중음악을 정복하지 않았다』(경기: 두돌비, 1990), p. 42.

주인공이다. 그의 사악한 이 노래는 우리 기독교인들에게 록 음악이 얼마나 무서운 것인지를 알려 준다. 이 노래의 '주님'은 다름 아닌 이방신, 즉 사탄이다. 조지 해리슨은 이 노래 중에서 '할렐루야'를 외쳐 댄다. 그러나 찬양의 대상은 엉뚱하게도 힌두교의 '크리슈나'인 것이다. 이 노래 가사의 일부를 보면 "사랑스런 나의 주님 당신을 보고 싶고 함께 있고 싶어요. 정말 당신을 알고 싶어요. 정말 당신 곁에 있고 싶어요. 오래 걸리진 않겠죠. -할렐루야-사랑스런 나의 주님-하레 크리슈나!"이다. 또한 조지 해리슨은 "나는 예수 그리스도를 하나님의 독생자라고 할 수 없다."고도 하였다.[137]

비틀즈는 활동 기간 중 당시 미국에서 인기를 끌던 '마하리시 요기'란 힌두교 구루를 따라 인도로 명상 여행을 다녀오는 등 동양의 신비주의에 가까이 접근한 적이 있다.

멤버 중 내성적 성격에 종교적 성향이 강했던 기타리스트 조지 해리슨만은 인도 음악과 초월적 명상에 깊이 심취하여 그의 음악 속에 힌두교의 종교적 이상을 표현하려는 시도를 계속해 나갔다.

그는 비틀즈 해산 후 자신의 힌두교 신앙을 주요 주제로 한 석 장짜리 솔로 앨범 "모든 것은 지나가고야 만다"를 발표했는데 앞서 말한 "My Sweet Lord"가 이 앨범에 수록된 곡이다.[138]

이 곡에서 말하는 크리슈나는 힌두교의 삼대 신 중에 하나인 비슈누의 제8화신이다. 비틀즈는 대중음악만이 아니라 뉴 에이지 운동사에도 커다란 영향을 끼쳤는데 그 이유는 60년대의 사상과

---

137) Ibid., pp. 43~44.
138) 강인중, 『대중음악 볼륨을 낮춰라』(서울: 낮은울타리, 1999), pp. 134~135.

의식의 흐름을 타고 음악이라는 도구를 이용해 뉴 에이지 사상을 전염시켰기 때문이다.

1964년 2월에 미국 순회공연이 시작되면서부터 영국에서 건너온 네 마리의 풍뎅이는 폭발적인 인기와 함께 뉴 에이지라는 전염병을 뿌리기 위한 날갯짓을 시작한다.

1966년부터 이들의 노래 가사가 초현실주의적인 성향과 함께 반 기독교적인 모습을 노골적으로 나타내는데 그 원인은 서양의 신비주의, 이교 사상과 인도의 힌두이즘이 이들에게 맞물려 있었기 때문이다.

이들은 기독교와 예수 그리스도에 대해 강한 증오심을 가지고 있었다. 비틀즈를 취재하기 위해 같이 다녔던 테일러 기자는 "그들은 예수 그리스도에 대한 거부감을 보여주는 충격적인 모습을 보여주었는데[139] 그것을 보는 일이 내게는 쉽지 않았다."고 말하기도 했었다.

존 레논은 1966년 3월 21일자 뉴스위크지에서 "기독교시대는 종말을 맞을 것이다. 지금 우리는 예수보다 더 유명하다."라고 주장했었다.

비틀즈의 멤버 중 하나인 조지 해리슨은 가장 먼저 힌두교에 물들기 시작했기 때문에 1968년 초에 비틀즈가 전부 인도에 건너가 '마헤시 요기'에게 초월 명상을 배우기 전부터 록 음악 속에 뉴 에이지 사상을 담는 데 결정적인 역할을 했었다.[140]

---

139) 곽용화, 『당신은 뉴 에이지와 그 음악에 대해 얼마나 알고 있습니까?』(서울: 낮은울타리, 1995), p. 117.

140) Ibid., pp. 118~119.

비틀즈는 마약과 섹스, 신비주의, 이교 사상의 물결을 일으킨 살아 있는 신화이다. 비틀즈가 유명해질 수 있었던 것은 이들이 가지고 있었던 뉴 에이지 사상과 음악적인 성향이 서로 영향을 주고받을 수가 있었기 때문이다. 폴과 존 레논의 리더십에 대한 불화 때문에 비틀즈는 1974년에 해체되었다.[141] 비틀즈는 백워드 매스킹을 제일 먼저 사용한 그룹으로 알려지고 있으며, 세계적으로 유명한 전설적인 그룹이다. 또한 이들은 최초로 영국에서 미국으로 공연을 간 그룹이기도 하다. 기독교가 처음에 영국의 청교도들에 의해서 시작되었고 그들이 순수한 신앙을 지키기 위해 영국을 떠난 지금의 미국인 신대륙을 발견하여 그곳에 터전을 잡고 복음의 씨를 뿌리게 되었다. 이러한 복음의 행로와도 같이 사탄도 비틀즈를 통해서 먼저 영국을 타락시키고 미국으로 진출하여 미국도 타락시키게 되었다.

역행차폐(逆行遮蔽)라는 어려운 한자말로 풀이되는 백워드 매스킹(Backward Masking)은 음반을 거꾸로 돌렸을 때 정상일 때와는 전혀 다른 가사가 흘러나오도록 제작하는 수법이다.

백워드 매스킹은 보편적으로 '멀티 트랙 레코드(MTR)'라는 기계로 제작이 가능하다.

백워드 매스킹은 17세기부터 사탄 주의자들이 습관처럼 사용했는데 모든 것을 거꾸로 말하고, 거꾸로 생각하자는 주장에서 비롯된 것이다.[142]

역행차폐를 이해하기 위해서 먼저 생각한 것으로 '에드워드 크롤리(Edward Crawley)'라는 자가 있다. 그는 1800년대 말기에 흑

---

141) Ibid., pp. 120~121.
142) 신상언, 『사탄은 마침내 대중문화를?』(서울: 낮은울타리, 1992), pp. 41~42.

마술과 신비 의식에 깊이 빠져들었으며 많은 사람들은 그를 인류 역사상 가장 혐오스러운 자라고 칭하였다.

크롤리는 비틀즈의 초기 앨범인 '페퍼 상사의 외로운 마음'의 군중 속에 나타나기도 하였다. 비틀즈의 노래 중에 '제9혁명'을 백워드 매스킹으로 들어보면 "죽은 자여 나를 흥분시켜라(Turn me on dead man)"는 가사가 나온다. 여기에서 죽은 자(dead man)는 예수님을 조롱하는 말이다.143)

또한 마이클 잭슨의 노래 중에 "Beat it"을 백워드 매스킹으로 들어보면 "나는 내 안에 있는 존재가 사탄이라고 믿는다."라는 가사가 나오게 된다.144)

4.3.2.2. 그룹 이글스의 '호텔 캘리포니아'에 대하여

이글스(Eagles)는 미국 남서부의 록 그룹으로서 1976년에 '호텔 캘리포니아(Hotel California)'라는 곡을 발표하여 많은 인기를 누렸던 그룹이다.

이 앨범의 표지 안쪽을 보면 어두운 2층 회랑 가운데 누군가 서 있는 것을 볼 수 있다. 그는 바로 『사탄경』의 저자인 안톤 스잔돌 라베이(Anton Szandor Lavay)이다. 그가 그곳에 우연히 서 있어서 사진에 찍혔다기보다는 그를 의도대로 찍은 것임이 분명하다.

그 사실을 '호텔 캘리포니아'를 가사가 입증해 주고 있다.

---

143) 최광신, 『사탄은 대중음악을 정복하지 않았다』(경기: 두돌비, 1990), pp. 98~99.
144) Ibid., p. 101.

So I called up the Captain "Please bring me my *wine.*" He said "We haven't had that spirit here since nineteen sixty nine" – 나는 캡틴(지배인, 교주)에게 전화를 했다. "나의 포도주를 가져다주시오." 그는 "우리는 1969년 이후로 그 영을 보관하지 않고 있다."라고 말했다.

이 가사에서 포도주가 나오는데, 이 포도주는 성령을 상징한다. 그리고 1969년이 나오는데, 이 해는 '안톤 스잔돌 라베이'가 「사탄경」(*The Satanic Bible*)의 저작권을 취득하여 발간한 해이다.

이 두 단어를 종합하여 해석해 보면 '호텔 캘리포니아'에서는 "1969년 이후 하나님의 성령이 떠나갔다."는 뜻이 된다.[145]

이렇듯 이글스는 사탄의 사주를 받아 하수인으로서의 역할을 자신들의 노래를 통해 감당한 것임에 틀림이 없다. 그들이 말하는 호텔 캘리포니아는 사탄의 소굴, 즉 지옥인 것이다.

또한 이 음악은 사탄 주의자들이 사용하는 백워드 매스킹(Backward Masking – 감추어진 말들), 즉 역행 차폐 기법으로 녹음되었는데 이 기법은 음반을 거꾸로 돌렸을 때 원래 가사의 내용과는 상반된 내용의 가사가 흘러나오는 것이다. 이 노래에는 "예, 사탄께서 순수 종교를 창조하셨습니다."(Yes, Satan organized his own religion)라는 가사가 백워드 매스킹 기법으로 녹음돼 있고, 이 음악을 듣는 자들은 잠재의식을 통해 이 메시지를 주입받게 되는 것이다.

록 그룹들이 지옥을 말하면서 사용하는 단어가 바로 'Hell'인데 이 노래의 가사에도 이 단어가 나오는 것을 볼 수 있다.

또 다른 그들의 앨범 표지를 보면 마귀가 창을 들고 있는 모습이 그려져 있고, "hell freezes over"이라는 영문이 쓰여 있다.

---

145) Ibid., pp. 39~41.

이 의미는 "지옥의 공포로 사람들의 간담을 서늘하게 하여 얼어붙게 할 것이다."라는 뜻을 내포하고 있다.

이처럼 사탄은 음악을 통해 사람들의 마음을 공포에 질리게 하며 얼어붙게 하여서 어찌할 수 없게 만들어 자기의 수하에 넣고자 하는 것이다.

'이글스'의 전성기가 지난 지금에도 여전히 사탄은 음악을 이용하여 사람들을 멸망의 길로 가게 하며 급기야는 지옥에 빠뜨리고 말 것이다.

4.3.2.3. 그룹 퀸의 "We are the Champions"에서 말하는 '챔피언'의 의미

2002년 월드컵 시즌 때에 각종 방송 매체들이 우리나라 대표 선수들의 활약을 대서특필(大書特筆)하며 서로 간의 경쟁을 앞다투었다.

016과 018의 휴대폰사가 합병하여 'KTF'라는 이름으로 대중 앞에 선을 보였는데 이 'KTF'란 Korea Team Fighting의 첫 글자를 상징하는 이니셜(initial) 표기이다. 그런데 이 'KTF'가 대표 선수들의 중요한 장면들을 CF로 방송에 내보내면서 그 배경음악으로 영국의 그룹인 퀸(Queen)이 부른 "우리들은 챔피언"을 사용하였다. 이 음악의 배경과 의미를 모르는 사람들은 이 음악에서 '챔피언'이라는 단어가 나오기에 승리를 기원하는 의미에서 월드컵 CF에 합당한 음악이라고 생각하였으리라.

그러나 이것은 너무나도 무식한 처사이고 이 음악의 의미를 아는 필자에게 있어서는 옷을 찢고 싶은 정도로 심각한 사건이다.

처음에는 그냥 음악만 나오다가 이제는 자막으로 노래의 곡명과 그 노래를 부른 그룹명까지 방송에 나오게 되었다.

월드컵 신드롬(World Cup Syndrome)에 빠진 철모르고 순진한 청소년들과 장년층의 사람들도 이 음반을 듣기 위해 분명히 살 것이다. 그러나 이 음반은 너무나도 저질적이고 파렴치한 음악이며, 도저히 바른 이성을 가진 사람이라면 들어서는 안 되는 음악이며, 순수한 영혼을 망쳐 놓기에 충분한 효력을 가지고 있는 음악이다.

그러면 이 음악이 왜 들어서는 안 되는 음악이며, 이 음악에서 말하는 '챔피언'이란 의미가 무엇인지를 살펴보도록 하겠다.

흔히 상식적으로 '챔피언'이라는 말을 운동 경기에 국한시키기에 일쑤이다. 그러나 '챔피언'이란 운동 경기에만 국한된 단어가 아니며 아무런 제한 없이 다방면에 사용되는 단어이다.

축구를 잘하면 축구계에서 챔피언이며, 탁구를 잘하면 탁구계에서 챔피언이며, 요리를 잘하면 요리업계에서 챔피언이며, 머리 손질을 잘하면 미용업계에서 챔피언인 것이다. 이처럼 '챔피언'이란 그 분야에서 가장 으뜸인 자에서 부여되는 수식어이지 'Sports'의 전용으로만 사용되는 말이 아니다.

사무엘상 17장 4절에서 골리앗을 가리켜 '싸움을 돋우는 자'라고 기록하였는데 'NIV', 즉 신국제역 성경에서 이를 영어로 표기할 때 'champion'이라고 표기한다.

여기에서 알 수 있는 것은 'champion'이라는 말의 의미를 알기 위해서는 'champion'이라고 말한 그 사람이 무엇을 하는 사람인지를 먼저 알아야 한다는 것이다. 설령 Queen이라는 그룹이 'Sports'

를 하는 자들이라고 할지라도 그들이 하는 'Sports'가 축구가 아니고, 다른 종목이라면 이 노래를 월드컵 CF 배경음악으로 사용해서는 안 된다.

그러나 다른 종목이라고 할지라도 같은 'Sports'이기에 허용 여부를 살펴볼 가치가 조금은 있을 것이다. 그러나 이들은 'Sports'와는 전혀 상관이 없는 자들이고, 남성 동성애자들인 '게이'이다.

이들의 그룹명을 보면 '여왕'인 데 반해 구성원들은 모두가 남성들이다. 그리고 이 그룹의 리드 보컬인 프레디 머큐리(Freddy Mercury)는 무대에서 몸에 착 달라붙는 분홍빛 원피스를 입기도 하였다. 그러나 동성애의 대가로 얻게 된 'AIDS'에 걸려 사망에 이르게 되었다.

그러므로 퀸이 부른 "우리들은 챔피언"에서 챔피언이란 말의 의미는 다름 아닌 남성 동성애자인 '게이'이며, 이들이 말하는 승리의 의미는 'Sports'와는 전혀 상관이 없는 '게이(남창)들의 승리'인 것이다.146)

그러므로 이 노래는 월드컵과는 전혀 상관이 없는 음악일뿐더러 오히려 진정한 월드컵의 의미를 희석시키며 더 나아가서는 많은 사람들을 타락의 늪으로 빠뜨리려는 사탄의 고도의 전략 전술인 것이다.

4.3.2.4. "We are the World"에서 말하는 '신'의 의미

'We are the world'를 직역하면 '우리는 세계'라는 뜻이며, 의

---

146) Ibid., p. 66.

역하면 '세계는 하나'라는 뜻이다.

이 노래는 아프리카 기아 난민 구제라는 명목으로 만들어진 노래이다. 또한 인간에 의한 인류 구원을 획책하는 운동의 일환으로 만들어진 아프리카 난민 구제 음반이다. 그러므로 예수 그리스도에 의한 구원이 아닌 인간에 의한 구원을 말하고 있으므로 명백한 뉴 에이지이며, 사탄의 간교한 계략이 담겨 있는 것이다.

뉴 에이지에 대해서 잠깐 소개하면 세상에는 신이 다양하며, 그 다양한 신들에게 저마다의 구원의 능력이 있다는 것이다. 그리고 자연 사물까지도 신으로 여긴다. 그러기에 만물의 영장인 인간은 당연히 신이며, 그러므로 인간은 어떤 신을 믿거나 의지할 필요가 없다는 것이다. 이러한 무서운 사상이 바로 뉴 에이지인 것이다. 또한 이 뉴 에이지는 문화를 통해 사람들에게 이 사상을 알리고자 하는 것이다.

이 노래는 많은 사람들의 심금을 울렸으며, 많은 이들의 눈에서 눈물을 자아냈다. 그러나 이 노래 속에서 사탄이 역사하여 사람들로 하여금 거짓 사상에 매료되어 아무런 가치 없는 헛된 눈물을 흘리게 한 것이다.

이 노래를 부른 가수들을 열거해 보면 마이클 잭슨(Michael Jackson), 라이오넬 리치, 킴 칸스, 배트 미들러, 케니 로저스, 신디 로퍼(Cyndi Lauper), 린지 버킹햄, 레이 찰스, 밥 딜런, 홀 엔 오츠, 빌리 조엘(Billy Joel), 케니 로긴스, 폴 사이먼, 브루스 스프링스틴, 디온 워윅(Dionne Warwick), 다이애나 로스, 스모키 로빈슨 등 세계적으로 유명한 가수들이다. 그러나 이들은 대부분 성적 타락, 마약, 폭력, 신성 모독에 찌든 노래를 부른 가수들이며, 특별히 이 가수들 중에서 대표라고 할 수 있는 마이클 잭슨은 무대 위에서 자신이 재림 예수라고 한 자이다. 그래서 그는 자신이 왕임을 나타내기 위해 늘 황제 복장을 입고 무대에 나온 것이다.

이 노래의 가사 중에 일부를 살펴보면

"send them your heart so they'll know that someone cares and their lives will be stronger free As God has shown us by *turning stone to bread* so we all must lend a helping hand"라는 가사가 있는데 이 뜻은 "당신의 마음을 그들에게 보내요 그들이 누군가 보호하고 있다고 생각하고 그들의 생이 보다 강렬하고 자유스러워지도록 신이 돌을 떡으로 변화시킨 것을 우리에게 보여준 것처럼 우리 모두 도움의 손길을 줘야 해요."이다.[147)

이 가사 중에서 유독 우리에게 와 닿는 것은 바로 "신이 돌을 떡으로 변화시킨다."는 것이다. 이는 40일 동안 금식하셨던 예수님을 시험했던 사탄의 음성이며, 그러므로 여기에서 말한 신이란 바로 사탄을 의미하고 있는 것이다. 예수님은 돌을 떡으로 만들라는 사탄의 시험을 "사람이 떡으로만 살 것이 아니요 하나님의 입으로 나오는 모든 말씀으로 살 것이라(마 4:4)."는 말씀으로 물리치셨다.

사탄이 주는 도움은 외형적으로 풍요롭게 보일지는 몰라도 그것은 멸망의 구렁텅이로 빠뜨리기 위한 하나의 미끼에 불과한 것이다.

이 노래는 아프리카 기아 난민들을 멸망의 구렁텅이로 빠뜨리기에 충분한 것이다. 가증스럽게도 이들은 어떤 신을 내세우고 세

---

147) Ibid., pp. 50~52.

계 평화를 노래하고 있다. 이 신은 그들 스스로 말하기를 하나님이라고 하지만 다름 아닌 사탄인 것이다.

이들의 의도는 전 세계를 하나로 이루어 평화를 건설하고자 하는 것인데 여기에서 말하는 평화는 진정한 평화가 아닌 거짓된 평화이며, 이것은 뉴 에이지를 이용한 사탄의 계략인 것이다. 바로 이 하나란 기독교에서 말하는 연합의 하나가 아닌 뉴 에이지에서 말하는 혼합의 하나이다. 그리고 이 노래가 주장하는 '우리는 세계, 세계는 하나'라는 것은 비록 손을 흔들며 연합인 것처럼 가장하지만 실상은 사탄의 철저한 계략인 혼합인 것이다.

이와 비근한 예로 1988년도에 우리나라의 수도인 서울에서 세계적 축제인 올림픽이 열렸다. 그때에 코리아나가 불렀던 "손에 손잡고"를 기억할 것이다. 얼마나 그 노래가 우리의 가슴을 뿌듯하게 했으며, 온 세계인들을 너 나 할 것 없이 손을 잡게 했는가? 그러나 그 노래에서 말하는 '손잡음'이란 연합이 아니라 혼합인 것이며 종교의 구원관을 희석시키는 것이다. 왜냐하면 세계의 각 민족들은 저마다의 종교를 신봉하고 있다. 그러므로 이 노래의 가사 중에 "손에 손잡고 벽을 넘어서……"라는 것이 있는데 여기에서 말하는 '벽'이란 여러 가지의 의미로 해석할 수도 있겠지만 가장 근본적인 의미는 바로 종교인 것이다.

그러므로 그들이 하나 될 수 있는 것은 단지 손을 잡고, 부둥켜울고, 한입으로 노래하는 것이 아니라 종교가 하나 되는 것이기 때문이다. 여기에서 하나란 모든 종교가 저마다 가지고 있는 구원을 인정하고 그 구원의 의미를 동일시하자는 것이다. 종교는 결코 하나 될 수 없다. 왜냐하면 종교의 궁극적인 목적인 구원은 오직 예수 그리스도를 통해서 주어지는 것이기 때문이다. 그러므로 "손에 손잡고"는 '혼합의 하나'라는 이름으로 구원관을 희석시키며 말살시키고자 하는 사탄의 뉴 에이지 사상인 것이다.

연합은 진정한 삶의 의미와 구원을 가져다주지만 혼합은 멸망을 가져다줄 뿐이다. 뉴 에이지는 기독교에서 말하는 하나를 주장한다. 그러나 뉴 에이지에서 말하는 하나라는 것은 '혼합'이며 기독교에서 말하는 하나라는 것은 '연합'을 의미한다. 이 혼합과 연합은 서로 극과 극적으로 다른 것이다. 그 이유는 혼합이란 참된 것이 거짓된 것과 하나 되어 참된 것이 진정한 의미를 잃어 가는 것이며, 연합이란 참된 것이 참된 것과 하나 되어 진정한 참된 것의 의미가 확연히 드러나는 것이다. 그러므로 뉴 에이지에서는 이 혼합이라는 말로 기독교와 다른 종교의 하나를 주장하며, 그를 통하여 기독교의 참된 구원을 희석시키는 데 목적을 두고 있는 것이다. 그리고 종교의 벽을 뛰어넘어 구원의 유일성을 말살시키는 것이다.

지금도 여전히 사탄은 이 뉴 에이지 사상에 온갖 술수를 다 동원해서 많은 사람들을 멸망의 구렁텅이로 빠뜨리고 있다.

4.3.2.5. 신성을 모독하는 그룹에 대하여

첫째로, 레드 제플린(Led Zeppelin)이라는 그룹이다. 이 그룹의 "천국으로 가는 계단"이라는 노래의 가사를 살펴보면 여기에 "나의 사랑하는 사탄이 있다. 사탄은 우리의 구세주! 내가 너희에게 666을 주노라. 예수는 우리를 배반했다"이다. 이 그룹명은 독일의 폭격기 체펠린에서 따온 것이다. 이 가사에서 알 수 있듯이 예수 그리스도의 구원관을 완전히 말살시키고, 예수를 배반한 자라고 칭하고 있다.

둘째로, 블랙 새버스(Black Sabbath)라는 그룹이다. 이 그룹명은 검은 안식일이라는 의미로서 오지 오스본이 이끌던 그룹이다. 이 그룹은 공연이 있기 전 사탄의 미사를 행하는 것으로 유명하다. 알몸으로 제단 위에 서서 닭의 피를 뿌리는 것이 그것이다. 그리스도의 십자가를 거꾸로 하며, 적그리스도의 666과 해골 십자가 뼈를 마스코트로 사용했다. 그들은 "우리 자신이 구세주. 만약 예수가 구원자라면 그는 자신이나 구원하라지"라고 하며 그들 스스로 사탄의 추종자임을 나타낸다.

블랙 새버스의 멤버였던 오지 오스본(Ozzy Osbourne)은 공개 석상에서 살아 있는 비둘기를 쳐 죽이기도 하는 잔인한 성격을 가지고 있다. 그는 루시퍼를 찬양하며 악마의 종으로서 사탄을 숭배한다. 그는 마법의 원과 육각형으로 지붕을 만든 사탄의 검은 성당 짓기를 소망하고 있다.148)

셋째로, 롤링 스톤스(Rolling Stones)라는 그룹이다. 이들은 루시퍼의 대리자들로서 이들의 노래인 "악마와의 춤"에서는 부두교 주술과 귀신 들린 듯한 비명, 롤링 스톤스 멤버들의 사탄적 이미지가 혼합되어 들린다.

그들은 "내가 20세 때 사탄이 나에게 계시하였다. 나는 사탄을 믿고 있다. 사탄은 나의 은인이며 나를 유명하게 만든 나의 구세주이다. 누가 뭐라고 할지라도 나는 사탄을 나의 하나님으로 모시고 싶다."라고 했다.149)

---

148) Ibid., p. 46.

넷째로, 핑크 플로이드(Pink Floyd)라는 그룹이다. 이 그룹의 'Animals'라는 타이틀이 붙은 음반 속의 양(sheep)이란 곡의 가사를 살펴보면 시편 23편과 흡사하다. 그 가사는 "주는 나의 목자시니 내가 부족함이 없으리로다. 그가 나를 푸른 풀밭에 누이시며 잔잔한 물가로 인도하시는도다. 그가 번뜩이는 칼로 내 영혼을 틀어 놓으시는도다. 그가 나를 양고기 커틀릿으로 만드시는도다."라는 정말 소름끼치는 내용이다. 또한 "그가 나를 고리에 꿰어 높은 곳에 매달아 놓으신다."라는 가사가 있는데 여기에서 그는 예수를 가리키며 이는 예수를 철저히 모독하는 것이다.[150]

이 가사에서는 예수를 구원자로 표현하지 않고 끔찍한 살인자로 표현하고 있는 것이다.

다섯째로, 마릴린 맨슨(Marilyn Manson)이라는 그룹이다. 이 그룹명은 요절한 전설적 스타 마릴린 몬로의 이름과 여배우 샤론 데이트를 등 다섯 명을 살해하여 역사상 가장 잔인한 연쇄 살인광으로 기록되고 있는 찰스 맨슨의 이름을 합성한 것이다.

그룹명을 자신의 이름으로 붙인 보컬리스트인 마릴린 맨슨을 주축으로 한 미국 플로리다 출신의 5인조 그룹으로 "검열의 한계를 깨부순다."는 슬로건을 내걸고 1990년에 결성되었다.[151]

이 마릴린 맨슨 공연의 하이라이트는 단연 사탄교의 교주를 자인하고 나선 맨슨이 독일의 나치 집회를 상징하는 무대 위에 마련된 제단 위에서 집행하는 사탄 숭배 의식이다. 뮤지컬 "예수 그

---

149) Ibid., p. 48.
150) 김웅광, 『영혼을 오염시키는 음악들』(서울: 국민일보사, 1992), pp. 39~40.
151) 강인중, 『대중음악 볼륨을 낮춰라』(서울: 낮은울타리, 1999), p. 191.

리스도 슈퍼스타(Jesus Christ, Super Star)"를 패러디한 마릴린 맨슨의 주제가 "안티－크라이스트 슈퍼스타"가 연주되는 가운데 맨슨이 성경책을 갈기갈기 찢어 관중석을 향해 집어던지는 장면에서 신도들의 환호는 절정에 달한다.[152]

마릴린 맨슨은 록 음악을 통해 하나님을 대적하고 젊은이들을 선동하여 교회로부터 등을 돌리게 하려는 사탄의 역사가 가장 극명하게 가시화된 기독교의 공적 제1호이다.[153]

4.3.3. 록 음악의 위험성과 실체

4.3.3.1. 록 음악의 위험성

대중음악은 영적인 음악이 아니라 사람의 감정에 호소하는 육신적인 음악이다. 60년대 록큰롤이 나오기까지 대중음악을 사탄의 음악이라고 심각하게 생각하는 사람은 거의 없었다.

1956년 남부 출신 엘비스 프레슬리(Elvis Presley)가 TV의 카메라 앞에 등장하여 요란하게 몸을 흔들며 떨리는 목소리로 노래하기 시작하자 팝 음악의 심각성은 서서히 드러나게 되었다. 미남 가수 엘비스가 가는 곳마다 엄청난 사람들이 쫓아다녔다.

그리고 영국 런던과 브라질의 상파울루의 극장이 엘비스의 공연 때 파괴되었다. 이때 비로소 교회와 정치 지도자들은 록 음악의 위험성을 경고하였으며 미 상원에서는 청소년 타락과 록 음악

---

152) Ibid., pp. 193～194.
153) Ibid., p. 197.

의 관계를 심각하게 조사하기 시작했다. 록 음악을 통한 사탄의
역사는 계속 기승을 더하여 갔다.

1964년 2월에 등장한 비틀즈의 출현으로 사탄의 역사는 구체적
으로 나타나게 되었다.[154]

록 음악의 연주자였다가 하나님을 믿고 이제는 하나님만을 찬
양하는 '에릭 바거(Eric Barger)'는 그의 책에서 록 음악의 성격을
열 가지로 정리하고 있다.

첫째는 반역이며, 둘째는 폭력이며, 셋째는 허무주의와 절망이
며, 넷째는 도피주의이며, 다섯째는 마약과 술이며, 여섯째는 성이
며, 일곱째는 자살과 살인이며, 여덟째는 신비주의이며, 아홉째는
사탄 숭배이며, 열 번째는 하나님과 예수님 모독이다. 사탄이 음
악의 주인이 되었을 때 음악은 사탄의 본성을 그대로 나타내고
있다. 교만, 살인, 거짓이 그 음악을 지배하며 젊은 사람들의 인격
을 파괴해 나가고 있다.

록 음악으로 인해 일어난 사건들을 살펴보면서 위험성을 알아
보고자 한다.

- 1977년 샌프란시스코의 인구 연구소에서 급증하는 10대 임
신에 대하여 "너는 내 아이를 가졌어.", "밤을 함께 보내 줘요.",
"오후의 환희" 같은 음악의 영향이라고 경고함.

- 1979년 크리스마스 3주 전에 신시내티의 록 음악 연주회에서
11명이 밟혀 죽었음.

- 1985년 L.A.에서 33차례 강간, 살인하던 리처드라는 청년은
AC/DC 음악의 열렬한 팬임.

---

154) 최혁, 『나의 찬송을 부르라』(서울: 규장문화사, 1994), pp. 274~275.

- 1985년 10월 캘리포니아 인디오에 사는 존 맥콜롬이라는 청년이 오지 오스본의 "자살 해결법"이라는 노래를 듣다가 권총으로 자신의 머리를 쏘아 자살함.

- 히피의 우두머리였던 찰스 맨슨이 여배우 샤론 데이트와 그의 가족 2명을 끔찍한 방법으로 살해함. 그가 범행을 모의할 때 즐겨 듣던 노래는 비틀즈(Beatles)의 "제9혁명"(Revolution No 9)임. 이 노래는 백워드 매스킹 처리가 되어 있는 음악인데 무의식적으로 '시체여 나를 흥분시켜다오(Turn me on dead man)'라는 메시지가 주입되어 있음.155)

이렇듯 록 음악은 사람의 잠재의식에 영향을 미쳐 의식으로 행동화하게 하여 자신의 이성과는 상관없이 살인하며 강도질하며 음란한 강간을 서슴없이 범하게 한다. 또한 그 메시지는 백워드 매스킹으로 녹음되어 있기 때문에 구별할 수가 없는 것이다. 록 음악에 숨겨진 메시지는 우리의 몸과 영혼을 무참히 파괴하는 것이다.

4.3.3.2. 마약 복용을 권장하는 록 그룹의 실체

첫째로, 미국의 여가수인 린다 론스태드(Linda Ronstadt)이다. 이 가수는 "롱 롱 타임(Long Long Time)"을 불러 대단한 인기를 얻었다.

그녀는 "나는 식사를 많이 했을 때보다 헤로인을 복용한 뒤에 노래를 더 잘 부를 수 있다."고 마약을 찬미했다.

둘째로, 두비 브라더스(Doobie Brothers)이다. 그들의 이름 중 '두비'(Doobie)는 마약의 애칭이다. 그들은 "우리는 앉아서 두비

---

155) Ibid., pp. 276~279.

를 돌아가며 피웠다. 그래서 우리 이름이 두비 브라더스이다."라
고 하였다.

셋째로, 비지스(Bee Gees)이다. 이 비지스는 영국에서 태어난 3
형제 가수이다. 이들의 이름은 배리와 로빈과 모리스 깁이다.

이들은 마약을 사용하였으며, 가성(목 뒷소리로 꾸민 음)을 내
기 위해 많은 약물을 사용하였다. 그 결과 그들의 목소리를 여성
의 목소리로 착각하는 사람이 있을 정도였다. 이들 멤버 중 로빈
은 포르노를 모으는 취미가 있었고, 배리와 모리스 깁 등은 환생
에 대하여 관심을 가지고 있었다.

넷째로, 지미 헨드릭스(Jimi Hendrix)이다. 그룹 이글스의 기타
리스트였던 그는 마약 과잉 복용으로 음식물을 토하던 중 토사물
에 막혀 질식사하였다.

다섯째로, 재니스 조플린(Janis Joplin)이다. 최고의 여성 록 가
수로 칭송되었던 그녀도 결국 마약 중독으로 사망하였다.

그녀는 "나는 마약을 피우고 싶고, 마시고 싶고, 또 핥고 싶다.
할 수 있는 것은 무엇이든지 다하고 싶다. 평생토록 비트족과 어
울리며 즐기며 살고 싶다."라고 말했다.

여섯째로, 엘비스 프레슬리(Elvis Presley)이다. 그는 두말할 필
요 없이 로큰롤의 황제이다. 그는 비만증을 염려하다가 마약 중독
으로 죽었는데 1977년 사망 당시 그의 몸은 마약 때문에 주사를
맞을 공간이 없을 정도였다고 한다.

일곱째로, 에릭 클랩튼(Eric Clapton)이다. 이 에릭 클랩튼은 마
약과 술 중독으로 폐인이 되다시피 하였다가 "천국의 눈물"로 재
기에 성공하였다. 그의 노래 "코카인"은 마약을 노래한다.

여덟째로, 사이먼 앤 가펑클(Simon & Garfunkel)이다. 이는 "험한 세상에 다리가 되어(Bridge Over Troubled Water)"를 부른 가수인데 이 노래의 가사에 나오는 '실버 걸'이란 단어는 백색 분말 마약인 코카인을 가리키는 은어이다.[156]

아홉째로, 비틀즈(Beatles)이다. 이들의 노래 중에 노란 잠수함이라는 곡이 있는데 이 노란 잠수함은 '노란색 마약 캡슐'의 은어이다. 이 곡에서 온 마을이 마약으로 살아간다고 노래하였다.

열째로, 퀸(Queen)이다. 이 그룹은 동성연애자들로서 이들의 곡 중에 "Another One Bites The Dust"의 가사를 보면 "마리화나를 피워라."고 권장하고 있다.[157]

끝으로, 검은 안식일이라고 하는 블랙 사바스(Black Sabbath)의 앨범 표지를 보면 세 천사가 마리화나를 흠뻑 들이마시고 있다.

4.3.3.3. 살인과 자살을 권장하는 록 그룹의 실체

첫째로, 아이언 메이드(Iron Maiden)이다. 이 그룹은 극히 사탄적인 그룹으로 그들의 앨범 표지를 보면 당장 멸망시킬 것처럼 보인다.

그들의 공식 마스코트는 '에디'인데 죽음의 상징인 금속 해골이다.[158]

그들의 노래 가사를 살펴보면 그 잔인함을 알 수 있다. "그녀를 때려 혹사해. 네가 하고 싶은 대로 마음대로 해. 능욕하고 학대해. 그녀는 네가 하는 대로 다 받을 수 있어. 칼을 목에 대고 또 다른

---

156) 최광신, 『사탄은 대중음악을 정복하지 않았다』(경기: 두돌비, 1990), pp. 85~87.
157) 김용호, "뉴 에이지의 영향과 기독 청소년 치유"(서울: 개혁신학연구원, 2000), p. 20.
158) 최광신, 『사탄은 대중음악을 정복하지 않았다』(경기: 두돌비, 1990), p. 73.

흉기를 다른 곳에 대고 살인 청부를 맡아."이다.159)

둘째로, 오지 오스본(Ozzy Osbourne)이다. 이 오지 오스본은 "자살 해결책(Suicide solution)"이라는 노래로 자살을 찬미하였다.

또한 그의 노래인 "파라노이드"에는 다음과 같은 내용이 들어 있다. 그 내용은 "내가 만족할 만한 그 무엇을 찾지 못하면 내 정신은 나갈 것이다. ……. 당신은 내 머리를 쏘아 주지 않을 건가요?"이다.160)

오지 오스본은 노래 외에 그의 여러 행각에서도 살인적이고 사탄적이었는데 80년 모 레코드 회사 간부들과 만난 자리에서 그는 살아 있는 비둘기의 목을 깨물어 죽이기도 하였고, 82년에는 박쥐의 머리를 물어뜯어 죽이기도 하였다.

셋째로, 블론디(Blondie)이다. 이 블론디는 젊고 예쁠 때 죽으라고 노래한다.

넷째로, 모틀리 크루(Motley Crue)이다. 이들은 사탄적인 록 그룹으로서 "악마의 외침" 같은 앨범을 발표하였으며, 스스로 로큰롤 역사상 가장 거친 악단이라고 자랑한다. 그들은 "정열"이라는 노래에서 "총으로 사람을 죽이도록 허락을 받았다."고 노래한다.

그들의 노래 중에 "개자식(Bastard)"의 가사를 보면 "불을 끄고 내 칼을 품고, 그의 생명을 거두고 개자식 하나가 죽었다고 그쯤 생각하면 되니…… 너는 네 손이 살인하고 싶은 충동으로 떨면 살인을 예술로 끌어올릴 가능성이 있는 녀석이야."이다.161)

---

159) Ibid., p. 74.

160) Ibid., p. 76.

161) Ibid., p. 77.

다섯째로, 엑스 재팬(X - Japan)이다. 이 그룹은 일본 록계의 정상에 오른 그룹으로서 이들의 노래 중에 "Weekend"의 가사를 보면 "손목에 흐르는 피를 너의 몸에 휘감고 붉게 물든 흉기를 가슴에 품는다. 거울을 바라보며 떨리는 몸에 맑게 흐르기 시작한 피를 창백한 너의 가슴에 감기게 하라. 환각에 사라져 가는 마지막 눈물을 주워 모아 피의 바다에 잠든다."이다.

또한 이 노래의 뮤직 비디오는 등장인물들이 차례로 죽은 뒤 주인공이 마지막으로 정맥을 절단하고 피로 물든 바다에 몸을 던지는 한 편의 살인극으로 끝난다.

이 그룹 중에 기타리스트인 히데가 도쿄의 자택에서 목을 매어 의문의 시체로 발견되자 그 다음 날 오사카 호텔의 한 방에서 고3 여학생이 히데가 죽은 것과 똑같은 방법으로 문의 손잡이에 타월을 감아 목을 매고 죽어 있는 것이 발견되는가 하면 "히데의 뒤를 좇아 나도 죽습니다."라는 유서를 쓰고 중3 여학생이 목을 매고 죽기도 하였다.162)

4.3.3.4. 변태적인 섹스를 권장하는 록 그룹의 실체

「퍼레이드」라는 제목의 책에서는 매우 관능적인 가수에 대하여 '크리스천 디스코의 여왕'이라는 제목으로 대서특필한 기사가 있다. 그 기사의 내용은 "그녀는 우리가 알기를 원하고, 사랑하고, 같이 춤추기를 원하는 가수이다. 그녀는 모든 불빛을 어둡게 하라고 소곤댔고, 말하기를 우리는 오늘 밤 모든 것을 경험할 것이다."라

---

162) 강인중, 『대중음악 볼륨을 낮춰라』(서울: 낮은울타리, 1999), pp. 100~106.

고 했다.

그리고 웃옷을 벗고 관중에게 인사하고 그녀에게 섹시한 이름을 붙여 준 관중들과 노래했다. 그녀의 애칭은 '소곤대며 신음하는 소리'였다. 그녀의 이미지는 말할 것도 없이 섹스에 사로잡힌 디스코 여왕이었다. 그녀는 말하기를

> "나는 내 자신의 도덕성을 더럽혔다고 느끼지는 않는다. 나는 다른 사람에 의하여 더럽혀졌을 뿐이다. ……나는 항상 크리스천으로 살아왔다. 단 의의 길에서 잠시 방황했을 뿐이다. ……나는 음악가이다. 그러므로 나는 모든 종류의 음악을 연주하고 싶을 뿐이다."라고 하였다.163)

그러면 록 가수들이 무분별한 섹스의 내용을 담은 노래의 가사를 살펴보고자 한다.

첫 번째로, 블론디(Blondie)의 "Call Me"라는 곡이다. 이 노래는 한 남창의 이야기를 그린 "아메리칸 지골로(American Gigolo)"라는 영화의 주제가로 쓰이기도 했다.

그 노래의 가사 일부를 보면

> "당신의 사랑과 당신의 키스로 나를 덮어 주세요. 사랑이 가득 담긴 시트 안으로 나를 밀어 주세요. 그것도 내겐 충분치 않을 거예요. 밀려오는 감정을 어찌해야 할 줄 모르겠군요. 애인이 없을 때 나를 불러 감싸주세요. 언제든지, 어디서든지, 어떤 식으로도 나를 부르세요. 나를 불러 주세요. 애인이 없을 때 당신의 애인으로."이다.

이 노래를 부른 블론디의 리드 싱어 '데비 해리'는 한때 플레이

---

163) 프랭크 갤럭, 컬트 워첼, 『위험에 처한 교회음악』 홍성수 역(서울: 두풍, 1997), pp. 157~158.

보이 클럽의 호스티스로 근무한 적이 있다.[164]

두 번째로, 애니타 워드(Anita Ward)의 "Ring My Bell"이다. 이 노래의 가사 일부를 보면 "반가워요, 오셨군요. 정말 제가 보고 싶으셨죠? 당신 눈을 보니 그런 것 같아요. 제가 설거지하는 동안 누워서 좀 쉬세요. 그러면 당신과 나는 잠자리에 들게 돼요."이다.

이 노래를 부른 애니타 워드는 원래 고등학교에서 심리학을 가르쳤던 교사였다. 이 곡에서 'Bell'은 초인종을 의미하는 것이 아닌 '수사슴이 발정기 때 내는 소리'란 의미로 남녀 간의 성행위를 묘사하는 외설적인 표현이다.

세 번째로, 올리비아 뉴튼 존(Olivia Newton John)의 "피지컬(Physical)"이다. 이 노래는 많은 사람들에게 노래의 제목 때문에 운동에 관계되는 내용으로 인식돼 있다.

이 노래의 가사 중에 'Suggestive Movie'란 외설 영화를 가리키는 말이고, 'Horizontally(수평적으로)'란 성행위를 묘사하는 단어로 사용되고 있다.

가사의 일부를 보면 "으슥한 레스토랑에 외설적인 영화도 보았지만 결국 남은 것은 'Horizontally'밖에 없습니다. 우리 육체적이 됩시다. 나는 그것을 원해요. 당신의 몸으로 나의 이곳에 말해 주세요."이다. 그리고 끝내는 '동물적이 되자'고까지 노래하고 있다.[165]

네 번째로, 프린스(Prince)의 "Sister, Sister"이다. 이 노래는 근친상간(近親相姦)의 내용을 다루고 있다.

그는 공연 때면 언제나 흑인과 백인 구성원에 여성 키보드 주자

---

164) 손종태, 『팝 음악에 나타난 사탄의 활동』(서울: 크리스찬 서적, 1987), pp. 84~85.
165) Ibid., pp. 86~89.

로 이루어진 6인조 밴드와 함께 출연하는데 종종 검은 비키니 속옷을 벗어 내린다든지, 무대에 놓인 놋쇠 침대 위에서 음란한 짓을 하며 공연 끝을 장식하곤 한다. 또한 그의 노래 "Darling Nikki"의 가사 일부를 보면 "나는 니키라는 아가씨를 압니다. 그녀는 나의 성적인 친구라고나 할까요. 나는 호텔 로비에서 그녀를 만났어요. 그녀는 잡지를 보며 자위행위를 하고 있었지요."이다.166)

다섯 번째로, 신디 로퍼(Cyndi Lauper)의 "She Bop"이다. 이 노래도 자위행위를 묘사하고 있는데 그 가사의 일부를 보면 "매일 밤 나는 꼭 끼는 청바지를 입고 블루 보이 매거진(여성용 외설 잡지)의 페이지들을 넘깁니다. 나는 새로운 흥분을 기대합니다."이다.

이 노래의 제목에서 'Bop'이란 단어는 원래 재즈 리듬의 한 종류를 의미하는 것이지만 여기서는 자위행위 하는 모습을 묘사하는 단어로 사용되고 있다.

여섯 번째로, 모틀리 크루(Motly Crue)의 "10초간의 사랑"이다. 이 노래는 엘리베이터 안에서의 섹스를 묘사하고 있다.

일곱 번째로, 롤링 스톤스(Rolling Stones)가 발표한 "Necrophilia"라는 앨범이다. 이 'Necrophilia'라는 단어는 헬라어의 'Necro(죽음이라는 뜻)'와 'Philia(사랑이라는 뜻)'가 합친 말로, 이는 시체와의 성관계를 묘사하는 단어이다.167)

여덟 번째로, 독일의 스콜피온스(Scorpions: 전갈이라는 뜻으로 눅 10장 19절에서는 사탄의 세력을 나타내는 상징어로 사용됨)가 발표한 "동물 자성술(Animal Magnetism)"이라는 앨범이다.

---

166) Ibid., p. 90.
167) Ibid., p. 91.

이 앨범의 표지는 해변을 배경으로 하여 한 손에 깡통을 든 한 남자의 모습과 그 옆에서 바라보고 있는 소녀, 그리고 남자에게 가까이 접근한 한 마리의 검은 개의 모습이 등장하고 있는데 이는 동물과의 성관계를 암시해 주고 있는 사건이다.

동물 자성술이란 마법이나 심령 과학에 관련된 사람들에게 나타나는 것으로서 동물에게 최면을 걸어 그 사람의 의도대로 사용하는 것을 의미한다.

아홉 번째로, 폴 영(Paul Young)의 "Sex"이다. 이 노래는 후렴 부분에서 섹스라는 외침이 30여 번이나 계속되고 있다. 그리고 "미인과 야수"라는 노래는 가사 전체가 기묘한 신음 소리로 가득 차 있고, "편지"라는 노래의 가사는 "네 남편의 씨앗이 내 몸에서 자라고 있다."는 편지를 정부의 본처에게 보낸다는 여성의 질투를 담고 있다.

열 번째로, 로드 스튜어트(Rod Stewart)의 노래이다. 그의 노래 중에 "오늘 같은 밤"은 16세 소년이 성경험을 갈구하며 동성애를 노래하는 내용이며, "불순한 비밀"은 전화 섹스를 묘사한 것으로서 그 가사의 일부를 보면 "전화 애인 내 이름을 가르쳐 줄 순 없소. 불 끄고 내 귀에 속삭여 주오 그런 얘기를, 난 누워 혼자 애무하겠소. 당신의 입술을 느끼려오."이며, "춤을 추겠소"라는 노래는 17세의 소녀를 방과 후 자동차에 태워 숲 속으로 유인한 다음, 이빨로 소녀의 옷을 물어뜯어 욕보인다는 끔찍한 가사를 담고 있다.168)

열한 번째로, 마돈나(Madonna)이다. 이 마돈나는 미국의 여가

168) Ibid., pp. 92～93.

수로서 1980년대 후반부터 관능적인 몸매와 무대 매너로 최고 인기 대열에 드는 가수가 되었다.

그녀는 십자가를 몸에 지니고 다닌다. 그런데 그 이유는 너무나도 놀랍다. "나는 십자가 수난상의 그 남자를 육체적으로 사랑하기 때문에 십자가를 가지고 다닌다." 그녀의 말이다.

마돈나가 무대 위에서 십자가를 모독하는 행동은 가히 기가 막힐 정도이다. 그녀는 십자가를 흔들면서 몸을 앞뒤로 흔들고 무대 위를 구르고 남자 무용수들과 마치 성행위를 하는 듯한 야릇한 몸짓을 취한다.169)

자신이 대중 앞에서 선정적으로 또한 방탕한 여자로 보이도록 의도적인 모습을 취한다.

"성은 내 이미지의 일부이다. 나는 이를 자랑스럽게 여긴다."라는 그녀의 말은 이를 잘 대변해 준다.

그녀의 비디오는 노골적인 성행위를 보여주기도 한다. 마돈나는 자신의 체모까지 드러내는 나체 사진집 Sex를 발간하기도 하였는데 이 사진집은 추악한 성행위를 묘사하였으며 예술성과는 전혀 관계가 없다. 동성애 변태적인 성행위를 묘사하여 전 세계적으로 상당한 충격을 주었다.170)

열두 번째로, 팻 베나타(Pat Benatar)이다. 조그만 체구의 여성 가수인 그녀는 섹스를 주제로 한 노래를 파괴적이고 폭발적으로 부른다. 그녀는 "당신의 가장 훌륭한 총으로 나를 쏴라."고 말한다.171)

---

169) 최광신, 『사탄은 대중음악을 정복하지 않았다』(경기: 두돌비, 1990), p. 38.
170) Ibid., p. 60.
171) Ibid., p. 61.

열세 번째로, 포인터 시스터스(Pointer Sisters)이다. 그녀들은 "나는 흥분되었다"라는 노래에서 "나는 너에게 들어가기를 원해. 제발, 나는 만족할 수 없어요. 천천히 움직여 줘요."라고 노래한다.172)

열네 번째로, 엑스 재팬(X - Japan)이다. 엑스의 음악에서 성은 빼놓을 수 없는 주제다. 엑스가 그려내는 성은 건강하고 아름다운 성과는 거리가 한참 멀다. 엑스의 음악을 흔히 'SM'적이라고 하는데, 이 머리글자는 다름 아닌 사디즘과 마조히즘을 가리키는 것이다. 사디즘(Sadism)이란 가학적 변태성욕을 의미하며, 마조히즘(Masochism)이란 피학대 변태성욕을 의미한다.

> 잔악무도한 내용으로 유명한 "Sadistic Desire"의 가사를 보면 "정신이 들면 어두운 방 안 숨을 죽이고 방황하네. 온몸을 더듬는 입술 뼛속까지 핥아 가네. 손톱을 세우는 광기 콧노래를 부르며 육체를 물어 끊네. 천진난만한 여인을 웃으면서 고통을 주어 죽이고…… 오, 그래 나는 무아지경이야…… 휘감기는 섹시한 미친 여자의 손목을 토막 내고 정답게 미소 짓네. 미친 여자를 벽에 매달고 Hanging on the wall! ……"이다.

이 노래는 "Standing Sex"와 같은 노골적인 변태적 성을 노래하는 것이다.

또한 "Orgasm"에서는 여성의 음란한 신음 소리가 등장하기도 한다.173) 그 노래의 가사 일부를 보면 "Get to Orgasm, get to Orgasm, 몸을 녹여라(Just like death) Get to Orgasm, get to Orgasm, 깊숙이 푹 찔러라(Just like death)."이다.

엑스의 변태적 성의식은 그들의 공연에서 더욱 생생하게 드러

---

172) Ibid., p. 63.
173) 강인중, 『대중음악 볼륨을 낮춰라』(서울: 낮은울타리, 1999), p. 102.

난다. 가슴을 다 드러낸 반라의 여인들이 등장하여 포르노에 가까운 성행위 장면을 연기한 후 밧줄로 꽁꽁 묶고 눈을 가린 요시키를 채찍으로 내리치는 변태적 장면에서 이들의 음란성은 극한에 도달하고 있다.174)

열다섯 번째로, 엄정화의 "초대"이다. 이 노래의 뮤직 비디오는 남성에게 화끈한 성적 서비스를 제공하기 위해 목욕과 마사지로 몸을 푸는 내용을 담은 과감한 스토리로 구성돼 있다.

열여섯 번째로 박진영의 "Honey"이다. 이 노래에서는 낯 뜨거운 안무 장면이 등장하기도 한다.175) 이 박진영은 비록 비닐로 된 투명한 옷은 입었지만 팬티만을 입고 무대에 선 자이기도 하다.

그가 부른 노래 중에 "엘리베이터 안에서"라는 노래가 있는데 그 노래의 가사 일부를 보면 "엘리베이터 안에서 우린 사랑을 나누었지. 지하에서 위층까지 벨이 울릴 때까지……"이다. 이 가사의 의미는 엘리베이터 안에서 눈만 맞으면 그 상대가 누구이든 간에 무엇이든지 할 수 있다는 변태적인 성을 의미하고 있는 것이다. 이러한 퇴폐적인 성을 가사로 한 노래가 인기리에 불리고 있다는 것은 실로 충격적인 일이 아닐 수가 없는 것이다.

또한 그가 기자와 인터뷰한 내용이 여성 주간지에 실렸는데 그 내용인즉 박진영은 자신의 아내를 성관계 파트너로 본다는 것이다. 그리고 성관계를 즐기다가 싫증이 나면 언제든지 이혼을 하고 다른 여자를 찾겠다는 것이다. 이러한 퇴폐적이며 파렴치한 자가 가요계의 정상에 있으며, 자신의 후속으로 박지윤이라는 여가수를

---

174) Ibid., pp. 103~104.
175) Ibid., p. 35.

연예계에 등장시켜 청소년들의 성을 극도로 오염시켜 가고 있다.

　이 박지윤은 "성인식"이라는 노래를 가지고 등장하였는데 이 노래 가사의 중심 주제는 이제 성인이 되었으니 내 몸을 가지라는 것으로서 바른 성의 가치관을 무너뜨리고 있는 것이다.

5. 문화와 사탄의 대중매체

NUMBER FIVE. THE POPULAR MEDIA OF THE
CULTURE AND THE SATAN

5.1. 뉴 에이지와 영화

다윗의 범죄는 '보는 것'에서부터 시작이 되었다. 아담과 하와
도 '봄 직'한 것에 넘어가 버렸다. 인간이 얼마나 보는 것에 약한
가 하는 것을 잘 보여주는 대표적인 사례이다.

눈이 보배이지만 눈을 통해 세상의 악한 것이 다 들어오게 마
련이다. 사탄은 결코 영화를 포기하지 않을 것이다.

영화 속에는 무엇이나 집어넣을 수 있는 장치가 완벽하게 마련
되어 있다. 이론도, 음악도, 사랑도, 즐거움도, 허무도, 심지어 구
원의 메시지까지도 무엇이나 마음만 먹으면 감춰둘 수 있는 마법
의 상자와 같다. "나는 에어리언이나 텍사스 대학살을 보고 난 뒤
기분이 상쾌했다. 영화는 카타르시스를 제공할 수 있다."라고 끔
찍한 영화를 주로 만드는 조너던 뎀 감독은 서슴없이 말한다.

영화는 무엇이든지 표현해 낼 수가 있다. 잘 쓰면 인생의 아름
다움을 관조하거나 깊은 의미들을 반추해 내도록 도와줄 수 있지
만 잘못 쓰면 형편없는 가치관을 심어 놓아 엉뚱한 방향으로 빠
지게 할 수 있는 게 영화의 능력이다.

사실 영화가 사회 변화를 주도한다기보다 사회의 부조리한 면
을 과장하거나 극적으로 보여줌으로써 어둠의 세력이 빠르게 확
산되는 데 일조한다고 보는 편이 더 옳을 것이다.

좋은 영화보다는 그렇지 않은 영화가 더 많이 나오고 계속해서
히트하는 이유는 인간의 본능을 자극하여 죄가 주는 쾌락을 즐기
게 해 주기 때문이다. 영화는 보는 문화의 결정판이다.

영화는 수많은 사람들을 먼저 '관음증환자'로 만든 다음 영상으로부터 받은 충격을 일상에 적용하고 싶어지게 한다. 영화가 죄를 실습하는 교과서 역할을 할 것이다. 사탄은 결코 영화를 포기하지 않는다.176)

5.1.1. 잠재의식에 미치는 영화의 영향

'역하지각(閾下知覺)'이란 단어는 심리학적인 용어로서 수용자가 그것을 지각하지만 자신도 모르는 사이에 받아들이게 되는 것을 말한다. 즉 사람의 잠재의식을 사용하여 어떤 메시지를 전달할 때 사용할 수 있는 자극 현상인데 잘못된 사상이나 내용을 주입시킬 때 이용되기도 한다.

현대인은 '잠재의식 메시지'에 노출되어 있다고 해도 과언이 아니다.

오늘날 영화나 비디오 등에 감각으로는 직접 느낄 수 없지만 이 메시지에 노출된 사람들의 잠재의식은 그러한 정신들을 자연스럽게 받아들이는 것이다.

1950년대에 어떤 연구자가 영화 필름 사이에 "팝콘을 드세요."라는 자막을 간간이 넣었다. 이 자막은 한 커트씩 지나갔기 때문에 1초당 열 몇 장면이 연결되어야 움직이는 화면을 느낄 수 있는 사람의 눈에는 보이지 않는다. 그러나 잠재의식은 그저 스치듯이 망막을 지나가는 이 자막을 읽는데 실제로 영화가 끝난 뒤 극

---

176) 신상언, 『대중문화 최후의 유혹』(서울: 낮은울타리, 1993), pp. 135~136.

장 안의 대부분 사람들이 팝콘을 사러 몰려든 것을 봐도 알 수 있는 것이다.177)

뉴 에이저들은 영상 매체를 적극 활용하고 있다. 이것은 마치 전쟁이 벌어져 상대방의 국가에 침투했을 때 제일 먼저 방송국을 점령하는 것과 똑같은 이치이다.

뉴 에이지 영화를 구별하는 법을 정리해 보면 첫째로, 성령이 아닌 어떤 영혼과의 만남을 시도하는 영화이다. 그것이 코미디이든 그렇지 않든 접신을 강조하는 영화를 조심해야 한다. 성경은 모든 우상 숭배자와 접신자와 술객이 받을 형벌을 분명히 알려 주고 있다.

둘째로, 성서의 내용을 주제로 하거나 소재로 하되 전혀 다른 내용을 다루는 영화이다. 예를 들어 "레이더스"에서는 하나님의 법궤에서 악령이 나오게 하였으며, "오멘"에서는 계시록의 666을 오히려 사탄이 승리하는 쪽으로 만들었다.

셋째로, 구원에 대한 그릇된 가르침이다. 인간의 노력이나 다른 종교를 통해 구원에 이를 수 있다는 내용이다.

넷째로, 부활이 아닌 환생을 보여주는 영화이다. 뉴 에이저들은 인간이 죽으면 무조건 다음 세상에서 환생한다고 가르치는데 이것은 불교의 환생설하고도 전혀 다르다.

즉 불교에서는 그나마 윤리성을 띠고 있지만 뉴 에이지에서는 점진적 진화론적 환생설로서 죽은 사람은 누구나 내세에 더 나은 존재로 태어난다는 것이다.

다섯째로, 그리스도를 부인하거나 왜곡시키는 영화이다. 프랑스

---

177) 신상언, 『사탄은 마침내 대중문화를 선택했습니다』(서울: 낮은울타리, 1992), pp. 23~24.

의 자존심을 걸고 만들었다는 "아름다운 이야기"나 "그리스도 최후의 유혹", "몬트리올 예수" 같은 영화이다.

여섯째로, 하나님만이 할 수 있는 일을 인간이나 다른 신이 대신할 수 있음을 보여주는 영화이다. "미녀와 야수"에서 여자의 눈물이 죽은 인간을 살릴 수 있다거나 "E.T."가 손의 빛으로 상처를 치유할 수 있음을 보여주는 경우이다.[178]

5.1.2. '사랑과 영혼'의 사탄적인 성격

원제가 'Ghost'였던 이 영화의 문제점은 첫째로, 남녀 간의 사랑을 지나치게 에로틱한 모습으로 그려 놓았다는 점이다.

둘째로, 접신 행위를 긍정적이다 못해 권장하는 식으로 그려 놓았다는 점이다. 사랑을 위해서는 그 어떤 것도 허용된다고 하지만 크리스천의 입장에서 이 부분은 특히나 예민하게 관찰해야 할 부분이다.

접신은 고대로부터 있어 온 인간의 영적 타락 행위였으며, 사랑의 하나님께서 제일 싫어하셨던 것이다.

사무엘상 28장에 사울과 엔돌에 사는 영매가 나오는데 이는 마치 '사랑과 영혼'에 있어서의 접신녀 오다메이의 행각과 너무나 유사한 장면을 목격하게 되는 것이다.

접신이란 사울이 평복으로 변장하고 엔돌의 영매를 찾아가 부탁했던 것처럼 사람들은 종종 자신의 이기적 욕망을 달성하기 위

---

178) 신상언, 『대중문화 최후의 유혹』(서울: 낮은울타리, 1993), pp. 62~63.

해 죽은 영혼과의 접촉을 끝없이 시도하려는 것이다.[179]

오늘날에도 무당이나 점쟁이들이 무슨 장군의 영혼과 함께 있다고 고백하는 것을 들을 수 있는데 접신 행위에 있어서 그것은 속임수에 불과하다. 왜냐하면 죽은 사람의 영혼은 절대로 이 세상에 다시 올 수 없기 때문이다.

누가복음 16장 19절로 31절에 기록된 부자와 거지 나사로의 이야기 중에서 30절에 부자가 "만일 죽은 자에게서 저희에게 가는 자가 있으면 회개하리이다."라고 하자 31절에 "비록 죽은 자 가운데서 살아나는 자가 있을지라도 권함을 받지 아니하리라."고 말씀하시면서 죽은 자는 절대로 다시 세상으로 갈 수 없음을 말씀하고 있다.

사울이 보았던 사무엘의 모습도 진짜 사무엘이 아니라 사무엘의 모습으로 변장한 사탄의 모습이었다.

사탄은 과학과 문명이 발달한 오늘날에도 신비한 마술이나 심령술 또는 종교적인 접신 행위를 통해 자기의 추종자들을 다스려 나가고 있다.

사람의 미래를 알아맞히고 재수를 알려 주고 불행을 예고하면서 조금씩 자기편으로 끌어들인 다음 사탄이 하는 일이란 그 사람을 철저하게 이용, 하나님 나라의 확장을 방해하는 것이다.

"사랑과 영혼"을 보고 있노라면 성경에서 그토록 철저하게 금지되어 온 접신 행위가 아주 자연스럽게 소개되고, 따라서 '있을 법한 일'이나 '한 번쯤 해 볼 만한 행위'라고 느끼게끔 관객을 유도하는 것이다.

---

179) 신상언, 『사탄은 마침내 대중문화를 선택했습니다』(서울: 낮은울타리, 1992), p. 101.

셋째로, 이 영화가 가지고 있는 문제점은 사후 세계에 관한 기독교적 가치관을 정면으로 뒤흔들어 놓았다는 것이다.

예수 그리스도를 영접해야만 구원을 얻는다는 하나님의 말씀을 부인하고 인간의 선악으로 천국과 지옥을 가름한다는 주장은 오래전부터 사탄주의 자들이 주장해 온 내용이었다.

이 영화에서 볼 수 있는 눈물 나는 사랑의 라스트 신인 샘 위트가 연인이었던 몰리 젠슨 곁을 떠나 천국으로 들어가는 장면에서 감정적인 사람이라면 누구나 눈시울을 닦아 내야 할 것이다. 이제 사탄은 문화라는 매체를 통해 자신의 메시지를 구체적으로 전달하기 시작했다.[180)]

이 영화의 원래의 제목은 앞서 말한 바와 같이 "Ghost"로서 귀신, 유령을 뜻하고 있다. 이처럼 이 영화는 제목부터가 불미스러운 것이다. 그리고 이 영화는 원래 청소년이 부모와 함께 손을 잡고 가서 보아야 하는 등급으로 분류되었었는데 우리나라로 넘어오면서 제목에 '사랑'이라는 말이 하나 더 첨가되어 "사랑과 영혼"이 되었고, 등급의 분류도 완화해져서 청소년들이 볼 수 있게 되었다. 이 첨가된 '사랑'이라는 말은 그 어떠한 악함도 감싸 주는 듯한 포근함을 안겨 준다.

이와 같이 제목이 사랑과 영혼으로 바뀌었으면 내용도 바뀌어야 하는데 그렇지가 않다. 이는 감미로운 독약을 더 첨가한 것으로 볼 수가 있다.

특별히 영화는 우리를 울게도 하고, 웃게도 하면서 우리의 정신 상태를 혼란케 하는 데 일조를 한다. 그리고 그 혼란한 정신 상태

---

180) Ibid., p. 102.

가 되면 보는 이의 무의식을 압도해 버리는 것이다.

사실 우리나라에서 방영되는 영화는 권장할 만한 것이 없고 우리의 정신 건강에 해를 끼치는 것들뿐이라고 해도 과언이 아닐 정도로 심각하다.

제목이 기독교적이라고 하더라도 그 영화에서 말하고 있는 것은 지극히 반 기독교적이다.

특별히 이 영화에서는 남녀 간의 사랑을 때로는 감미롭게 표현하고 있지만 지극히 동물적으로, 퇴폐적으로, 저질적으로 표현하고 있다. 그리고 감수성이 예민한 청소년들의 영혼을 노리고 있다.

그 내용은 남녀 주인공이 도자기를 빚으면서 정말 볼 수 없을 정도로 진한 애무를 동물적으로 하는 내용이다.

또한 사무엘상 28장을 패러디한 장면도 나오는데 사울왕과 엔돌에 사는 영매가 만나는 장면을 이 영화에서도 '우피 골드버그'가 접신녀 '오다메이'로 등장하여 교묘하게 표현하고 있다.

또한 예수 그리스도를 통해서만 천국에 갈 수 있다는 지극히 당연하고 위대하며 평범한 진리를 왜곡시키고 인간의 선함을 통해서 천국에 갈 수 있다는 것을 암시하고 있다.

그리고 한 여인인 샘 위트(원래 이름은 패트릭 스웨이지)와의 사랑을 몰리 젠슨(원래 이름은 데미 무어)이 죽어서도 잊지 못하며 떠돌면서 여인과 사랑을 나누는 장면, 바로 이 장면은 거룩한 분노를 유발시키기에 충분한 것이다.

이 장면은 귀신과 사람의 만남을 사랑이라는 이름으로 자연스럽게 묘사하여 혼란을 주고자 하는 사탄의 의도가 짙게 깔려 있다.

그런데 이 영화는 많은 기독교인들이 보았다. 또한 공식적으로

4백50만 명이 관람하였다. 이것은 땅을 치고 통곡할 일인 것이다.

또한 이 영화를 통해서 사탄은 사람들로 하여금 눈물을 흘리게 하였다. 그들이 눈물을 흘릴 때에 사탄은 쾌재를 불렀을 것이다. 그 눈물은 아무런 가치 없는 헛된 눈물이며 하나님의 진노를 사는 눈물인 것이다. 그리고 사탄이 흘리게 한 감성적인 눈물에 지나지 않는 것이다.

이 영화를 보고 눈물을 흘린 자는 자신의 어리석음을 하나님께 회개해야 할 것이다. 그리고 누가복음 23장 28절에 기록된 예수님의 말씀처럼 우리 자신과 우리의 자녀들을 위하여 울어야 할 것이다.

5.1.3. '그리스도 최후의 유혹'의 적 그리스도적인 성격

마틴 스콜세지(Martin C. Scorsese)가 감독하고 윌렘 대포(William Dafoe)가 주연한 이 영화는 국제 CCC 총재인 빌 브라이트(Bill Bright) 목사로부터 이 영화가 신성 모독적인 내용으로 가득 차 있기 때문에 제작을 포기하게 하거나 아니면 비싼 돈을 주더라도 아예 필름을 사 버리려는 시도를 했지만 둘 다 실패로 돌아갔다.

서울 올림픽이 열렸던 해인 1988년도에 이 영화는 미국에서 개봉되었고 일부 가톨릭 신자들의 항의에도 불구하고 흥행에 성공을 거두어 미국 8대 영화로 뽑히기도 하였다.

그로부터 10년 후인 1998년 5월 22일 이 영화는 한국에 공연예술진흥협의회의 수입 심의를 통과하였다. 이 영화는 성경상 예수의 삶을 좇아 진1행되고 있다. 그러나 이 영화 속의 예수는 자신이 메시아라는 것에 대해 의구심을 품고 오락가락 정체성을 찾지 못한 존재이며 꿈이라는 설정 속이긴 하지만 십자가를 포기하고 내려와 창녀와 결혼한 뒤 애까지 낳게 되는 나약한 인간의 모습을 드러낸다. 이런 예수에게 오히려 길을 제시하는 가룟 유다의 모습과 예수의 인성을 섹스로 대체시켜 놓았고 자유로운 상상력의 발휘라는 미명하에 마구 거짓말을 쏟아 내고 있다.

이 영화는 지금까지 지구상에서 만들어진 예수 그리스도에 관한 영화 중에서 이만큼 왜곡되고 모독적인 것은 없을 정도로 심각한 것이다.[181]

이 영화의 문제점은 첫째로, 십자가상에서 꾼 꿈속에서는 평범하게 가정을 이루고 사는 예수의 모습이 그려진다. 이것은 예수가 정말 인류의 죄를 대신 짊어진 메시아였는가에 대한 의심을 불러일으킬 수 있다.

둘째로, 마리아와의 정사 장면을 보여줌으로써 예수를 인간적 욕망으로 가득 찬 존재로 왜곡하여 묘사한다.

셋째로, 예수가 목수였다는 것은 사실이지만 로마 군인에게 사형장의 십자가를 납품하는 업자로 예수를 묘사해서 매국노로 지탄을 받는다는 설정은 도가 지나친 발상이 아닐 수 없다.

넷째로, 예수를 판 제자 유다를 정의가 넘치고 오히려 예수를 진리로 인도하는 사람으로 그리고 있다.

다섯째로, 당시 유대 사회의 배경을 이교도적으로 그리고 있는 것도 관객들을 당황케 만드는 일이다. 세례 요한이 세례를 주는

---

181) 신상언, 『사탄은 마침내 대중문화를?』(서울: 낮은울타리, 1992), pp. 189~190.

장면에서 나체로 미친 듯이 몸을 흔드는 여자들의 모습은 상식적으로 이해하기 힘든 부분이다.

여섯째로, 성경에 없는 사실들이 너무 많다. 시작 부분에서 이 영화가 성경에 기초하고 있지 않다고 설명하지만 성경이 말하는 예수의 생애를 바탕으로 진행하는 한, 성경상의 오류를 범해서는 안 된다.

예수의 몸에서 심장을 꺼내는 기괴한 모습을 비롯해 영화 구석구석에는 성경이 말하고 있지 않은 것들이 나열되고 있다.

일곱째로, 초자연적인 일을 형상화시킴으로써 영적 세계를 제한하고 오해를 일으키는 점도 문제이다. 예수의 광야 시험에 나오는 뱀과 사자, 특별한 이유 없이 손에 흐르는 피 등은 거룩한 상상력을 왜곡되게 제한시켜 버린다.

여덟째로, 특히 사도바울이 증거하는 메시아가 사실은 꾸며 낸 이야기라는 꿈속의 설정은 그것이 비록 꿈이라고 하는 비현실 공간에서 이루어지는 것이라 하여도 예수의 진리성에 손상을 입힐 우려가 있다.

아홉째로, 영화 초반에서 예수가 하나님의 아들이 아닌 그저 진리를 찾아 길을 떠나는 구도자로 나타남으로써 끊임없이 자신의 존재에 대해 의심하는 허약한 인간으로만 보일 뿐이다.[182]

이상의 내용들에 비추어진 문제점들을 성경적으로 자세하게 분석하여 살펴보고자 한다. 이 영화에서는 이 세상을 구원하러 오신 예수님을 다른 모습으로 묘사하며, 예수님을 유일한 구원자로 믿는 것을 무색게 한다.

---

182) Ibid., pp. 194~195.

그리고 이 영상물은 19세 미만 금지가 삽입될 정도로 위험천만한 영상물이다. 예수 그리스도를 다루는 종교적 영화임에도 불구하고 위험성이 있는 것은 성경에 비추어진 예수님과 달리 묘사되어 있기 때문이다.

첫 번째로, 이 영화에서 예수님이 십자가를 지고 있을 때 수호천사라는 소녀가 나타나게 되는데 이 설정은 예수님을 나약한 인간으로 치부해 버리기에 충분한 것이다.

수호천사란 말 그대로 보호해 주며 지켜 주는 역할을 하는 것인데 하나님이신 예수님에게 그러한 수호천사가 필요하다는 것은 신성모독이 아닐 수가 없는 것이다.

두 번째로, 이 영화에서 수호천사는 먼저 예수님의 머리 위에 씌어져 있는 가시 면류관을 벗기고 발에 박힌 못부터 빼며 그 못을 뺀 자국을 없애기라도 하는 것처럼 입맞춤을 한다. 또 손에 박힌 못을 빼고서도 그 상처 부위에 입맞춤을 한다.

그러나 그 못은 우리를 구원하시기 위해 박히신 것이기에 뺀다는 것은 구원이 무효화된다는 의미를 함축하고 있는 것이며, 그 흔적 또한 우리를 구원했다는 증거의 흔적이므로 남아 있어야 하는 것이다. 예수님께서 부활하신 후에 의심 많은 도마에게 그 흔적을 보여주신 것처럼 말이다(요 20:27). 사도바울도 갈라디아서를 마치면서 6장 17절에 이 후로는 누구든지 나를 괴롭게 말라 내가 내 몸에 예수의 흔적을 가졌노라고 하였다.

세 번째로, 이 영화에서 수호천사는 예수님께 말하기를 하나님께서 아브라함으로부터 이삭을 제물로 원하지 않으시고 살리신 것처럼 예수님의 피를 원하지 않는다고 말한다.

이 말은 실로 충격적인 말이며 인류의 유일한 구원의 표인 예수 그리스도의 피를 제거하고자 하는 사탄의 계략임이 분명한 것이다.

히브리서 9장 22절 하반부의 말씀처럼 피 흘림이 없은즉 사함이 없는 것이다. 그리고 수호천사의 도움으로 십자가에서 내려오신 예수님은 내가 메시아가 아닌가라는 의구심을 품게 되는데 이 대사는 보는 이로 하여금 예수님이 진정한 구원자인가에 대해서 의심을 품게 하는 것이다.

네 번째로, 이 영화에서 예수님은 수호천사와 길을 걷다가 세상이 달리 보인다고 말씀하시며 세상이 바뀐 것이 아니냐고 물어보자 수호천사가 대답하기를 마음과 세상의 조화가 천국이라고 하며 세상은 그대로인데 예수님의 마음이 바뀌었음을 피력하는 것이다. 이는 지상천국주의를 의미하는 것으로서 이단의 사상인 것이다.

다섯 번째로, 이 영화에서 십자가에서 내려오신 예수님은 한 여인을 만나게 되는데 그 여인은 막달라인으로서 마리아로 추정된다. 그 여인과 예수님은 외설영화에서나 볼 수 있는 진한 포옹을 하고 예수님의 몸에 묻어 있는 피를 여인이 닦아 준다. 피는 무엇을 의미하는 것인가? 예수님의 피는 다름 아닌 구원과 직결되는 것이다. 그런데 이 피를 닦는다는 것은 구원을 희석시키는 것이며 제거하는 것이다.

피를 닦고 난 다음에 진한 입맞춤을 하고 서로 나체의 몸이 되어 예수님이 섹스를 유도한다. 그 섹스의 장면은 마치 성의 욕구에 굶주린 사람과도 같이 묘사되어 있기에 거룩한 분노를 유발시키기에 충분한 것이다.

또한 섹스를 하고 우리는 아이를 낳을 수 있다고 여인이 말하고 임신하는 장면이 묘사된다. 이는 철저히 예수님의 신성을 부인하고 인성만을 드러내는 것으로서 이로 하여금 예수 그리스도에 대한 진정한 신앙을 저버리게 하는 것이다.

여섯 번째로, 이 영화에서 여인이 죽자 예수님은 날이 선 도끼를 들고 복수를 하기 위해 나아가는데 이는 마태복음 5장 44절에 기록되어 있는 너희 원수를 사랑하라 말씀과 상반된 의미인 것이다.

그러한 예수님을 향해 수호천사가 말하기를 "당신의 아버지이신 신을 죽이러 가는 거예요"라고 한다. 그리고 슬픔과 비탄에 차 있는 예수님을 수호천사가 머리를 쓰다듬으며 위로한다. 이는 참으로 어처구니없는 일이다. 예수님은 모든 인류의 위로자이시지 위로를 받는 자가 아님에도 불구하고 예수님이 위로를 받으시는 자로 묘사돼 있는 것이다.

또한 그 여인의 죽음에 대해서 예수님을 향해 수호천사가 말하기를 "가장 행복할 때 데려간 거예요, 그 대신 당신을 살려 주었죠. 그녀의 몸속에 당신의 아들이 자라고 있어요."라고 한다. 이 말은 앞뒤가 뒤바뀐 말이다. 그 이유인즉 예수님의 죽으심으로 우리가 살아난 것이기 때문이다.

그런데 여인의 죽음으로 예수님이 살게 되었다는 것은 예수님의 인성을 지나치게 드러낸 나머지 예수님을 한낱 연약한 인간으로 치부해 버리는 것이다. 그리고 수호천사는 예수님께 말하기를 "당신이 곁길로 빠지지 않도록 당신을 보호하겠어요."라고 말한다. 이것 또한 예수님을 인간으로 치부해 버리는 것임이 틀림이 없는 것이다.

일곱 번째로, 이 영화에서 수호천사의 도움으로 십자가에서 내려온 예수님은 이제 목수로 남게 된다. 그러나 예수님은 공생애를 시작하기 전에 목수의 일을 했을 뿐이지 공생애 이후에는 목수의 일을 행하지 아니하셨다. 예수님은 목수의 일을 행하면서 자신이 지금까지 잘못을 저지른 것을 후회하게 된다. 그 후회 속에는 자신이 메시아로 잘못 알았던 것에 대한 후회도 포함되어 있다.

이러한 예수님의 후회를 통해 보는 이로 하여금 예수님이 진정한 메시아인가에 대한 의심을 조장하는 것이다.

여덟 번째로, 이 영화에서 예수님은 자신이 낳은 아이를 품에 안고 장바구니와도 같은 것을 손에 쥐고 자신의 부인과 함께 길거리를 행보하는 장면이 묘사되는데 이는 예수님은 단순한 인간으로 여기는 것이며, 그의 하나님 되심을 부인하기에 충분한 것이다.

아홉 번째로, 이 영화에서 예수님이 자신의 가족과 길거리를 걷다가 노상에서 사람들을 향해 웅변하는 자를 보게 되는데 그는 신약의 사도바울이다. 그 연설 중에 사울이 자신의 과거를 말하는데 도적질과 계집질을 하였던 자라고 자신을 소개한다. 이는 전혀 성경에 없는 부분인 것이다.

열 번째로, 이 영화에서 예수님의 생에 대해서 소개되기를 천사의 씨를 심어서 태어난 자라고 한다. 그러기에 예수는 사람의 아들이 아니라 신의 아들이라고 소개된다. 이것은 구원에 있어서 가장 중요하다고 말할 수 있는 동정녀 탄생이 철저히 부인되는 것이다. 그리고 예수님이 사람의 아들이 아니라 신의 아들이라는 표현은 맞는 것 같지만 이 말이 천사의 씨를 심어 태어났다는 것에 근거한 것이므로 이 또한 합당치 않는 것이다.

열한 번째로, 이 영화에서 사울과 예수님의 대화를 살펴보면 예수님이 자신에 대해서 말하고 있는 사울에게 물어보기를 "당신이 사후의 예수를 보았소?"라고 하자 사울이 대답하기를 다락방에 나타났다고 대답하는데 이것은 성경에 근거하지 않는 내용이다. 사울은 다락방에 아닌 다메섹 도상에서 예수님을 만났기 때문이다.

그러자 예수님은 사울에게 그가 한 말이 거짓말이라고 하면서 "내겐 십자가도 없고 부활도 없다. 마리아와 요셉의 아들이 나다. 내가 십자가를 졌지만 신이 풀어주었다. 나는 버젓이 아들을 낳아 키우고 있다. 네가 계속 거짓말을 한다면 내가 진실을 말해 버리겠다. 거짓말로는 세상을 구원할 수 없다."라고 말하였다.

이 대사는 진실을 왜곡하는 것으로서 이 중에 예수님의 십자가를 신이 풀어주었다는 것은 성경과 상반된 의미를 가지고 있다.

왜냐하면 마태복음 26장 39절의 말씀처럼 십자가를 지지 않는 것이 하나님의 뜻이 아니라 십자가를 지는 것이 하나님의 뜻이기 때문인 것이다.

열두 번째로, 이 영화에서 예수님을 판 유다가 예수님을 배신한 자임에도 불구하고 예수님을 향해 배신자라고 한다. 그리고 유다가 예수님이 십자가를 회피한 것에 대해서 책망을 하며 권면을 한다.

그 내용은 "당신의 자리는 하나님이 주신 십자가가 아니오, 죽음이 무서워서 도망한 거요, 나는 당신을 만난 날을 저주하오, 난 당신의 말을 듣고 당신을 사랑한 나머지 배신했소, 여자 품에서 아이까지 낳으면서 왜 십자가를 버렸소, 당신은 모를 거요, 수호천사를 하나님께서 보내셔서 날 구해 주었소, 당신이 이렇게 죽으면 보통 인간이오."이다.

이 대사는 인간이 하나님이신 예수님을 책망한 것이라는 이유 하나만으로도 도저히 납득이 가지 않는 것이다.

인간이 생을 살면서 많은 만남이 있지만 그중에서 가장 중요하고도 기쁘며, 복된 만남은 바로 예수님과의 만남이다. 그런데 유다는 오히려 그 만남을 저주한다고 말한다. 또 그가 예수님을 배신한 것을 사랑하기 때문이었다고 합리화시킨다. 그리고 이렇게 죽으면 보통 인간에 불과하므로 십자가를 다시 지라고 권면한다.

예수님께 십자가를 지라고 권면할 자는 다름 아닌 하나님이시다. 그러므로 이 대사는 유다가 하나님의 자리를 대신하고 있다는 것을 함축하고 있는 것이다.

열세 번째로, 이 영화에서 유다의 권면을 들은 예수님은 몹시 괴로워하며 자신이 누워 있던 침대에서 내려와 몹시 힘겹게 꿈틀거리면서 집 밖으로 나가는 장면이 묘사되고 있다.

이는 예수님의 연약한 인성을 지나치게 드러내는 것으로서 보는 이로 하여금 예수님도 어쩔 수 없는 인간에 지나지 않는 자라는 것을 상기시키는 것이다.

열네 번째로, 이 영화에서 유다의 권면을 듣고 집 밖으로 나오신 예수님은 두 손을 하늘을 향해 높이 드시고 기도하신다.

그 기도의 내용은 "아버지 제 말을 들어주십시오. 용서해 주십시오. 더 이상은 못 하겠습니다. 인류를 구원할 기회를 주십시오. 다시 십자가에 달리게 해 주십시오. 메시아가 되게 해 주십시오."이다.

이 기도의 내용 중에서 메시아가 되게 해 달라는 기도는 영지주의를 생각나게 하는 말이다. 예수님은 원래부터 메시아로서 세상에 오신 것이지 요한의 세례를 받고 메시아가 된 것이 아니다. 또한 이 대사처럼 메시아가 되게 해 달라는 기도는 예수님이 메시아가 아님을 입증하는 것이며, 유다의 권면을 듣고 예수님이 행동을 취하신 것 또한 예수님이 메시아가 아님을 입증하는 것이다.

그러나 예수님은 구약에서 예언한 진정한 메시아이시고, 그분만이 유일한 구원자이시다.

끝으로, 이 영화에서 예수님은 십자가를 다시 지시고 다 이루었다고 말씀하신다. 여기에서 다 이루었다는 말은 스스로 구원을 이루신 것이 아니라 유다의 권면을 들으시고 이루신 것이기에 구원과는 아무런 상관이 없는 것이다.

이처럼 이 영화에서는 예수님의 신성을 배제하고 인성만을 강조하여 급기야는 실패한 인간으로 묘사하고 있으며, 예수님을 판가롯 유다가 예수님에게 바른길을 제시하는 자로 묘사되어 성경의 진리를 희석시키고 있는 것이다. 이는 성경에서 말하고 있는 역사적인 사실을 왜곡시켜 정반대로 묘사하고 있는 것이다.

이와 같은 사실로 미루어 볼 때 이 영화를 만든 자는 철저하게 사탄에게 악용을 당한 것이며, 이 영화를 통해 사탄은 자신의 모습을 드러낸 것이라고 할 수 있는 것이다. 이 그리스도 최후의 유혹이라는 영화는 적 그리스도적이며, 진정한 구원관을 희석시키며, 혼란을 조장케 하는 것이다.

5.1.4. 'E.T.(Extra Terrestrial)'의 적 그리스도적인 성격

1987년 1월 14일자 미국의 영화 잡지 「버라이어트」지에서 영화 E.T.의 흥행 수입이 228,379,346.00달러라고 발표했는데 이러한 대기록을 앞질렀던 감독이 전에도 없었고, 후일에도 없을 것이라는 영화계의 일반적인 견해였다.

이 영화의 감독은 스티븐 스필버그로서 그 내용은 외계인과의 시공을 초월한 우정과 동심을 그렸다고 평가되고 있다.

또한 영화가 아니면 이룩할 수 없는 인간 상상력의 아름다움과 어린이들의 꿈을 담고 있는 작품이다.

식물 채집차 지구에 내려왔다가 홀로 남게 된 외계인 E.T.와 10세 소년 엘리엇, 그리고 그의 누이동생 거티 등 어린이들과의 우정은 시공을 초월한다.

그들의 아버지는 멕시코에 갔다고 어머니는 말하지만 실은 별거 중이다. 어른들은 E.T.와 소년들의 관계보다 과학을 내세우고 동심을 이해하지 못하는 기성인으로 그려져 있다. 이것은 꿈을 잃은 인간의 문명이나 이기심으로 얼룩진 어른들과 사회에 대한 비판으로 볼 수 있다.

그러나 인간의 가장 귀중한 원천은 동심이다. 외계인들과 친구가 될 수 있는 천진성과 믿음을 귀중히 여기는 사랑의 정신이다.[183]

어른들은 그것을 잃고 별거도 한다. 스필버그는 미국인들이 어렸을 때부터 좋아하는 우주선, 외계인 등 공상 과학적인 꿈을 이

---

183) 김호, 『성경의 입장에서 본 뉴 에이지 운동』(서울: 생명의 말씀사, 1995), pp. 173~175.

런 차원에서 전개시키면서 어린이들과 어른들에게 즐거움을 주는 것이다.

죽었던 E.T.가 초능력으로 살아나고 어른들의 벽을 뛰어넘어 자전거가 날 때의 통쾌함, 존 윌리엄스의 장중한 음악, 그리고 노란 제라늄을 받아 든 E.T.가 엘리엇과 헤어지며 "착한 사람이 되라."고 말하고 "다시 오겠다."고 할 때에 스필버그의 상상력과 그의 가슴속에 간직했던 이야기는 절정에 이른다.[184] E.T.는 갔다. 한바탕 이 땅의 아이들에게 우주의 꿈을 심어 주는 E.T.는 떠나갔다. 그러나 지금도 그 어디선가 E.T.의 신발을 신고, E.T.의 모자를 쓰고, E.T.의 책받침을 사용하며, E.T.가 다시 오기를 기다리는 아이들을 위해서 사실을 사실대로 알려 주어야만 한다.

외계에서 날아온 외계인 E.T., 그가 엘리엇의 마구간에 떨어질 때만 해도 그냥 우연이려니 했다. 그러나 E.T.는 예수님처럼 마구간에 떨어진 것이다. 처음 만난 엘리엇 엄마의 이름이 마리아였다. E.T.와 교감을 상징하는 것으로 하트인 심장을 쓰고 E.T.가 죽을 때 엘리엇이 함께 죽으며, E.T.가 완전히 죽자 이번엔 반대로 살아나게 하는 이야기로 설정되었다. E.T.의 시체 앞에서 엘리엇은 울먹이며 이렇게 말했었다. "당신은 이제 다른 세상으로 갈 것입니다. 나는 당신을 영원히, 매일같이 믿겠습니다." 실로 어처구니가 없는 것은 청교도적인 복음의 나라인 미국에서 만든 영화가 그리스도가 아닌 다른 무엇을 무의식 속에 철저히 주입시킬 수 있는가 하는 점이다. 엘리엇이 잘못해서 손을 다쳤을 때 피가 흐르는 손에 다가오는 E.T.의 빛나는 손이 의미하는 것이며, E.T.

---

184) Ibid., p. 176.

의 부활과 승천, 자전거에 태워 보내며 손을 흔드는 아이들, 다시 오겠다는 약속을 던지며 멀리 우주로 사라진 E.T., 뉴 에이지는 바로 그런 것이다.

우리의 기억 속에서 예수 그리스도를 다른 무엇으로 교묘하게 바꿔 놓는 것이다.[185] 이 영화에서는 예수 그리스도를 외계인 E.T.로 교묘하게 묘사하고 있다. 이것이야말로 영화의 대단한 위력인 것이다.

5.1.5. '몬트리올 예수'의 반기독교적인 성격

많은 사람들이 이 영화를 기독교 영화인 줄 착각하지만 실제로는 반 기독교적 영화인 것이다. 이 영화는 몬트리올 성당의 연극에 흥미를 갖고 있던 한 신부가 극 중 주인공 다니엘에게 예수의 고행을 담은 연극 대본 '산 위의 열정'을 시대에 맞게 각색하여 공연하기를 부탁하면서 시작된다.

무명의 연극 학교 출신 배우인 다니엘은 극 중에서 전혀 신앙적인 면모가 없다. 어떤 남자와 동거하고 있던 CF 모델, 지하 포르노 연극배우 등을 선정하고 함께 공연한다.

그들은 성당 주변과 자연과 도시 조형물을 무대로 삼고 이동하면서 공연을 갖는다. 예수 그리스도의 일생 중에서 십자가와 부활 사건을 소재로 하여 구성한 이 연극의 내용은 성경적인 문제점을 많이 내포하게 된다.

---

185) 신상언, 『대중문화 최후의 유혹』(서울: 낮은울타리, 1993), pp. 113~114.

이러한 연극 공연이 신부에게는 충격적인 것으로 받아들여지게 되고 주교구에서 문제가 될 것을 알자 신부는 이 연극 공연의 중지를 명한다.

그러나 이 연극 팀은 성당 밖에서 연극을 계속 진행한다. 이 연극이 공연되기 전, 극 중 예수 역을 맡은 다니엘은 CF 출신 여배우와 사랑하게 되고 그녀의 CF 촬영 현장에서 그녀가 받은 수모에 격분하여 CF 촬영 팀에게 폭력을 행사한다. 그 결과 옥외 연극 중 경찰이 다니엘을 체포하려고 하나 관객 중의 하나가 체포 경찰을 폭행하다가 다니엘은 십자가가 무너지는 바람에 머리를 다친다.[186]

다니엘은 가톨릭 병원에서 입원을 거절당하고 지하철에서 복음을 전하는 일면을 보이다가 또다시 쓰러져서 유태인 병원에 입원하게 된다.

유태인 병원에서 다니엘은 사망하고 그의 심장과 눈은 유태인들에게 이식된다. 그를 따르던 두 여배우가 지하철에서 동냥을 구하며 성가를 부르는 장면으로 이 영화는 끝맺는다.

이 영화는 한마디로 이야기하면 외설, 폭력 그리고 신성모독으로 철저하게 점철되어 나간다.

성경적 관점에서 보면 다음과 같은 몇 가지 측면의 문제점을 지적할 수 있다.

첫째, 성경 말씀의 왜곡이다. 왜곡이란 성경 말씀의 인용을 고의적으로 변경시켜 표현하거나 일부 단어나 문장을 빼 버리거나 말씀을 적절하지 않은 상황에서 잘못 인식하도록 사용하는 세 가

---

186) 신상언, 『사탄은 마침내 대중문화를 선택했습니다』(서울: 낮은울타리, 1992), p. 265.

지의 경우가 있다.

"예수 그리스도는 마법사와 똑같은 능력을 행하였다", "예수는 로마 병정과 마리아 사이에 태어난 사생아", "나는 버림받았다."고 십자가에서 처형당할 때 예수가 한 말이라고 하면서 "인간은 내부 속에서 예수를 발견하고 자신을 의지해야 한다."고 철저한 인본주의를 좇는 이 모든 면이 성경 말씀을 왜곡시킨 예들이다.

둘째, 영상 언어를 통한 외설과 폭력이 심한 것이 문제이다. CF 광고 촬영 현장을 보여준다거나 외설 영화 더빙 장면을 보여줌으로써 외설적 자극이 주는 효과를 노렸다는 것이 지적될 수 있다.

셋째, 가톨릭과 유대교에 대한 노골적인 적대감이 깊이 반영되어 있다. 이것은 서구에서 점차적으로 퍼져 가고 있는 사탄주의 일환이라고 볼 수 있다.

넷째, 이 영화의 극 중 인물들의 연기 방법이나 실제 그들의 생활을 묘사하는 장면에서도 보듯이 절대로 성령의 열매를 맺는 사람들로 볼 수 없다. 영화의 주요 인물이나 엑스트라들의 모습은 전혀 은혜로운 일면이 없고 오히려 섬뜩한 기분을 느끼게 하는 인물들이 많이 등장하는 점이 문제로 지적될 수 있다.

이상과 같이 '몬트리올 예수'는 사탄주의의 경향에서 제작된 신성 모독적 영화이다. 일부 성경적 관점을 갖지 못한 평론가들은 '진지한 종교의 참모습'을 표현하고 있다고 말하지만 이 영화는 예술성을 빙자한 반그리스도 운동의 일환으로 파악될 수 있는 것이다.187) 이 영화는 예수 그리스도의 신성을 격하시키고 인성을 지나치게 강조한 나머지 예수님의 구세주 되심이 자연스럽게 부

187) Ibid., pp. 266~267.

인되는 반기독교적인 영화인 것이다.

하지만 지금의 시대는 영화를 접하지 않고는 살아갈 수 없는 시대이며 영화가 십대 청소년들의 삶의 활력소라 해도 과언이 아닐 정도이다.

십대들에게 영화란 첫째로 오락적 기능이 있다. 기분 전환을 시키고 삶의 활력소로 다가서기도 한다.

둘째로, 교육의 기능이 있다. 새로운 지식과 경험하지 못한 낯선 지식들을 영상을 통해 배울 수 있다.

셋째로, 교화적 역할을 한다. 무엇이 옳고 그른지를 가르치고, 특정한 사고와 행동 양식을 전파한다.[188] 이와 같이 긍정적인 요소가 있기는 하지만 무분별한 영화들이 난무하기에 특별한 분별력이 있어야만 하는 것이다.

5.1.6. '패션 오브 크라이스트'의 반기독교적인 성격

이 영화는 멜 깁슨이 감독, 각본, 제작하였으며, 짐 카비젤이 예수 그리스도의 역할을 맡았으며, 마이아 모겐스턴이 성모 마리아의 역할을 맡았으며, 모니카 벨루치가 막달라 마리아의 역할을 맡았다. 이 영화의 제목은 "THE PASSION OF CHRIST"로 번역하면 '그리스도의 수난'이라는 의미이다. 그리스도의 수난이 죄인들에게 있어서 꼭 필요하고도 소중하며, 없어서는 안 될 구원을 가

---

188) 신상언, 『10대 자녀를 둔 부모가 꼭 알아야 할 대중문화의 모든 것』(서울: 낮은울타리, 1997), p. 14.

져다주는 것이기는 하지만 이러한 그리스도의 수난을 믿고 구원 얻을 사람들은 모두가 아닌 하나님께로부터 택함을 받은 자들이다. 즉 예수 그리스도의 속죄는 칼빈의 5대 교리 가운데 하나인 제한 속죄인 것이다. 그러므로 이러한 그리스도의 수난을 다룬 영화는 자칫 잘못하면 예수 그리스도를 조롱하는 데 그칠 위험성이 있는 것이다. 왜냐하면 앞에서 말한 바와 같이 구원은 모두에게 주어지는 것이 아니라 제한된 사람들에게만 주어지는 것이기 때문이다. 만약 구원에서 제외된 사람들이나 다른 종교의 사람들이 이 영화를 보게 되면 예수 그리스도의 처절한 수난이 그의 죄 때문에 그러한 것이라는 잘못된 시각으로 볼 수도 있기 때문이다. 그리고 지금의 믿음은 하나님께서 완성하여 주신 성경 말씀을 통해서 주어지는 것이지 어떤 영상물을 봄으로써 주어지는 것이 아니다. 그리고 그러한 영상물들은 하나님의 말씀인 성경을 바로 믿는 데 있어서 장애물이 될 위험성이 다분한 것이다. 왜냐하면 영상물이라는 자체가 어떤 사실적인 근거를 토대로 만들어지기는 하지만 그 독특한 성향 때문에 전체의 내용 중에서 추가하거나 삭제할 수밖에 없기 때문이다. 특별히 이 영화는 예수 그리스도를 주인공(?)으로 하고 있으면서도 그분의 전 생애를 다룬 것이 아니라 예루살렘에서 골고다 언덕까지 가는 수난 과정만을 그린 작품이므로 지극히 주관적이며, 폐쇄적인 것이다. 비록 예수 그리스도의 수난이 가장 중요하고도 중점적인 내용이기는 하지만 영화라는 것은 모든 대중들에게 공개되는 것이기에 정확한 내용을 바로 시사해야 하는 것이다. 그러나 이 영화는 모든 부분을 다 삭제해 버리고 그리스도의 수난 장면만을 묘사했다는 점에서 큰 문제점이 있는 것이다. 믿음의 사람들에게 그리스도의 수난을 영상으로 보게 함으로써 그들의 믿음을 돈독히 하게 하기 위함이라는 주장을 한다면 이 영화는 믿는 사람들만 보게 해야 할 것이다. 왜냐하면 불신자들에게 이 영화가 공개되면 예수 그리스도의 수난을 보고 비록 저들은 육신적인 감정으로 감동을 받을 수는 있겠지만 그것이 진정한 예수 그리스도의 모습을 밝히 보이게 할 수는 없기 때문이다. 개인적으로 필자는 이 영화를 관람하면서 거룩한 분노(?)를 느꼈는데 이 분노는 영화상에서 예수 그리스를 처절하게 학대하고 조롱하는 자들에게 느낀 것이 아니라 이 영화를 만든 사람과 이 영화가 방영되고 있다는 데 대해서 금할 길이 없는 분노인 것이다. 하나님께서 우리에게 바라시는 믿음은 어떤 시대의 유행이나 양식에 따라 영상물을 통해 믿는 것이 아니라 하나님의 말씀인 성경을 바로 알고 믿는 것이다. 더 자세히 말하자면 영상물을 통해 느끼는 감정은 그 순간뿐이고 우리에게 진정한 믿음을 가져다줄 수 없는 것이다. 필자는 그 영상물을 통해서 신앙인들의 믿음이 더 낙후된다고 주장하는 바이다. 우리의 개인적인 감정이 결코 우리의 믿음을 성숙시킬 수 없음을 강하게 피력하는 바이다. 유행의 뜻을 가지고 있는 영어 단어는 'Fashion'(패션)인데 이 패션은 수난의 뜻을 가지고 있는 'PASSION'(패션)과 똑같은 발음이며, 다만 앞의 철자인 'F'와 'P'만 다를 뿐이다. 이것을 필자 나름대로 해석해 보면 그리스도의 수난인 'PASSION'(패션)이 지금은 유행인'Fashion'(패션)이 되어 버린 것이다.

이는 그 고귀한 수난이 유행이 되어 영상물을 통해 너무나도 쉽게 방영되어 버리고 그러므로 말미암아 사람들의 생각 속에서 쉽게 매도되어 버린 것이다. 그리고 진정한 가치가 전락되어 희석돼 버리는 것이다. 이것이야말로 뉴 에이지(New Age)의 특성 중에 하나인 것이다. 성경의 내용이 영상화되면 그 자체가 성경의 진정한 의미를 훼파시키는 결과를 낳게 되는 것이다. 특별히 성경적인 내용을 다루는 영화는 그 성경의 내용을 바로 인지하는 사람만이 제작해야 하는데 이 영화를 감독한 '멜 깁슨'은 진정으로 성경의 의미를 바로 아는 사람인가를 볼 때 결론은 그렇지가 못하다. 이 영화를 소개하는 문구를 보면 "영화 사상 가장 위대한 사랑!"인데 이 말에서 표명하고자 하는 사랑의 가치는 성경에서 말하고자 하는 사랑과 거리가 먼 것이다. 그러므로 위대하지 못한 사랑인 것이다. 비록 예수 그리스도의 사랑은 그 어떤 것과도 비교할 수 없는 가장 최대의 사랑이지만 이 영화에서는 예수 그리스도의 진정한 사랑과 다른 사랑을 표명하고 있는 것이다. 이 영화에서 말하고자 하는 사랑은 예수 그리스도가 심한 매질과 비난과 혹독함을 받음을 구심점으로 하여 그 자체만을 사랑으로 언급하고 있다. 그러기에 가장 중요한 구원의 사랑이 결부되어 버린 것이다. 이 영화는 김수환 추기경과 정진석 대주교라는 천주교의 거물급들(?)이 추천한 영화로서 기독교적인 영화가 아니다. 이 말은 이들의 주장만을 가지고 판단하는 것이 아니라 영화 중에 등장하는 마리아가 성모 마리아라고 불리는 점과 아울러 마리아의 대사가 입증해 주고 있는 것이다. 이 마리아의 대사는 뒤에서 자세히 살펴보도록 하겠다.

　김수환 추기경은 이 영화에 대해서 말하기를 "우리 인간이 죄를 너무 많이 지었다. 많은 이들이 영적으로 예수님의 수난에 동참하는 기회가 될 것 같다."라고 말하는데 우리 인간은 결코 그리스도의 고난에 동참할 수 없다. 그분의 고난은 구원의 방편이므로 혼자 당해야만 하는 것이지 결코 누가 동참할 수도 없을뿐더러 동참해서도 안 되는 것이다. 심지어는 하나님마저도 예수 그리스도의 고난을 묵과하시고 외면하셨다. 이 영화의 내용을 분석할 때 자세히 살펴보겠지만 이 영화에서 예수님의 십자가를 대신 진 구레네 시몬은 기독교적인 시각이 아닌 천주교적인 시각으로 비춰지는데 예수님이 아닌 구레네 시몬이 십자가를 전부 진 것처럼 강하게 묘사돼 있다. 이것은 예수 그리스도의 진정한 구원의 의미를 희석시키는 것으로서 지극히 반 기독교적이며 성경상으로 용납될 수 없는 내용인 것이다.

또한 이 영화는 바티칸 교황청에서 교황 요한 바오로 2세가 직접 시사한 것으로서 그는 이 영화에 대해서 말하기를 "이 영화는 성서에 있는 사실을 그대로 표현한 작품이다."라고 하였다. 그리고 이러한 언급을 통해 이 영화가 논란의 대상이 아님을 간접적으로 시사했다고 하는데 과연 교황 바오로 2세가 성경의 의미를 아는가? 결코 그렇지가 않다. 그리고 그는 이 영화가 성경을 그대로 표현했다고 하는데 이 말이 바로 그가 성경의 의미를 모른다는 뚜렷한 증거인 것이다. 이처럼 이 영화는 교황과 추기경과 대주교가 추천한 것이기에 기독교 영화가 아니라 천주교 영화인 것이다. 그리고 천주교와 기독교는 성경을 보는 시각이 너무나도 다르기에 서로 근접할 수도 없으며 그럴 만한 가치도 없는 것이다. 그러기에 기독교인들은 이 천주교의 잘못된 인본주의적인 신앙을 근거로 한 이 영화를 보지 말아야 하며, 강하게 거부해야 하는 것이다. 그리고 이 영화에서의 예수는 기독교적인 시각으로 묘사된 것이 아니라 천주교적인 시각으로 묘사된 것이다. 그러므로 성경에서 말하고자 하는 진정한 예수 그리스도의 의미를 잘못 소개하고 있다. 그러기에 이 영화는 성경에서 말하는 예수 그리스도에 대해서 알아가는 데 심한 혼란을 가중시키는 것이다. 그러나 들리는 소문(?)에 이 영화를 많은 기독교인들이 보았으며, 많은 목사들이 이 영화에 대해서 좋은 평을 했다고 한다. 필자는 이 부분에서 그들에게 다시 한 번 거룩한 분노를 느끼는 바이다. 이 영화는 성경을 그대로 표현한 것이 아니라 성경의 내용을 혼잡스럽게 하는 것이다. 이 영화는 125분에 걸쳐서 방영된 영화인데 첫 화면상에 그리스도의 수난을 의미하고 있는 이사야 53장 5절의 말씀이 나오면서 B.C. 700년이라는 이사야서가 기록된 연대가 나온다. 이 연대는 여러 학자들 사이에서도 의견이 서로 엇갈리는 것이므로 영화상에서 연대가 기록된다는 것은 오해의 소지를 불러일으킬 수가 있다. 그러기에 이러한 연대 표시는 하지 말아야 한다는 것이다. 이사야 선지자는 웃시야 왕이 죽던 해인 B.C. 739년부터 그가 므낫세 왕에게 죽은 B.C. 680년까지 활동한 선지자라는 것이 통상적으로 알려진 것인데 이 연대에서 알 수 있듯이 B.C. 700년에 이사야서가 기록되었다는 것은 이 연대에 포함은 되었지만 정확하다고는 말할 수가 없는 것이다. 그리고 이사야 53장 5절의 말씀은 그리 길지도 않으면서 그리스도의 수난의 의미를 정확하고도 포괄적으로 시사하고 있는 말씀인데 이 영화에서는 이 말씀을 모두 다 소개하지 않고 앞부분과 뒷부분인 두 단락만을 소개하고 있다. 이 구절은 네 단락으로 되어 있는데 전체를 소개하지 않고 두 단락만을 소개한 것이다. 그러나 성경은 결코 가감되어서는 안 되는 것이기에 이는 잘못된 처사라고 할 수 있는 것이며, 설령 구절이 길다고 할지라도 모두 다 소개하는 것이 바른 것이다. 이처럼 이 영화의 내용 또한 예수님의 일대기를 모조리 삭제해 버리고 수난 장면만을 묘사하였다. 그러므로 예수님의 일대기를 모르는 사람들에 있어서 예수님이 우리의 죄를 위해 대신 고난을 당하는 것이 아니라 마치 자신의 죄 때문에 고난을 당하는 것으로 비추어지기 십상이다. 그러면 이 영화의 내용을 성경에 입각하여 분석하고자 한다.

첫 번째로, 이 영화에서 가장 처음 장면으로 겟세마네 동산이 나오고, 그 동산에서 예수님이 서서 한쪽 손으로 나무를 잡고 기도하는 모습이 나온다. 그리고 기도한다고 하기보다는 십자가의 고난을 앞에 두고 두려워서 흐느끼고 있는 장면이 묘사되고 있다. 비록 인성을 가지신 예수님께서 십자가형을 두려워할 수는 있겠지만 이러한 장면을 너무도 강하게 묘사하여 보는 이들로 하여금 예수님이 십자가를 지는 것을 후회하고 있다는 것으로 생각하게 한다. 또한 이 사건 전의 일을 전혀 다루지 않았기에 더더욱 그런 마음을 갖게 하는 것이다. 영화란 장편 드라마가 아니기에 그 제한된 시간 내에 모든 것을 시사해야 하는데 우리가 예수 그리스도를 알기 위해서는 신약의 전체 내용뿐만이 아니라 창세기부터 계시록까지의 성경 전체를 보아야 하는 것이다. 그러나 영화의 특성상 그 모든 것을 다 방영할 수는 없는 것이며, 또 그렇지 못한다고 할지라고 영화상의 내용과 연결되는 꼭 필요한 부분만은 방영해야 하는 것인데 이 영화는 그렇지가 못하다는 것이다. 그러므로 단연코 성경을 영화화해서는 안 된다는 것이 필자의 주장인 것이다. 그리고 영화의 특정 구조상 성경의 내용을 그대로 재현할 수 없다는 것이 필자가 강하게 피력하는 바이다.

두 번째로, 이 영화에서 예수님이 자고 있는 제자들에게 걸어가시고, 제자들은 힘겨워하시는 예수님을 바라보며 "모두 부를까요?"라고 한다. 그러자 예수님께서 "이런 모습을 보이기 싫다."라고 대답하신다. 그리고 이어서 예수님의 처절하고 나약한 모습이 아주 적나라하게 묘사되며, 또다시 예수님께서 심하게 흐느끼신다. 이 장면은 예수님의 인성적인 모습이 너무나도 강하게 보이고 있어서 예수님이 하나님 되심을 당혹스럽게 만들고 있다. 앞서 말한 바와 같이 이 영화는 기독교적인 색채가 아닌 천주교적인 색채를 띠고 있기에 예수님의 인성적인 모습을 강하게 나타내고 있는 것이다. 그리고 이 영화의 전체적인 내용이 모두 다 예수님의 신성적인 모습이 아니라 인성적인 모습을 시사하고 있는 것이다. 천주교와 기독교의 차이점은 예수님을 바라보는 시각이 다른 것이다. 기독교에서는 예수님을 하나님께서 성육신하시어 오신 하나님으로 바라보며, 천주교에서는 예수님을 하나님이 아닌 성모 마리아가 낳은 사람으로 보는 것이다. 그러므로 이 영화에서 마리아를 성모 마리아라고 하기에 이 영화는 기독교적인 영화가 아닌 천주교적인 영화인 것이다. 그러기에 진정한 신앙에 혼선을 가져오는 것이다. 세 번째로, 이 영화에서 예수님이 겟세마네 동산에서 기도하는 내용이 나온다.

그 내용은 "제발 절 지켜 주소서, 그들의 덫으로부터 구해 주소서, 한 인간의 힘으로 어찌 죄의 짐을 감당할 수 있으리오."이다.

그리고 이어서 사탄의 유혹의 음성이 나오는데 그 내용은 "아무도 그 무거운 짐을 질 수는 없어, 영혼 구원의 대가는 너무도 커 아무도 ……. 절대로 ……."이다. 그리고 계속 예수님이 기도하실 때마다 사탄의 음성이 연이어 나오는데 그 내용은 "네 아버지가 누구인가? 넌 누구인가?"이다. 이것 또한 예수님의 인성을 지나치게 나타내고 있는데 제발 지켜 달라는 내용은 성경에도 없는 내용이며, 굳이 이 내용을 성경에서 찾는다면 마태복음 26장 39절에 기록되어 있는 "내 아버지여 만일 할 만하시거든 이 잔을 내게서 지나가게 하옵소서"이다. 그러나 지켜 달라는 말과 이 말은 서로 아무런 상관관계가 없는 것이다. 지켜 달라는 것은 누군가의 보호가 절실히 필요한 인간에게나 어울리는 말이지 스스로 자신을 보호하실 수 있는 하나님이신 예수님께는 합당하지 않는 말인 것이다. 또한 이어서 "그들의 덫으로부터 구해 주소서"라는 말, 또한 성경에도 없는 지극히 잘못된 것으로서 예수님의 인성을 강조하는 말로써 이 말을 반증한다면 예수님은 오히려 그들의 덫에 걸리시기 위해서 오신 것이다. 그러므로 이 말은 예수님이 십자가를 지신 것이 억지로 진 것인 양 잘못 표현하고 있는 것이다. 그리고 이어서 사탄이 "아무도 그 무거운 짐을 질 수는 없다."라고 하면서 십자가를 지지 못하도록 유도하는 발언을 하는데 이것 또한 성경에 없는 내용인 것이다. 비록 성경에 예수님이 40일 금식 이후에 사탄이 유혹하는 장면이 나오기는 하지만 겟세마네 동산에서 사탄이 유혹했다는 내용은 성경에 기록돼 있지 않다. 이렇듯 성경에 기록돼 있지 않는 부분을 이 영화에서는 삽입함으로써 성경의 권위를 무시하고 예수님을 사탄의 유혹을 받는 나약한 모습으로 묘사하고 있는 것이다. 그리고 사탄은 예수님께 "네 아버지가 누구이며, 넌 누구인가?"라고 물으면서 예수님이 마치 무지한 사람인 것인 양 표현하고 있다.

네 번째로, 이 영화에서 예수님이 기도하신 후에 지쳐서 쓰러지는 차원이 아니라 완전히 등을 하늘로 한 채 누워 버리셨고, 뱀이 등장하여 쓰러져 있는 예수님께 다가와 예수님의 손등을 넘어 얼굴로 가려는 순간 예수님이 일어나셔서 뱀의 머리를 발로 밟는 장면이 나온다. 비록 예수님의 십자가와 부활 사건이 창세기 3장 15절의 말씀처럼 뱀의 머리를 상하게 하는 것이긴 하지만 이 내용이 삽입된 부분은 잘못된 것이다. 왜냐하면 아직 예수님은 십자가를 지시지 않았기 때문이다. 그러므로 이러한 성경과 순서가 바뀐 내용들은 보는 이들로 하여금 자칫 잘못하면 성경의 오류성을 인정하게 할 소지가 있는 것이다.

다섯 번째로, 이 영화에서 예수님을 판 유다가 군병들을 데리고 예수님이 계신 곳으로 오는 장면이 묘사되는데 예수님께서 군병들에게 "누구를 찾느냐?"고 물으시자 군병들이 "나사렛 예수다"라고 하자 유다가 도망가는 장면이 묘사되고 있다. 그리고 군병들에게 다시 끌려온 유다는 예수님께 입맞춤을 하게 된다. 이 장면은 성경에 없는 내용으로서 성경에서는 유다가 도망가지 않고 바로 예수님께 입맞춤을 하였다. 이처럼 유다의 도망을 통해서 유다의 뉘우침을 부각시키고 있는데 이는 유다의 죄악상을 가리고 있는 것이라고 볼 수 있다. 이 영화보다 앞서 방영되었던 "그리스도 최후의 유혹"에서도 유다가 방황하는 예수님을 책망하고 정의의 바른길로 인도하는 어처구니없는 내용이 방영된 적이 있었다.

여섯 번째로, 이 영화에서 예수님을 잡으러 온 로마 군병들과 제자들이 심하게 난투극을 벌이는 장면이 묘사되는데 비록 성경에서도 베드로가 말고의 귀를 칼로 자르기는 했지만 이 영화에서 비추어지는 것처럼 그렇게 심한 폭력을 사용하지는 않았다. 그리고 성경의 내용을 묵상해 보면 이러한 난투극을 전혀 예측할 수가 없는 것이다. 이는 자칫 잘못하면 제자들이 예수님을 지키기 위해서 난투극을 벌인 것처럼 기독교인들에게도 폭력이 정당화될 수 있다는 것으로 묘사되고 있는 것이다. 그러나 기독교는 비폭력주의이며, 그 어떠한 경우를 막론하고 폭력을 사용해서는 안 되는 것이다.

　일곱 번째로, 이 영화에서 예수님이 겟세마네 동산에서 결박을 당하시고 심한 채찍질을 당하신다. 그러나 빌라도가 예수님을 넘겨주자 군병들이 예수님을 끌고 간 곳은 마가복음 15장 16절에 기록돼 있는 '브라이도리온'이라는 뜰이다. 그리고 그곳에서 채찍질을 당하신 것이지 겟세마네 동산에서 채찍질을 당하신 것이 아니다. 아직 법적으로 죄인임이 표명되지 않는 상태에서의 폭력은 합법적이 아닌 것이다. 예수님이 겟세마네 동산에서 결박당하실 때 로마 군병이 예수님의 뺨을 심하게 아주 모욕적으로 때리는 장면이 묘사되는데 이것은 너무나도 지나친 표현이며, 예수님을 모독하는 표현인 것이다. 이제 계속적으로 이 영화에서 묘사하고 있는 예수님의 고난당하심을 살펴볼 것인데 그 내용은 예수님을 진정한 고난의 의미를 바로 전달하는 것이기보다는 모욕스럽게 표현하는 것으로 전락해 버렸다.

　여덟 번째로, 이 영화에서 예수님이 잡히실 때 마리아가 잠에서 깨어나 "오늘밤은 다른 밤과 다르다"고 하는데 이 내용은 기독교가 아닌 천주교적인 내용인 것이다. 비록 여성적인 예민한 감정과 어머니로서 느끼는 바가 있겠지만 이것은 천주교에서 말하는 성모 마리아설을 대변해 주는 것이라고 할 수 있는 것이다.

아홉 번째로, 이 영화에서 결박당하신 예수님이 끌려가는 장면이 묘사되는데 이 장면은 짐승이 끌려가는 장면보다도 더 심하게 비춰지고 있다. 그리고 잡혀가면서 이유도 없이 모질게 매를 맞으며, 주먹으로 심하게 구타를 당하신다. 이는 앞서 말한 것처럼 아직 법이 집행되지 않았기에 인권유린에 해당하는 것이다. 주먹으로 구타를 당하신 예수님은 그 주먹의 강도가 얼마나 강했던지 다리 아래로 떨어지고 말았다. 그러나 머리가 땅에 닿지는 않았는데 그 이유는 긴 쇠사슬에 매달렸기 때문이다. 그리고 떨어진 예수님은 그곳에 숨어 있던 자신을 판 유다의 얼굴을 보게 되며 그러자 유다는 두려워하게 되고 난데없이 원숭이가 나타나 고성을 지르고 사라진다. 그리고 다리 아래로 떨어진 예수님은 군병들에 의해서 끌어올려진다. 이러한 내용 또한 성경에 전혀 있지 않는 내용을 묘사한 것으로서 성경의 진정한 의미를 아는 자들에게는 심한 거부감을 느끼게 하는 것이다. 또한 원숭이는 길거리에 흔하지 않는 동물로서 그러한 원숭이를 등장시킴으로써 묘한 매료감을 느끼게 하는 것이다.

열 번째로, 이 영화에서 끌려온 예수님을 가리켜 "이 거지를 왜 끌고 왔냐?"고 묻자 "나사렛의 말썽꾼 예수다."고 대답하는 장면이 묘사된다. 이 대사 가운데 예수님을 수식하는 단어가 '거지'와 '말썽꾼'으로 나온다. 말썽꾼이라는 말은 그런대로 넘어갈 수 있겠지만 거지라는 말은 예수님을 향한 지나친 모독이며, 굳이 이러한 말을 사용할 필요가 없을 정도로 심한 어투인 것이다. 이 거지라는 말이 예수님의 고난의 의미를 전하는데 필요한 말인가를 생각해 볼 때 결코 그렇지가 않다. 이는 예수님을 조롱하는 것 말고 그 어떤 이유도 필요치 않는 것이다.

열한 번째로, 이 영화에서 예수님을 판 유다를 어린이들이 조롱하는 장면과 그 뒤에 사탄이 서 있는 모습이 묘사되는데 유다가 너무나도 괴로운 나머지 목을 매게 된다. 그리고 그 장면에서 죽어 있는 낙타가 보이며, 그 낙타 주위로 몰려드는 파리 떼가 보이는데 마치 유다가 이것을 보고 죽음을 결심한 것으로 묘사되고 있다. 이것 또한 성경에 없는 내용을 자의적으로 추가시킨 것이다. 이처럼 사탄이 영화를 통해서 성경을 왜곡시키는 것이기에 더더욱 성경의 내용을 영화화해서는 안 된다는 것이다.

열두 번째로, 이 영화에서 마리아가 땅에 입맞춤을 하고 그 땅 아래에는 예수님이 천장에 두 손이 묶여 있는 장면이 묘사되는데 성경상으로 보면 예수님은 겟세마네 동산에서 잡혀가신 후에 한시도 쉴 틈도 없이 심문을 당하시고 십자가를 지신 것이다.

열세 번째로, 이 영화에서 빌라도가 예수님을 재판하는 장면이 묘사되는데, 그때의 예수님의 한쪽 눈은 너무나도 많이 맞아서 감겨져 있는 상태이고, 예수님이 하늘을 바라보시는데 날아가는 새가 희미하게 보일 정도로 심하게 눈을 맞으셨다. 이러한 예수님의 처절한 육신의 상태를 이 영화에서는 자극적으로 묘사하여 보는 이들로 하여금 예수님의 고난의 진정한 의미를 바로 보지 못하게 하고 있는 것이다.

열네 번째로, 이 영화에서 빌라도가 예수님께 "진리가 무엇이냐?"고 묻자 예수님께서는 빌라도에게 "스스로 묻고 싶어서 묻는 것이냐? 아니면 저들이 그렇게 하니까 묻는 것이냐?"라고 하시며 "넘겨준 자의 죄가 크다."라는 대사가 묘사되는데 이 대사는 빌라도의 죄를 묵인하는 비성경적인 내용이다. 우리가 사도신경에서 고백을 하듯이 예수 그리스도는 유대인들이 아닌 '본디오 빌라도'에게 고난을 받으시는 것이다. 또한 "저들 손에 넘겨 죽게 해선 안 돼!"라는 빌라도의 독백이 나오는데 이 독백이 빌라도의 죄가 없음을 시사하고 있다. 그러나 최종적으로 빌라도가 예수님을 넘겨준 것이다.

열다섯 번째로, 이 영화에서 빌라도가 예수님을 넘겨주자 끌려가신 예수님은 허리 높이에 설치되어 있는 수갑으로 두 손이 묶이신 채 군병들에게 조롱을 당하신다. 그리고 그 장소에 여러 가지 종류의 채찍이 있는데 군병들이 채찍을 고르는 장면이 묘사된다. 그리고 예수님은 "준비됐나이다. 아버지"라고 하시며, 사탄이 구경하는 사람들 사이로 얼굴을 내밀며 지나간다. 이제 예수님은 심하게 채찍질을 당하시는데 당하실 때마다 살에 채찍의 자국이 선명하게 새겨지게 되고, 피가 흘러 온몸이 피투성이가 된다. 이 장면을 보는 이로 하여금 섬뜩한 기분을 느끼게 한다. 그리고 때리는 강도가 얼마나 강하던지 그 때리는 자들이 숨을 헐떡거릴 정도이다. 또한 끝에 갈고리가 달린 것으로 채찍을 바꾸게 되는데 시범적으로 나무 책상을 때리자 쉽게 갈고리가 책상에 박히게 되고 그 박힌 채찍을 잡아떼자 나무가 뜯겨져 나오게 된다. 그런 무시무시한 채찍으로 피투성이가 된 예수님의 몸을 때리자 순식간에 갈고리가 예수님의 살에 박히게 되고, 그 박힌 채찍을 강하게 떼자 살점이 떨어져 나오게 된다. 바로 이러한 장면이 그대로 묘사되는데 보는 이로 하여금 정말로 끔찍함을 느끼는 것을 이루 말할 수 없을 정도이다. 그리고 무참한 채찍질로 예수님의 몸을 가격하는 장면이 묘사되고 있다. 이 채찍질로 하여금 예수님의 등은 갈기갈기 찢어져 골이 패이게 되자 그것도 모자라 예수님을 앞으로 돌려서 앞가슴을 채찍으로 때려 온몸에 채찍 자국과 그로 인한 피로 얼룩지게 하였다. 이 장면을 보고 예수님의 고난의 진정한 의미를 알기보다는 역겨울 뿐이었다.

열여섯 번째로, 이 영화에서 예수님이 채찍에 맞으시는 것을 지켜본 마리아는 "내 아들아 언제 이 고통에서 벗어나려느냐?"고 절규한다. 그리고 빌라도의 아내가 등장하여 울고 있는 마리아에게 세마포를 준다. 이 내용은 성경에 기록돼 있지 않은 내용이다. 채찍에 맞아 쓰러져 있는 예수님을 군병들이 양팔을 잡고 끌고 나가자 그 자리에 피가 줄을 그리게 되고 그 현장은 이루 말할 수 없을 정도로 피로 얼룩져 있다. 그리고 마리아가 빌라도의 아내로부터 받은 세마포로 그 현장의 바닥에 있는 피를 닦아 낸다. 이 장면을 통해서 다시금 예수님이 흘렸던 피의 양을 추측하게 하는데 예수님은 너무나도 피를 많이 흘려서 더 이상 흘릴 피가 없을 것으로 생각하게 한다. 그러나 정작 예수님이 피를 흘리셔야 할 곳이 바로 십자가인 것이다.

열일곱 번째로, 이 영화에서 로마 군병들이 예수님께 가시면류관을 씌우는 장면이 묘사되는데 가시관을 예수님의 머리 위에 씌우고 양쪽에서 두 사람이 막대기로 가시관을 눌러 머리에서 피가

나게 하는 장면이다. 이는 사실과는 거리가 먼 것으로서 너무나도 지나치게 예수님의 고난을 표현하여 학대의 관점으로 보이게 하는 것이다.

그리고 그것도 모자라 가시관이 씌어져 있는 예수님의 머리를 때린다.

열여덟 번째로, 이 영화에서 예수님과 두 명의 강도들이 십자가를 지고 가는 장면이 묘사되는데 두 강도는 십자가의 가로에 해당하는 횡목을 지고 가는 반면에 예수님은 십자가 모양의 나무를 지고 간다. 그러나 원래는 골고다 언덕 위에 십자가의 세로에 해당하는 나무가 서 있기 때문에 가로의 부분만을 지고 가는 것이다. 그러므로 두 강도가 지고 간 십자가의 가로 부분은 맞는 것인데 예수님의 십자가는 맞지가 않는 것이다. 이는 예수님의 죄가 상대적으로 더 커 보이게 하는 잘못된 방법이다. 그리고 골고다상에서 두 강도의 십자가는 'T' 자인 반면에 예수님의 십자가는 '✝' 자로 묘사돼 있다. 십자가는 죄인을 매달아 죽이는 형벌 기구로서 고대시대에는 하나의 긴 기둥을 사용했다가 점차 'T' 자형(Crux Commisa), '✝' 자형(Crux Immissa), 'X' 자형(Crux Decussata)으로 발전된 것이다. 예수님 당시에는 이 세 가지의 형태 중에 '✝' 자형이 사용되었으며, 예수님 이후에 사도들 시대에는 'X' 자형이 사용된 것이다. 그러기에 두 강도도 'T' 자형 십자가가 아닌 '✝' 자형 십자가가 맞는 것이다. 이처럼 영화는 어떤 장면을 부각시키기 위해 역사적인 사실을 왜곡하는 것이다.

열아홉 번째로, 이 영화에서 십자가를 지고 가다가 쓰러지는 예수님을 마리아가 일으키는 장면이 묘사되는데 이것은 성경에 없는 내용이다. 또한 예수님은 자신을 일으키는 마리아에게 "보소서 어머니, 제가 모든 걸 새롭게 하나이다."라고 하는데 이 장면을 천주교에서 주장하는 성모 마리아설을 긍정하게 한다. 또한 성경에도 없는 내용을 삽입함으로써 마리아를 부각시키고 있는 것이다.

스무 번째로, 이 영화에서 예수님을 갈릴리인으로 소개하는데 예수님은 갈릴리가 아닌 베들레헴에서 태어나셨으며, 헤롯을 피해 나사렛에서 사신 분이시다. 그리고 다만 갈릴리에서 제자들을 부르시고 사역을 하신 것이다. 유대인들은 이름 앞에 자신이 사는 마을의 이름을 붙이는데 예수님은 갈릴리 예수가 아닌 나사렛 예수인 것이다.

스물한 번째로, 이 영화에서 예수님이 더 이상 십자가를 질 수 없는 상태에 이르게 되자 로마 군병들이 구레네 시몬에게 십자가를 대신 지라고 말하자 시몬은 싫다고 거부하게 되고, 또다시 지라고 하자 "좋소, 허나 나는 죄 없이 십자가를 지는 거요."라고 말한다. 이 시몬의 대사를 상대적으로 해석하면 예수님은 죄가 있어서 십자가를 지는 것으로 표현된다. 그러나 예수님은 자신의 죄가 아닌 죄인들의 죄를 대신하여 십자가를 지신 것이다. 그리고 비록 시몬은 그 당시에 십자가를 질 만한 죄를 범하지 않았지만 여전히 죄인인 것이다.

스물두 번째로, 이 영화에서 십자가를 지고 가는 예수님을 군병들이 채찍으로 때리자 그 충격으로 예수님은 튕겨져 나가 땅바닥에 떨어지게 된다. 십자가를 지고 가는 죄수가 잘 지고 가지 못할 때에 채찍으로 때리는 것인데 여기에서는 십자가를 지고 가는 상태에서 때리는 것이며, 필요 없는 채찍질로 하여금 보는 이로 하여금 불쾌감을 주는 것이다. 그리고 땅바닥에 쓰러져 있는 예수님을 너무나도 지나치게 채찍으로 때리자 구레네 시몬은 십자가를 놓고 그만하라고 한다. 그리고 "이 사람을 때리면 한 발자국도 안 가겠소"라고 한다. 이러한 장면은 성경에 없는 것으로서 이 영화를 만든 감독이 상상하여 그려 낸 자작극에 불과한 것이다. 그리고 지쳐 있는 예수님께 시몬은 "다 왔으니 조금만 참아요, 이제 다 왔어요."라고 부추긴다. 이처럼 시몬이 예수님의 십자가를 대신 지는 것을 너무나도 지나치게 묘사하여 마치 예수님이 아닌 시몬이 십자가를 진 것 같은 오해를 불러일으키고 있다.

스물세 번째로, 이 영화에서 예수님이 십자가를 지고 가는 동안 그의 얼굴을 닦아 주는 여인이 나오는데 이 여인의 이름은 베로니카이다. 이 베로니카라는 여인은 성경에 나오지 않는 여인이며, 가톨릭 전통에 나오는 여인으로서 이 베로니카가 예수님의 피를 닦아 준 베일이 사람을 치유하는 능력을 갖게 되었고, 이 베로니카는 그 베일로 로마 황제의 병을 낫게 해 주었다고 하며, 또한 그 후에는 클레멘트 교황과 다음 계승자들이 간수했다고 전해지고 있다고 한다. 이처럼 이 영화는 성경에 등장하지도 않는 베로니카라는 여인을 등장시킴으로써 성경에서 벗어난 것임을 말하고 있으며, 천주교의 영화임을 입증하고 있는 것이다.

스물네 번째로, 이 영화에서 골고다 언덕 위에 십자가가 땅바닥에 펼쳐져 있다. 앞서 말한 것처럼 십자가의 세로에 해당하는 나무가 고정되어 있는 것인데 여기에서는 그렇지가 않은 것이다. 그리고 손바닥에 큰못을 박는데, 그 못을 박는 큰 망치가 하늘 위로 높이 솟구치고 내리친다. 그때마다 못이 손바닥을 파고들어가 피를 흘리게 된다. 이제 한쪽 팔을 못 박은 후에 다른 팔을 못 박으려고 끌어당기자 그 팔이 끌어당겨지지 않게 된다. 그러자 그 팔을 줄로 묶고 그 줄을 무참하게 잡아당긴다. 그러자 마치 팔이 찢어지는 것과 같이 당겨지게 되고 그 손에도 못을 박게 된다. 그러자 그 못이 손과 나무를 뚫고 나와 그 나무 밑바닥에 못의 끝이 보이게 된다. 그리고 발목의 버팀목을 십자가에 박고 그 위에 발을 올려놓아 발목에도 못을 박는 장면이 묘사된다. 이 장면이 너무나도 끔찍하여 지켜보던 마리아가 땅바닥에 있는 흙을 움켜쥔다. 이러한 끔찍하고 적나라한 고통의 장면을 통해 보는 이로 하여금 예수님의 고난의 의미를 밝게 보지 못하게 하며 오히려 공포감을 느끼게 한다.

스물다섯 번째로, 이 영화에서 예수님을 십자가에 못 박은 후에 십자가를 뒤집는데 십자가 가로의 한쪽 끝 부분과 세로의 아래쪽 부분을 지렛대로 삼아 십자가를 뒤집는 것이다. 그리고 뒤집힐 때 십자가에 못 박히신 예수님께 전해지는 충격은 너무나도 큰 것이다. 또한 십자가를 뒤집을 때 그냥 놓아 버려서 바닥에 꽝 하고 떨어지게 한다. 그 충격 또한 대단한 것으로서 이미 채찍에 맞아 찢기신 살에 가해지는 쓰라림은 정말로 이루 말할 수가 없는 것이다. 그리고 뒤집힌 십자가에 손과 나무를 뚫고 나온 못의 끝부분을 망치로 휘어지게 하여 안 빠지게 고정시킨다. 그리고 난 후에 다시 십자가를 뒤집어 떨어뜨린다. 그리고 죄명이 기록된 패를 박고 미리 파 놓은 구멍에 그 십자가를 세우게 된다. 여기에서 말하는 십자가의 형벌은 역사적인 사실과 거리가 먼 것으로서 이는 예수님의 고난을 극대화하기 위해서 표현한 것이다. 이처럼 예수님을 십자가에 못 박은 채로 그 십자가를 두 번이나 뒤집고, 세우는 장면을 묘사함으로써 필요 없는 고통을 가중시키고 있으며, 이러한 내용은 전혀 사실적인 근거가 없는 것이다. 그러기에 이 장면은 예수님을 조롱하는 것이라는 개념으로밖에 볼 수 없는 것이다.

스물여섯 번째로, 이 영화에서 예수님을 조롱하는 십자가에 달린 강도의 눈을 까마귀가 날아와서 파먹고 머리를 심하게 쪼게 되자 군병이 긴 막대기로 그 까마귀를 내쫓는 장면이 묘사되는데 이러한 성경에도 없는 끔찍한 장면을 이 영화에서는 무분별하게 시사하고 있는 것이다. 그리고 예수님이 십자가에 달리신 이유는 죄인을 용서하기 위해서인데 이 장면은 그러한 용서의 개념까지도 무참히 짓밟아 버린 것이다.

스물일곱 번째로, 이 영화에서 마리아가 예수님의 발에 입맞춤을 하고 말하기를 "내 살에서 나온 아들아! 내 영에서 나온 영이여, 나도 함께 죽게 해다오."라고 한다. 이 대사는 성모 마리아설을 주장하는 것으로서 다시 한 번 이 영화가 기독교가 아닌 천주교의 영화임을 피력하고 있는 것이다. 마리아가 예수님을 낳았기에 내 살에서 나온 아들이라는 표현을 그렇다고 치더라도 내 영에서 나온 영이라는 말은 전혀 합당치가 않은 것이며, 이는 성모 마리아설을 강하게 입증하고 있는 것이다. 정확히 말하자면 예수님의 영이 마리아에게서 나온 것이 아니라 마리아의 영이 예수님에게서 나온 것이다. 그리고 예수님의 발에 입맞춤한 여인은 막달라 마리아인 것이다.

스물여덟 번째로, 이 영화에서 피투성이가 되어 십자가에 달리신 예수님을 묘사하는데 이는 예수님을 욕보이는 것이라고 할 수 있을 정도로 너무나도 처참한 것이다. 비록 예수님이 지신 십자가가 구원의 십자가이지만 믿는 신앙인들의 입장에서는 십자가의 복음을 전하는 것이지 그 추한 저주받은 모습을 남에게 보여주는 것이 아니다. 그러나 이 영화에서는 너무나도 적나라하게 십자가의 장면을 보여줌으로써 보는 이로 하여금 의혹을 품게 한다.

끝으로, 이 영화에서 마리아와 막달라 마리아와 요한이 예수님의 시체를 십자가에서 끌어내리며 성경과는 달리 아리마대 요셉이 등장하지 않는다. 또한 무덤 문이 열리고 부활하신 예수님이 나오시는데 그의 손바닥은 구멍이 뚫려 있다. 그러나 정확히 말하면 손바닥이 아닌 손목에 못이 박힌 것이다. 그러므로 이 영화는 성경에서 말하고 있는 예수 그리스도와 인물들을 정확하게 묘사하고 있지 않으며 비록 성경의 내용을 영화화하였지만 성경을 기초로 하지 않고 감독의 자의적인 생각으로 만들었다는 결론을 내릴 수밖에 없는 것이다. 성경은 하나님께서 주신 말씀이기에 그 말씀은 그대로 지켜져야 하는 것이다. 그러나 이러한 성경이 영상화되어 버리면 훼손될 우려성이 심히 큰 것이다. 필자가 영화를 보고 나오면서 앞에 가는 부부의 대화를 듣게 되었는데 아마도 부인이 불신자인 남편을 전도하기 위해 같이 온 것 같았다. 그리고 그 남편이 한 말은 "무슨 영화가 십자가에 못 박히는 장면만 나오냐?"이다. 이 한마디의 말은 많은 것을 시사해 주며 필자도 공감하는 말이다. 비록 예수님의 생애 중에서 십자가가 가장 중요한 것이기는 하지만 다양성을 배제한 이 영화는 그릇된 오해를 갖게 하는 것이다. 시간 관계상 그랬다고 할지는 몰라도 이것은 핑계가 될 수 없는 것이다. 이처럼 성경을 내용으로 하는 영상물들을 하나같이 성경의 다양성을 무시한 채 어느 한 부분만을 집중적으로 공략하는 것이다. 이단의 특색 또한 성경의 전체적인 의미를 보지 않고 자신들에게 필요한 부분들을 골라서 마치 그것이 진리이며, 전부인 것인 양 떠들어대는 것이다. 그러기에 믿음의 사람들은 이러한 것을 통해 진리가 토막 나고, 희석되는 것을 막아야 하는 것이다.

5.1.7. '다빈치 코드'의 비성경적인 성격

이 영화는 2006년 5월 18일자로 전 세계에 동시 개봉이 되었다. 이에 대한 찬반 논란과 여론이 많았지만 드디어 공개 상영되고 말았다. 특히 한기총에서는 이 영화가 반 기독교적인 색채를 강하게 띠고 있다는 이유로 상영금지에 관한 법안을 제출하였지만 보기 좋게 거절당하고 말았다. 필자가 이 영화를 분석하기에 앞서 분명히 해 둘 말이 있다. 이 영화는 분명 사탄적인 성향을 가지고 있는 것임에 틀림이 없고 필자가 연구한 뉴 에이지(New Age)적인 영상물이다. 또한 이 영화를 통해서 기독교의 진리가 왜곡된 것도 의심할 여지없는 사실이다. 하지만 문제는 이 영화에 앞서 방영되었던 '패션 오브 크라이스트' 또한 '다빈치 코드' 못지않게 사탄적인 성향을 띠고 있는 영화이며, 성경의 진리를 왜곡하는 영화이다. 그럼에도 불구하고 한국교회(?)에서 '패션 오브 크라이스트'는 긍정적인 시각으로 바라보고, '다빈치 코드'는 상당히 부정적인 시각으로 바라보는 이율배반(二律背反)적인 입장을 표명하였다. 사실 '다빈치 코드'에 앞서 '패션 오브 크라이스트'가 방영된 것은 강한 공격력을 가진 무기를 가지고 교회로 돌진하기 위해 먼저 약한 무기로 허점을 노린 사탄의 계략인 것이다.

'패션 오브 크라이스트'는 드러나게 성경을 왜곡한 반면에 '다빈치 코드'는 드러나지 않게 성경을 왜곡한 것이다. 그러므로 이 '다빈치 코드'를 반대하기에 앞서 '패션 오브 크라이스트'를 반대했어야만 한 것이다. 하지만 '패션 오브 크라이스트'를 반대하기는커녕 오히려 그 영화를 극찬했던 한기총이 지금에 와서야 '다빈치 코드'를 반대한다는 것은 우스운 이야깃거리이다. 이미 전초전에 방어벽이 뚫려 버린 상태에서 지금에 와서야 그 사탄의 세력을 저지한다는 것은 아무런 가치 없는 무용지물(無用之物)인 것이며, 또한 그 반대를 통해서 사람들의 호기심을 자극하여 더 보도록 유도하는 꼴이 되고 만 것이다. 차라리 입 다물고 가만히 있었다면 더 나을 뻔하였다. 이 영화는 다빈치 코드라는 단어를 대문자(DAVINCI CODE)로 표기하며 앞에 정관사인 'THE'를 포함시켜 다빈치에게 관심을 기울이게 한다. 또한 이 영화의 표제는 "거대한 비밀 앞에 전 세계가 숨죽인다!"인데 이러한 위험 발상적인 표제를 통해서 사람들의 관심을 증폭시키며 성경보다 다빈치를 우위에 두고자 하는 인본주의의 색채가 짙게 깔려 있는 것이다. 그리고 내용 면에서도 예수 그리스도를 구원자가 아닌 단순한 인간으로 취급해 버린다.

이 영화는 암호를 뜻하는 'Code'라는 말을 제목에 사용함으로써 그 암호를 풀어 나가는 데 초점을 두고 있다. 그리고 그 암호라는 단어 앞에 성경을 그림으로 표현한 화가인 다빈치를 부각시키므로 그 그림 속에 담긴 진정한 의미를 밝혀낸다는 주제이다. 직설적으로 말하면 다빈치가 그린 최후의 만찬에는 원래 막달라 마리아가 그려져 있다는 것이고 이 막달라 마리아가 예수님의 아이를 임신하고 있었다는 것이다. 그러나 이러한 사실을 성경이 가려 버렸고, 성경을 토대로 발생한 기독교가 왜곡시켜 버렸다는 것이다.

이 영화는 론 하워드(Ron Howard)의 감독 아래 제작된 것인데 주연은 톰 행크스(Tom Hanks)로서 로버트 랭던 역을 맡았으며, 이 로버트 랭던은 열정적인 하버드대학의 기호학 교수이며, 조연인 오드리 토투(Audrey Tautou)는 소피 느뷔 역을 맡았으며, 이 소피 느뷔는 젊고 아름다운 암호 해독가로서 프랑스 경찰국 소속이지만 살인 누명을 쓴 랭던을 도와 코드 속의 비밀을 풀어나가는 데 도전하며, 폴 베타니(Paul Bettany)는 사일러스 역을 맡았으며 피부가 하얀 백피증(알비노) 때문에 어려서부터 유령이라고 불리는 암살자이며, 이안 맥켈런(Ian Mckellen)은 티빙 경 역을 맡았으며 이는 부와 명예를 가지고 있는 자로서 위험에 빠진 랭던과 소피를 돕는 역할을 하며, 장 르노(Jean Reno)는 브쥐 파슈 국장 역을 맡았으며 프랑스 경찰의 엘리트 국장으로서 고도의 심리 수사를 하며 표적을 보면 놓치지 않는 자이며 랭던을 범인으로 지목하고 쫓는 역할을 한다. 이 영화에서 배경으로 등장하는 곳은 세계적으로 유명한 곳으로서 이러한 점이 사람들의 관심을 끄는 데 일익을 담당하였고 또한 이 영화에서 말하고자 하는 것이 사실로 인정되는 데에도 큰 기여를 하게 된 것이다. 이 영화에서 배경으로 사용된 곳은 프랑스 파리에 있는 루브르 박물관인데 사실이 박물관은 진품의 훼손 여부 때문에 그 누구에게도 촬영을 허가하지 않았다. 하지만 이번 다빈치 코드 제작진의 진심 어린 부탁으로 허락이 된 것이다. 하지만 원본이 절대로 훼손되어서는 안 되기 때문에 루브르 박물관에 소장되어 있는 명화 150점을 다시 그리게 되었다. 그러므로 이 다빈치 코드는 세계 최초로 루브르 박물관에서 공개 촬영을 했다는 한 가지의 사실만으로도 많은 사람들의 관심을 불러일으키기에 충분한 것이다. 또한 프랑스 베르사유에 있는 빌레트 성, 영국 런던에 있는 템플 교회와 링컨 성당과 웨스트민스터 사원, 스코틀랜드 에든버러에 있는 로슬린 예배당, 지중해에 위치한 몰타 섬 등 세계적인 명소들이 장소로 선정되었다.

이 영화의 내용은 하버드 대학교의 교수인 기호학자 로버트 랭던이 프랑스 파리에서 특별 강연을 하게 된다. 그리고 강의하는 중에 여러 가지의 기호들을 영상을 통해 보여주는데 그 기호들은 사탄을 상징하는 기호들이 대부분이었으며, 그중에서 두드러지는 것은 앵크 십자가로서 이 십자가는 사탄 숭배자들이 사용하는 십자가이며, 마크는 예수님의 십자가를 조롱하는 것으로서 십자가에 달린 예수님을 원 안에 가두어 놓고 거꾸로 돌려놓은 것이며, 마크는 태극 문양을 형상화한 것으로서 주술적인 의미를 함축하고 있으며, 卍 마크 또한 불교를 상징하는 것으로서 주술적인 의미를 가지고 있다. 랭던 교수는 강의 중에 "기호는 언어입니다."라고 말한다. 이 말은 그 기호 속에 감추어진 의미를 꼭 찾아야만 한다는 필요성을 부각시키는 것이다.

랭던은 강의를 마치고 숙소에서 휴식을 취하고 있는데 밤에 급박한 호출을 받게 된다. 그 이유는 프랑스 루브르 박물관의 수석 관장인 자크 소니에르가 박물관 안에서 살해당했다는 것이다. 그리고 그 시체의 주위에 무수한 암호와도 같은 문구들이 있었기에 기호학자인 랭던을 급히 호출한 것이다. 이에 랭던은 루브르 박물관으로 가게 되고, 박물관의 대화랑에 시체로 누워 있는 자크 소니에르를 발견하게 된다. 그리고 자크 소니에르의 시체는 비트루비우스의 인체도와 똑같은 포즈로 누워 있다. 이 비트루비우스의 인체도는 이탈리아의 건축가인 마르쿠스 비트루비우스 폴리오 (Marcus Vitruvious Pollio)의 저서인 『건축서』를 읽고 다빈치가 그린 인체 비례도이다. 이는 누워서 팔과 다리를 쭉 뻗은 사람이 완벽한 기하형태인 정사각형과 원에 딱 들어맞는 모습으로 황금 비율 1:1.618과도 일치한다. 그리고 자크 소니에르는 죽어가면서 자신의 배 위에 오각형별인 펜타그램(Pentagram)을 그리게 되는데 이는 자연을 숭배하던 시대의 대표적인 기호이며, 성과 미의 여신인 비너스를 상징하기도 한다. 그리고 시체 주변에 있는 이해할 수 없는 무수한 암호들이 있는데 그중에 "P. S 로버트 랭던을 찾아라!"는 암호 때문에 랭던은 살인 누명을 쓰게 된다. 또한 랭던은 그 살인 현장에 도착한 자크의 손녀이자 기호학자이며 프랑스 경찰국 소속의 암호 해독가인 소피 느뷔의 도움으로 그 현장을 피하게 된다. 그리고 랭던과 소피를 프랑스 경찰국의 파슈 국장이 쫓게 된다. 이 추격을 피해 다니면서 이들의 레오나르도 다빈치의 그림 속에 담긴 비밀들을 추적하게 되고, 그 그림 속에 담긴 2천 년간의 숨겨진 비밀을 풀어가게 된다. 이 비밀이란 예수님과 마리아의 후손들이 생존해 있다는 것으로서 이것이 전설이 아닌 사실이라는 것이며, 이 사실이 그동안 전설로 묻혔다는 것이다. 또한 이 영화에서 성배(Holy Grail)라는 단어가 부각되는데 이 성배는 예수님이 최후의 만찬에서 사용했다고 전해지는 잔인데, 그리스도의 피를 담았다는 성배는 그리스도의 피를 담은 자궁을 의미하며 이는 사라를 의미한다는 것이다. 이 사라는 예수님과 막달라 마리아가 처음으로 낳은 딸이다. 그러므로 이 사라의 자궁이 그리스도의 피를 담은 성배이며, 이 사라의 후손이 프랑스 왕가와 결혼하여 '메로빙거'라는 족보가 형성되었는데 이 메로빙거의 후손이 지금까지도 퍼져 있다는 것이다. 바로 랭던을 도와 비밀을 풀어 나가는 소피가 생존하는 예수님의 혈통이라는 것이다. 또한 성배의 의미를 자궁에 부합시키므로 'Sex'로의 구원을 시사하기도 한다.

이 영화에서 "고대 로슬린 아래에서 성배가 기다리노라."는 문구가 나오는데 이도 역시 메로빙거의 혈통을 인정하는 것이다. 또한 비밀을 지키려고 결성된 시온 수도회(Priory of Sion)는 유럽에서 가장 오래된 비밀 단체로서 1099년에 설립되었으며 지금까지도 현존해 있는 단체로서 이 영화에서 시사하고자 하는 것이 진실임을 입증하고 있다. 또한 시온 수도회가 지켜 온 비밀을 지워 버리려는 오푸스데이(Opus Dei)는 '하나님의 사역'이라는 뜻을 가지고 있으며, 로마 교황청이 승인한 자치 단체이다. 이 두 단체의 막강한 대결이 이 영화를 흥미진진하게 구성해 가고 있다. 오푸스데이에 소속한 사일러스가 성당의 바닥을 파괴하고 돌판을 찾게 되는데 그 돌판에는 'JOB 28:11'이라고 기록돼 있는데 이 말씀은 "시냇물을 막아 스미지 않게 하고 감추었던 것을 밝은 데로 내느니라."이다. 이 말씀처럼 마치 시냇물을 막아 스미지 않게 한 것처럼 2천 년 동안 비밀을 지켜 왔고 이제 그 감추었던 비밀을 만천하에 드러낸다는 것이다. 그리고 신약성경에 있는 4복음서가 전부가 아니라 원래 복음서는 30개 이상인데 그중에서 막달라 마리아와 예수님의 혼인 관계가 기록되어 있지 않는 것들만 택해서 성경에 삽입시킴으로써 진정한 진리를 감추어 왔다는 것이다. 이 영화가 상영되기에 앞서 유다 사본이 발굴된 것도 결코 우연치 않는 일이며 이러한 사실들을 강하게 뒷받침해 주는 것이다. 랭던과 소피는 역사학자인 티빙 경을 만나게 되고 그로 하여금 역사의 진실을 듣게 되는데 그 내용은 예수님의 혈통에 관한 내용이다. 그리고 크립텍스(Cryptex)를 열게 되는데 이 크립텍스는 다빈치가 고안한 비밀을 담는 장치이다. 파피루스 종이에 비밀을 적고 얇은 식초병을 싸서 안에 넣은 다음 봉인시킨 것으로서 억지로 열려고 하면 안에 있는 병이 깨지면서 식초가 흘러나와 종이를 녹여 버리는 것이다. 각각 26글자인 5개의 다이얼을 돌려 무려 1천 2백만 개의 조합 중 하나인 암호를 맞춰야만 열리도록 설계된 특별한 장치이다. 여기에 마지막 다빈치 코드가 숨겨져 있는 것이다. 이 영화는 미스터리, 스릴러물로서 상당히 난해한 철학적인 의미를 함유하고 있으면서도 아주 강력한 메시지를 담고 있는 것이다. 그 메시지는 2천 년간 지켜 온 비밀을 밝힌다는 것이며 그 비밀이 밝혀짐과 동시에 기독교는 허상의 종교임이 만천하에 드러난다는 것이다. 기독교는 진실을 왜곡한 종교이며 현존하는 예수님의 혈통인 메로빙거의 가계를 철저하게 감추어 왔다는 것이다. 그리고 이 영화에서 소피는 메로빙거의 직계후손으로 소개되며, 왕족의 피를 가지고 있는 자로 성배이며, 유일하게 살아남은 예수 그리스도의 마지막 후손으로 소개된다. 그리고 이것이 역사적인 사실임에도 불구하고 그동안 전설로 가려져 왔으며 이제 비로소 그 실체가 드러난다는 것이다. 그리고 예수 그리스도의 살아 있는 후손이 이 모든 것을 말해 준다는 것이다. 이 영화가 시사하는 바는 지금까지 방영되어 왔던 영화와는 달리 예수 그리스도의 인성을 부각시켜 신성을 결여시키는 것은 물론이고, 근본적으로 예수님을 하나님으로, 구원자로 믿고 따르는 기독교의 허상을 말하고 있는 것이다. 그러므로 이전에 방영되었던 영화들과는 달리 대단한 파괴력을 지니고 있는 것이다. 그리고 기독교가 허상인 이유 중에 가장 큰 이유는 성경을 왜곡하는 정도를 넘어 성경의 주인공인 예수 그리스도의 실체를 철저하게 감춰 왔다는 것이다. 그리고 이 영화는 제목에서 말하는 것과 같이 '다빈치 코드'의 관점으로 성경을 해석해야 한다는 것이다. 그리고 이 '다빈치 코드'가 성경을 해석하는 유일한 열쇠라는 것이다. 과거 중세시대의 교회는 성경을 해석하는 관점에 의해서 타락하고 부패하였다. 그래서 종교 개혁자들이 외친 개혁의 소리 중에 하나가 'Sola Scripture'이다. 이는 '성경으로 돌아가자'는 의미를 뛰어넘어 성경을 성경으로 해석하자는 것이며, 성경을 해석하는 권위는 그 어떠한 것에도 있지 않고 오직 성경에만 있다는 것이다. 지금의 시대에 이러한 성경을 왜곡하는 영화가 방영되며 또 이러한 영화를 통해서 성경이 진리가 가려짐에 불구하고 외치는 자의 소리가 적은 것은 교회에서 성경을 바로 증거하지 못한다는 사실을 부인할 수 없을 것이다.

5.2. 뉴 에이지와 TV

텔레비전이 우리의 생활에 일부가 되어 버린 지는 이미 오래이다. 우리는 텔레비전으로부터 세상 돌아가는 이야기를 듣고 생활의 재미를 느끼며 산다. 특히 여가 활동이 제한되어 있는 현대인의 생활에서는 텔레비전이 유일한 오락 수단이 되어 버렸다. 텔레비전과 대화를 나눈다는 말도 틀린 표현이 아니다. 이미 텔레비전은 가족의 일원으로 우리의 일상을 지배하고 있고 안방을 차지하고 있기 때문이다. 우리는 이미 텔레비전 앞에서 웃기도 하고, 울기도 하며 때로 흥분하기도 하고 그와 더불어 행복해하기도 한다. 텔레비전을 지칭하는 용어는 수없이 많다. 인간의 무한한 욕망을 창출하려는 바벨탑이나, 바보상자, 알라딘의 램프, 외눈박이 괴물, 제5의 벽 등이 모두 텔레비전에 붙여진 별명들이다.

링스는 그의 저서 『제5의 벽』에서 "텔레비전은 우리들 가정의 네 개의 벽 외에 제5의 벽과 같은 존재가 되었으며, 가정에 전기나 수도가 있어야 하듯이 방송 프로그램도 빠뜨릴 수 없는 필수품이 되었다. 제5의 벽은 외계로 향하는 창과 같은 것이며, 그 창을 통해 외계는 가정환경의 일부로 변해 가고 있다. 이 환경은 심리적인 면에서 고독을 달래 주며, 방문객을 맞이하고 친구가 되며, 프로그램 현장에 같이 있는 것 같은 일체감을 느끼게 하고 자기도 그 일부라고 생각하게 하고, 고독감의 해소, 일체감, 친밀성, 체험성을 준다."고 말한다.

그런가 하면 마샬 맥루한과 같은 미디어 학자는 텔레비전을

'인간의 확장'으로 보았고, 뉴욕 대학 교수인 슈왈츠는 텔레비전을 '제2의 신'이라고 지칭했다.

신은 전지전능하며 육체가 아닌 정신으로 우리 생활 속에 깊이 편재하여 있으며, 모든 것을 가능하게 한다. 권력자나 서민이나 유식한 자나 무식한 자나 남녀노소를 막론하고 모든 사람에게 영향을 미치고 있다는 것이다. 교회가 있던 자리에는 방송국이 세워졌고, 사람들은 교회에 가는 대신에 텔레비전 미디어라는 제2의 신을 통해 제1의 신을 믿는다는 것이다.

텔레비전에 대한 이 같은 시각은 거의가 부정적인 측면에 근거를 두고 있다. 폭력과 범죄를 조장하고 물질적 가치관을 심어 주며, 가족과 공동체를 파괴하는 등의 많은 비판이 텔레비전을 향해 쏟아져 왔다.

그러나 텔레비전이 가진 영향력은 긍정적인 면도 찾아볼 수가 있다. 갖가지 정보의 제공, 세상 소식의 전달, 휴식과 오락의 제공 등은 텔레비전을 통해 얻을 수 있는 중요한 이점들이다. 텔레비전의 영향력에 대해서는 완전한 부정도, 완전한 긍정도 하기 어렵다.

학자들의 의견도 텔레비전이 '세상을 향한 창'이라는 긍정적 입장과 '폭력과 범죄의 교실'이라는 부정적 입장으로 나뉜다.

중요한 것은 텔레비전의 영향력이 긍정적이냐, 부정적이냐에 대한 판결이 아니라 텔레비전이 우리 삶에 있어서 빼놓을 수 없는 존재, 즉 외면할 수도 거부할 수도 없는 존재로 자리 잡고 있다는 점이다.[189]

---

189) 강영안, 김연종, 신국원 외, 『대중문화, 더 이상 침묵할 수 없다』(서울: 예영커뮤니케이션, 1998), pp. 191~193.

오늘날 텔레비전은 모든 사람에게 가정과 학교, 교회보다도 더크고 강한 영향을 미치고 있으며, 실생활 한가운데서 우리의 생각과 행동을 통제하고 있다. 텔레비전을 올바로 이해하기 위해서는 텔레비전이 영상 매체라는 점에 유의해야 한다.

영상, 즉 이미지가 갖는 심리적 특성, 커뮤니케이션적 특성을 먼저 이해해야만 텔레비전이 미치는 영향력에 대해서도 바른 인식을 가질 수 있다. 영상(Image)이라는 말은 라틴어로 'Imago(모방)'이라는 말이다.

영상 매체의 기본적 기능은 '본다(see)'는 것으로 설명할 수 있는데, 여기에서 인지, 판단, 관찰 등의 뜻이 포함되며, 이는 '알다(know)'라는 말과 동의어이다.[190]

색채나 명암, 형태 같은 시각적 요소를 감지하는 것이 보는 것이라면 그것을 조립, 구성하고 지각하고 인지하고 판단하는 작용까지가 'See'라는 말에 포함된다. 영상의 의미도 그런 맥락에서 이해되어야만 한다.

텔레비전의 작은 화면은 현장에서 본다는 현장감, 인간에 대한 친근감, 동반 의식, 현실감, 참여 의식 등을 전달한다. 즉 텔레비전의 화면은 작지만 언제나 가깝고 눈에 익은 매체로 인식된다. 우리는 사람과 대화를 하듯이 텔레비전을 보면서 반응하고 감정을 표현하고 때로는 스위치를 꺼 버림으로써 대화를 끊어 버리기도 한다.

또한 카메라 렌즈를 바라보는 등장인물의 시선이 마치 자신의 눈을 바라보는 듯한 착각을 가짐으로써 실제 현장감이나 동반감

---

190) Ibid., p. 194.

이 더해지기도 한다. 텔레비전은 진행형의 매체이기도 하다. 텔레비전만큼 장소와 사건이 일치하는 동시성을 가장 효과적으로 만족시켜 주는 매체도 없다고 한다.

또한 사물이나 풍물보다는 인간관계에 더 중점을 둠으로써 사람들에게 친밀감을 더해 주는 매체이기도 하다. 텔레비전의 이러한 영상적 특징은 사람들에게 '유사환경'을 제공해 준다.191)

텔레비전은 우리가 깨닫지 못하는 사이에 우리의 눈과 귀로 엄청난 양의 메시지를 주입하고 그것은 우리 머릿속에 고정된 가치관을 심어 놓는다. 또한 외면적으로 나타나지 않더라도 물질과 외형을 중요시하는 가치관, 타인에 대한 편견과 부정적인 인식, 즉 흥적이고 충동적인 사고 등은 반드시 주목해야 할 텔레비전의 숨겨진 영향력들이다.192)

이러한 시각을 바탕으로 텔레비전이 사람들에게 어떤 영향력을 행사하고 있으며 그것이 사람들의 현실 인식 및 성격 형성에 어떻게 기능하고 있는지를 좀 더 구체적으로 살펴보고자 한다.

첫째로, 현실과 허구의 혼동이다. 텔레비전의 중요한 특징 중의 하나는 우리에게 유사 환경을 만들어 준다는 것이다. 텔레비전에 장시간 노출되어 있는 사람들은 간접 체험은 확대되고, 직접 체험은 감소되어 현실과 허구의 세계를 구분하지 못하는 경향이 있다.

특히 텔레비전이 비추는 세계를 현실로 인식하기가 쉽다. 그뿐만 아니라 책에 비해 실감나는 영상 이미지를 제공하기 때문에 현실을 그대로 반영하는 것처럼 보이게 된다.

191) Ibid., p. 195.
192) Ibid., p. 197.

텔레비전 드라마 속의 내용을 사실적이라고 믿거나 텔레비전이 세상을 그대로 비추어 주는 창문이라는 생각을 갖고 있는 사람들은 의외로 많다. 우리는 텔레비전이라는 창문을 통해 보이는 세상만을 보면서 마치 그것이 세상의 전부인 것처럼 생각하면서 살아가게 된다. 또 그렇게 받아들인 정보로 세상에 대한 평가를 하게 된다. 하지만 이러한 정보는 때로 경험해 보지 못한 세계에 대한 편견으로 이어지기가 쉽다. 특히 세상에 대한 직접 경험이 지극히 적은 청소년들이 텔레비전 속에 비친 세계와 실제 세계를 구분하지 못하리라는 것은 충분히 가능한 일이다.[193]

둘째로, 대인관계의 변화이다. 텔레비전에 지나치게 몰입해 있는 시청자들은 타인과의 커뮤니케이션이나 평범한 교제를 제대로 하지 못한다는 조사 결과가 있다.

또한 기계 친화성이 높으면 대인 관계가 원만하지 못하며 고독감을 느끼기 쉽다는 주장도 있다.

비현실적인 영상 속의 등장인물들과 자주 접촉하다 보니 현실에서 다른 사람들과 상호 작용하면서 획득해야 할 사회적 능력을 학습하지 못하고 사회적 발달이 저해되는 것이다.

셋째로, 현실 인식의 약화이다. 텔레비전이 제공하는 간접 체험이 증대됨에 따라 현실 인식이 약화될 가능성도 크다.

특히 타인의 아픔을 내 것처럼 공감하는 능력이 떨어지게 된다.[194]

미디어를 통한 간접 체험이 증가하면 미디어가 자신의 환경을 둘러싸는 일종의 캡슐형 인간이 생겨난다는 우려도 있다. 즉 미디

193) Ibid., p. 198.
194) Ibid., p. 199.

어에 의한 간접적인 커뮤니케이션에 둘러싸여 자신의 신변에서 일어나는 현실을 제대로 인식하지 못하고 타인과의 커뮤니케이션을 의도적으로 차단하거나 회피하는 인간을 말한다.

넷째로, 고정관념 형성이다. 이것은 미디어의 '스테레오 타입' 기능을 지칭한다. 텔레비전이 무의식중에 사람들에게 세상과 인간에 대한 고정된 이미지를 제공한다는 것이다. 일반적으로 사람들은 대부분 다른 사람들, 특히 자신과 비슷한 사람들이 어떻게 살며, 무슨 생각을 하는지 알고 싶어 한다. 그런 욕구를 채워줄 수 있는 가장 손쉬운 수단이 바로 텔레비전이다. 그런데 여기에 비친 세상 자체가 제한적이고 편파적인 모습일 때 문제가 발생한다. 텔레비전에서 묘사하는 인간의 모습은 심하게 왜곡되어 있는 경우가 많다. 이상적인 남성상과 여성상은 모두 출중한 외모와 체격 조건을 갖춘 것으로 그려지고, 장애인들이나 노인들은 무가치하고 불필요한 인물로 묘사되는 경우가 비일비재(非一非再)하다. 또 종교인은 어떤가. 텔레비전에서 묘사되는 기독교인의 이미지는 결코 긍정적이라고 볼 수 없다. 고리타분하고 융통성 없는 모습, 텔레비전에서 보여주는 대표적인 기독교인의 모습이다. 텔레비전을 통해 습득된 고정관념은 우리 삶에 있어서 손쉬운 길잡이로 지침이 되기도 하지만 때로는 그릇된 세상 인식을 심어 주기도 한다. 이 같은 고정관념은 직접 경험치 못한 사람이나 집단에 대한 선입관으로 자리 잡게 되어 실제 경험에서 자칫 그릇되게 작용할 수 있다.[195]

다섯째로, 공격성 증대이다. 텔레비전이 가져오는 폐해 가운데 빼놓을 수 없는 것이 폭력의 문제이다.

---

195) Ibid., p. 200.

텔레비전은 허구의 세계를 만들어 내기 쉽고 정보의 시각화가 가능하다는 특징 때문에 훨씬 더 실감나고 자극적인 폭력들을 시청자들에게 제공하고 있다. 폭력에 있어서 좀 더 근본적인 문제는 인간의 생명과 존엄성에 관한 외경심, 동정심을 상실하여 정서가 황폐화할 수 있다는 사실이다.

폭력적인 미디어의 내용이 사람들에게 구체적으로 어떤 영향을 미치는가에 대해서는 다음 몇 가지로 설명할 수 있다. 하나는 거부감이나 혐오감을 불러일으키는 영상자극을 반복해서 보면 폭력에 대한 저항감이 약해지고 폭력 행동에도 익숙해진다. 둘은 실제로 체험을 하지 않더라도 타인이 공격적 행동을 하는 것을 보면 그것을 모방하여 똑같은 행동을 하게 된다는 모델링 이론의 설명이 있다.

셋은 문화 계발 효과로 일컬어지는 측면으로 텔레비전 시청 시간이 긴 사람일수록 폭력 범죄의 발생률을 높게 예측하거나 현실 사회를 위험한 세계로 인식하는 경향이 높아져 타인에 대한 경계심을 지니게 된다는 것이다.

여섯째로, 가치관의 변화이다. 영상에 익숙한 사람들은 재미있는 텔레비전 프로그램을 따라 채널을 돌리듯 '좋고 싫음'으로 사물을 판단하는 경향이 있다.

'좋고 싫음'이란 곧 취향을 의미하는데 취향에 따른 가치 판단은 곧 남들과 다르게 살고 싶다는 이질 지향적인 가치관을 만들어 낸다.196)

텔레비전은 유령, UFO, 비전, 환상 등을 통해서 뉴 에이지 사상을 전파하고 있는데 거의가 명확하게 드러나지 않고 프로그램

---

196) Ibid., pp. 201~202.

속에 감춘 상태로 방영하게 된다. 특히 어린아이를 위해서 제작된 작품들은 실재의 세계와 환상의 세계를 구분하기 어렵게 한다.197)

함민복 시인의 "텔레비전 오우가"는 텔레비전을 위험성을 표현하고 있으며, 텔레비전을 가리켜 아버지라고 묘사하고 있다.

그 시의 내용은

"텔레비전을 아버지라 부르고 싶다. 테레비가 가족을 침묵시키고 둘러앉게 한다. 가족 중 테레비와 가장 많은 시간을 보낸다. 저를 이렇게 길러주신 테레비님께 감사하며 어머니 테레비 갖다 버릴까요. 독서가 잘 안 돼서 그러는데요 이제 나는 어버이날 테레비에게 카네이션을 달아 드리련다. 아버지처럼 소중한 나의 친구여."이다.198)

텔레비전의 위험성을 적나라하게 표현한 '채널 23'이라는 시가 있는데 그 시는 시편 23편을 각색한 것이다.

그 시의 내용은

"TV는 나의 목자시니 내게 부족함이 없으리로다. 그가 나를 소파에 누이시며 하나님의 말씀에서 멀어지게 인도하시는도다. 내 영혼을 파멸시키고 광고주를 위하여 섹스와 폭력의 넓은 길로 인도하시는도다. 내가 나의 책임을 피해 그늘로 다닐지라도 방해받지 않을 것은 TV가 나와 함께함이로다. 화면의 욕정과 음악이 나를 붙잡나이다. TV께서 내 세상살이 목전에 즐거움을 베푸시고 무절제와 인본주의로 내 머리에 기름 부으셨으니 나의 탐욕이 넘치나이다. 나의 평생에 게으름과 무지함이 정녕 나를 따르리니 내가 집 안에서 TV 보며 영원히 거하리로다."이다.199)

---

197) 이한수, "뉴 에이지 운동이 청소년들에게 미치는 영향에 대한 연구"(미국: 캘리포니아 신학대학원, 1995), pp. 98~99.

198) 강영안, 김연종, 신국원 외, 『대중문화, 더 이상 침묵할 수 없다』(서울: 예영커뮤니케이션, 1998), p. 191.

199) 신상언, 『사탄은 마침내 대중문화를 선택했습니다』(서울: 낮은울타리, 1992), pp. 184~185.

또한 찬송가 478장 "주 날개 밑 내가 편안히 쉬네"를 각색한 TV '찬송가 478장'도 있다. 그 내용은 "TV 앞에서 내가 편안히 쉬네. 밤 깊고 비바람 몰아쳐도 TV께서 날 즐겁게 하시니 거기서 편안히 쉬리로다. TV 앞은 즐거워라 그 쾌락 끊을 자 뉘뇨. TV 보는 내 기쁜 영혼 영원히 거기서 살리. TV 앞에 참된 기쁨이 있네. 고달픈 세상길 가는 동안 그 앞에 앉아 세월을 잊고 영원한 안식을 누리리라. TV 앞은 신나누나 그 눈길 끊을 자뉘뇨. TV 보며 모든 것 잊고 영원히 충성을 다하리."이다.200) TV도 영화 못지않게 우리의 감수성을 자극하여 우리의 잠재의식을 엄습한다. 지나치게 어떤 프로에 집착하게 한다든지 꼭 중요한 장면에서 끝나게 하며 '다음 시간에'라는 자막을 남긴다. 그래서 시청자들로 하여금 다음 시간을 꼭 시청하게 한다. 이것은 시간을 뺏는 것이다.

과거에 방영되었던 폭력성이 짙은 드라마인 "모래시계"는 '퇴근 시계'라는 별칭이 붙을 정도로 사람들의 시간을 송두리째 빼앗아 가 버렸다.

5.2.1. '가을 동화'의 비성경적인 성격

이 드라마는 최고의 탤런트로 손꼽히는 송승헌과 송혜교가 열연했던 드라마로서 뉴 에이지성을 띠고 있다고 말할 수 있다.

이 드라마는 특히 로맨틱한 분위기를 통해 우리의 감수성을 자극하였다. 이 드라마의 전체적인 내용은 슬픈 사랑이며, 그 사랑

---

200) 신상언, 『대중문화 최후의 유혹』(서울: 낮은울타리, 1993), p. 142

은 이루어질 수 없는 사랑이라는 전제로 구성되어 보는 이로 하여금 더욱더 눈시울을 뜨겁게 하였다.

특히 주인공의 애절한 대사가 나올 때는 배경 음악으로 로망스가 깔리기도 하였는데 이 로망스는 앞서 언급했던 백워드 매스킹을 처음으로 사용한 비틀즈의 곡이다.

이 음악이 아무리 우리에게 잔잔한 감동을 준다고 할지라도 뉴 에이지 음악인 것은 사실이고, 이 뉴 에이지 음악은 우리의 영혼에 해를 끼치는 것이다. 이 드라마의 내용을 일축하면 송승헌의 친동생인 은서(송혜교)는 태어날 때 오빠인 준서(송승헌)의 실수로 인해 침대에 걸려 있던 이름표가 땅에 떨어지는 바람에 병원의 간호사가 그 떨어진 은서의 이름표를 다른 아기의 침대에 걸어 생이별을 하게 된다.

그리고 준서와 은서가 자라서 서로의 가슴에 애절한 사랑이 싹트게 되고 나중에 서로가 친남매인 사실을 알게 되자 몹시 괴로워한다.

이러한 내용을 중심으로 하고 있는 이 드라마는 경치가 좋고 녹색의 푸름이 짙은 청정 해역인 춘천과 강원도 일대를 배경으로 하였기에 더욱더 그 자연과 애절한 사랑이 맞물려 보는 이의 가슴을 송두리째 빼앗아 가 버렸다. 그리고 이 드라마 주제곡의 제목은 "기도"인데 여기에서 말하는 기도는 의미 없는 중언부언의 기도에 지나지 않는 것이다.

오직 예수 그리스도의 이름으로 하는 기도만이 참된 기도이며, 응답받을 수 있는 기도인데 이 드라마는 이러한 중요한 개념을 무너뜨리고 마는 것이다. 또한 이 드라마는 자연주의 뉴 에이지 혹은 낭만주의 뉴 에이지라고 칭할 수가 있다. 이 드라마에서 가장 문제성이 있는 것은 바로 인간이 죄를 사한다는 것이다.

이 드라마의 준서와 은서는 서로의 머리에 손을 얹고 "너의 죄를 사하노라."고 하는 대사를 한다. 이러한 대사는 한 번으로 그치는 것이 아니라 여러 번 반복된다. 반복이란 뉴 에이지의 특징 중의 하나로서 그러한 반복을 통해 우리의 잠재의식에 각인시키고, 그 각인된 메시지는 우리의 의식이 긍정으로 받아들이는 것이다.

죄를 사할 수 있는 분은 오직 예수 그리스도 한 분뿐이시다. 그런데 이 대사는 그러한 예수 그리스도의 유일한 권한인 죄 사함도 인간이 할 수 있는 양 표현하고 있다.

이 드라마에서 처음부터 이 장면과 대사가 묘사되었다면 많은 기독인들이 이 드라마를 거부했을 것이다. 그러나 그것을 알기에 처음에는 전혀 그런 대사를 언급하지 않다가 이 드라마의 배경과 잔잔한 음악과 주인공들의 눈물 어린 사랑으로 시청자들의 마음을 장악한 다음에 이 대사를 가미하여 아무런 거리낌 없이 수용하게 한 것이다.

만약에 교회의 강단에서 예수 그리스도 외에 인간도 죄를 사할 수가 있다면 교인 모두가 그 메시지를 이단으로 치부하며 거부할 것이다. 그러나 똑같은 메시지임에도 불구하고 방송 매체인 TV에서 방영되었다는 이유로 거부하지 못하고 수용하고 만 것이다. 이처럼 뉴 에이지란 우리의 마음을 빼앗아 간 다음에 실로 위험천만한 비성경적인 메시지를 우리에게 주입시키는 것이다. 그러므로 이제는 TV를 시청할 때에도 그 내용에 매료되지 않게 해 달라고 하나님께 기도해야 할 필요성이 강하게 요구되는 것이다.

5.2.2. '인어 아가씨'의 비기독교적인 성격

이 드라마는 장서희라는 탤런트가 열연했던 드라마로서 한 편의 복수극을 연출하고 있다. 장서희는 아리영이라는 이름으로 등장하는데 아리영의 아버지인 박근형 씨가 다른 여자에게 호감을 느껴 부인을 버리게 된다.

그에 대한 결과로 아리영의 어머니는 눈이 멀게 되고 아리영의 동생은 어머니의 충격으로 인하여 자폐증 아이로 태어나 불의의 사고로 죽게 된다. 그래서 아리영은 이를 악물고 아버지에 대한 복수심으로 가정의 생계를 꾸려 나가게 된다.

아리영은 드라마 작가가 되어 "사랑의 기쁨"이라는 드라마를 쓰게 되는데, 이 드라마의 여주인공은 바로 다름 아닌 자신의 친아버지를 사랑이라는 이름으로 빼앗아 간 여인이다.

또한 이 드라마의 내용은 자신의 어머니의 처절한 삶을 보상받고자 한 복수극이다.

아리영은 자신의 아버지를 빼앗아 간 여인의 딸인 애영이가 결혼을 앞두고 만나는 남자를 유혹하여 빼앗게 된다. 이를 알게 된 애영이는 아리영을 향해 복수를 계획하게 되지만 자신의 부모의 과거를 알게 되자 오히려 아리영과의 관계가 돈독해지고 그런 자신의 부모를 증오하기에 이른다.

특별히 복수는 하나님께서 엄히 금하신 것이며, 복수는 또 다른 복수를 낳는 것이기에 결코 합당치 못한 것이다. 이 드라마는 시청자들로 하여금 복수의 정당성을 알리고자 한 것이며, 이 드라마를 통해 사람들의 마음속에 복수심이 불타오르게 하는 맥락에서 비기독교적인 성격을 띠고 있는 것이다.

이 드라마는 시청자들의 시선과 마음을 복수라는 매개체로 잠식시키고 본래 의도했던 것을 드러내기 시작하는데 아리영의 배다른 동생인 애영이가 자신의 단짝 친구인 마린이의 친오빠인 마준과 결혼하여 신혼여행을 가게 되었는데 애영이가 TV시청에 몰두한 것 때문에 마준이 화를 내고 나가 버린다.

이 일로 인해 애영이는 아리영에게 전화를 하여 위로를 받고자 하는데 그때 아리영이가 애영이에게 해 준 말 가운데 신성 모독적이며 비기독교적인 말이 있었다. 필자도 드라마를 관망하면서 복수라는 매개체에 그만 잠식되어 그 대사를 흘려버릴 뻔했었다. 이렇듯 뉴 에이지 드라마는 교묘하게 시청자의 마음을 다른 데로 돌리게 하고 그들의 잠재의식 속에 무서운 메시지를 심어 놓는 것이다.

그 문제의 대사는 "신도 완벽했으면 세상 이렇게 안 만들어"이다. 이 한마디의 대사는 많은 의미를 함축하고 있는 것이다.

첫째로, 이 말은 신이 완벽하지 않기에 인간과 신을 동등시하고자 하는 의도가 함축돼 있다. 이처럼 뉴 에이지 사상은 인간과 신을 동등시하는 것이며 영적 진화라는 주제를 내세워 인간이 신이 된다고 주장하는 것이다.

둘째로, 이 말은 사탄과 인간의 죄로 망쳐진 세상에 대한 책임을 신에게 돌리는 의미가 함축돼 있다. 이 말은 그리스도 밖에 있는 자들에게 공감이 가는 말이기도 하다.

흔히 그들이 하는 말 가운데 "하나님이 계시다면 어떻게 이런 일이 일어날 수 있을까?"라고 한다. 자신의 실수로 일어난 일들조차도 하나님께 책임을 돌리고자 하는 악한 의도가 인간의 마음속에 잠재되어 있는 것이다. 그러므로 이 대사는 그러한 인간의 죄성을 끌어내어 공감대를 형성하여 죄의 동조자가 되게 하는 것이다.

셋째로, 이 말은 신도 완벽하지 않은 것처럼 남자도 완벽하지 않다는 의미가 함축돼 있다. 다시 말하면 신도 완벽하지 않은 것처럼 남자 또한 완벽하지 않기에 실수할 수 있다는 것이다.

이는 실수에 대한 핑계를 하나님께 돌리는 것으로서 아담에게 하나님께서 죄에 대해 물으시자 창세기 3장 12절에 기록되어 있는 말씀처럼 "아담이 가로되 하나님이 주셔서 나와 함께하게 하신 여자 그가 그 나무 실과를 내게 주므로 내가 먹었나이다."라고 하는 것과 다를 바가 없는 것이다.

또한 이 드라마는 제목부터가 뉴 에이지성을 띠고 있는 것이다. '인어 아가씨'라는 말은 인어라는 생물과 사람이라는 인격체의 합성어이다. 그리고 인어는 하나님께서 창조하신 것이 아니라 가상적으로 만들어진 것이다. 그냥 일반적인 생물과 사람을 합성해도 문제가 있는 것인데 실존하지 않는 생물과 인간의 합성은 우리의 바른 이성을 교란시키고자 하는 의도가 짙게 깔려 있는 것이다.

끝으로, 이 드라마에서 아리영은 하루의 일과를 마치고 국선도를 하기 위해 도장에 가서 도복을 갈아입고 수련에 치중하는 장면이 반복적으로 연출된다. 드라마의 위력이란 주인공이 하는 것을 꼭 따라 하고 싶어지는 것이다. 이것을 가리켜 신드롬이라고 하는데 이 신드롬에 빠지게 되면 자신의 일상생활은 뒤로한 채 그 연기자가 하는 것을 답습하는 것이다.

그러면 국선도가 무엇인지를 알아보고자 한다. 국선도는 우리나라의 전통적인 심신수련법으로, '의념수련' 단전호흡인 '호흡수련' 몸을 골고루 움직여 주는 '행공수련'으로 이루어져 있다.

국선도가 알려지기 시작한 건 1967년 이후 국선도 대학까지 설립될 정도로 우리나라에서는 급속도로 번져 나아갔다. 국내만 해도 110여 개의 전수장과 100여 개의 연수장이 만들어졌고, 전국 14여 개 대학에서는 정식 교과목으로 채택될 정도이다.

그러나 국선도의 내용을 살펴보면 그것이 비기독교적인 세계관에 기초한 것임을 알 수 있다.

첫째로, 인간관이다. 국선도는 인간을 몸, 마음, 정신으로 이루어진 존재로 보고 있는데 이는 성경적 인간관과는 배치되는 것이다.

성경은 인간을 몸과 영혼으로 구성된 존재로 보고 있다(시 62:5, 마 10:28, 고전 2:11). 국선도는 인간이 영적인 존재임을 간과하고 있는 것이다.

둘째로, 우주관이다. 국선도의 행공수련법은 우주의 기운을 풍부하게 받아 생명력을 충만하게 만든다는 목적을 갖고 있다. 우주에는 무한한 생명력 또는 기가 있는데 이것이 호흡을 통해 몸 안으로 들어온다는 것이다.

즉 국선도는 우주의 생명력을 비인격적인 물질인 기를 봄으로써 유물론적인 우주관을 갖고 있다고 할 수 있다. 하지만 성경은 보이지 않는 하나님과 천사들, 마귀와 귀신들은 곧 영적인 존재임을 말해 주고 있다(사 11:2, 막 1:34, 눅 4:3).

셋째로, 구원관이다. 국선도는 하나님이 아닌 우주와의 합일을 추구한다. 수련 과정의 마지막 단계인 선도법은 우주와 하나 되어 선인의 경지에 이르는 수련 단계라고 한다.

이 수련을 마쳐 참도인이며, 모든 수행자들에게 수행의 바른길을 밝혀 줄 수 있는 참스승이라는 것이다. 실제로 국선도를 추종하는 사람들은 국선도의 맥을 전수해 주었다고 믿는 천기 도인, 단군, 청운 도사, 도종사 등을 거의 숭배하다시피 한다. 특정 대상을 숭배하거나 교리가 없기 때문에 종교단체가 아니라고 하지만 다분히 종교적이라 아니 할 수 없다.

성경은 우리가 어떠한 행위로도 신의 경지에 도달할 수 없고, 오직 예수님을 '믿음'으로써만이 구원에 이를 수 있으며(엡 2:8~9), 예수님을 믿는 사람들은 비인격적인 '하늘'이 아니라 인격자이신 '하나님과의 교제'를 할 수 있는 특권을 누린다고 가르친다.[201]

이상에서 살펴본 바와 같이 이 드라마에서 소개하고 있는 국선도는 엄연한 뉴 에이지 종교이며, 이 종교에서 신봉하는 신은 다름 아닌 사탄인 것이다. 그러나 이러한 의미를 알지 못하는 자들에게 있어서는 국선도가 자칫 신비스럽게 미화되기도 한다.

그러므로 드라마를 시청할 때는 경계의 마음을 가져야 하는 것이며, 그 드라마의 내용에 의해 자신의 감정이 움직이지 않도록 긴장을 늦추어서는 안 될 것이다. 그리고 너무 지나친 감정을 표출해서는 안 될 것이다. 드라마에서 슬픈 장면이 묘사되면 너무 지나친 눈물을 흘려서도 안 될 것이며, 기쁜 장면이 묘사되면 너무 지나친 웃음을 표현해서도 안 될 것이다. 사탄은 드라마라는 매개체를 가지고 우리에게 접근해 오며, 우리의 바른 가치관을 상실하게 하며, 깊은 수렁으로 빠뜨리는 것이다. 드라마는 온갖 거짓 사상을 교묘하게 내장하여 시청자들을 혼란시키는 데 큰 일조

---

201) 신상언 외, 『n 낮은울타리』(월간 낮은울타리 9월호 별책부록, 2002), pp. 28~29.

를 하고 있다.

5.2.3. 'The King'의 반성경적인 성격

이 "The King"은 2001년 12월 25일 성탄절과 2002년 12월 25일 성탄절 날 TV에서 방영된 애니메이션풍의 만화이며, 애니메이션의 발산지라고 할 수 있는 일본만화이다. 이 만화영화의 등장인물들의 차림새를 통해서도 일본만화임을 알 수 있다. 다른 사람들은 TV에서 성경적인 내용의 영상물이 방영된다면 기뻐할지 몰라도 필자는 왠지 기분이 좋지 않고 달갑지가 않다. 왜냐하면 대중문화라는 여과기를 거치면 역시나 뉴 에이지풍으로 흘러가며 성경을 왜곡하기 십상이기 때문이다.

이 만화의 배경은 사울왕과 다윗왕의 관계를 패러디한 것으로서 성경을 왜곡하는 부분이 다분하기에 뉴 에이지라고 일컬을 수가 있다.

어떤 자들은 성탄절에 하는 것이기에 설마 그럴 수 있느냐고도 하겠지만 바로 그것이 사탄의 공략인 것이다. 대중문화는 결코 어떤 한 종교에 집착하지 않으며 또한 집착할 이유와 필요성이 없는 것이다. 또한 종교적인 색채가 강하면 방송에 인기를 얻을 수가 없다. 그리기에 인기 공략으로 방영되는 프로그램이기에 거기에서 더 이상 성경적인 내용을 기대하는 것은 무리이다. 그러면 이 만화영화를 성경적으로 분석해 보고자 한다.

첫 번째로, 사무엘상 18장 10절로 11절의 말씀을 보면 하나님의 부리신 악신이 사울에게 힘 있게 내릴 때 다윗이 사울 앞에서 수금을 탄다. 그러자 사울은 자신의 손에 있는 창을 다윗에게 던지는데 다윗이 그 창을 두 번 피하는 내용이 기록되었지만 여기에서는 사울이 창을 던지려고 하지만 던지지 아니하였다. 그리고 여기에서는 사울이 다윗에게 창을 던지기는 던졌으나 그 던진 시기가 성경의 기록과는 달리 다윗이 수금을 탈 때가 아니라 블레셋과의 전쟁에서 승리하고 돌아올 때이다. 그리고 다윗이 그 창을 피하자 사울이 다윗의 실력을 보기 위해서였다고 하며 왜곡하여 패러디하였다. 우리나라 속담에 "바늘 도둑이 소 도둑 된다."는 말이 있다. 이 말처럼 처음에는 아주 작은 문제처럼 보이지만 나중에는 아주 큰 문제로 확대되는 것이다. 그러므로 아예 처음부터 미연에 방지해야 하는 것이다. 초기 진압을 하지 못하면 큰 화를 자초하게 되는 것이다.

두 번째로, 사무엘상 18장 25절에 사울이 다윗에게 자신의 딸인 미갈을 아내로 취하려면 블레셋 사람 양피 일백을 가져오라고 하는데 여기에서는 귀걸이 100개를 가져오라고 한다. 그리고 다윗이 블레셋 사람 양피 100개를 얻기 위해 전쟁하러 갈 때 사울이 보낸 사람이 다윗이 숨은 곳에 화살을 쏘아 블레셋 군대에게 다윗이 있는 곳을 알려 주는 장면이 묘사되는데 이것은 성경에 전혀 없는 내용임이 틀림없다.

세 번째로, 블레셋 사람들에게 피하여 돌산꼭대기로 올라가 손을 높이 들자 그 돌산의 돌이 무너져 블레셋 사람들이 죽는 장면도 성경에 없는 내용을 패러디한 것이다.

네 번째로, 사무엘상 17장 5절 말씀에 골리앗은 놋투구를 썼는

데 여기에서 나오는 골리앗은 놋투구를 쓰지 아니하였고 그의 머리는 대머리로 묘사되었고 또한 머리 중앙에만 나 있는 긴 머리를 묶는 것으로 묘사되었다. 이것은 일본인의 색채가 강하게 드러난 것이다. 그리고 사울의 군대 장관인 아브넬의 머리 스타일이나 말투를 통해서도 일본인의 색채가 짙음을 알 수 있다.

다섯 번째로, 사무엘상 17장 15절의 말씀을 보면 다윗은 사울에게로 왕래하며 베들레헴에서 아비의 양 떼를 쳤고, 아비 이새의 심부름으로 인하여 골리앗이 있는 전쟁터로 가게 되었는데 여기에서는 왕궁에서 사울과 함께 말을 타고 전쟁하러 가는 것으로 묘사되었다.

여섯 번째로, 다윗은 골리앗 앞에 나아갈 때 사무엘상 17장 40절의 말씀처럼 시내에서 매끄러운 돌 다섯 개를 골라서 갔는데 여기에서는 시내에서 돌을 줍지 않고 뛰어가다가 길가에서 돌을 줍는 장면으로 묘사되었다. 그리고 그 장면의 배경은 시냇가가 없는 장면으로 묘사되어 시냇가에서 돌을 주웠다는 성경의 내용을 무색게 하며 의구심을 품게 한다.

일곱 번째로, 사무엘상 21장 1절로 6절의 말씀을 보면 다윗이 사울의 추격을 피해 놉으로 가서 제사장 아히멜렉을 만나 먹을 것을 주라고 하자 제사할 때 쓰는 거룩한 떡밖에 있지 않았다. 그리고 그 떡을 먹을 수 있는 자는 여자를 가까이하지 않는 자이다. 그러자 다윗이 삼 일 동안이나 여자를 가까이하지 않았다고 하는데 여기에서는 다윗이 3일 동안 굶었다는 말에 제사장 아히멜렉이 주저하지 않고 그 거룩한 떡을 주는 장면으로 묘사되었다. 이는 거룩성이 결여되는 것이다. 그리고 다윗이 떡을 먹은 후에 골리앗의 칼을 취하게 되었는데 여기에서는 아히멜렉이 다윗에게 먼저 골리앗의 검을 주고 떡을 주는 장면으로 묘사되어 순서가 뒤바뀌었다.

여덟 번째로, 사울을 피해 국경을 넘은 다윗이 찬양을 하는데 그 찬양의 가사에는 주님이나 하나님이라는 말이 전혀 언급되지 않고 C.C.M.에서 주님이나 하나님으로 대신하여 사용하는 '그대'라는 세속적인 단어로 하나님을 묘사하고 있다.

그 가사의 내용은 "나 그대 따르리 나의 가는 길 인도하소서 나 그대 따르리 나의 가는 길 밝히소서"이다. 또한 그 가사를 연주한 음색은 사람의 감성을 매료시키기에 충분하였다.

아홉 번째로, 사무엘상 24장 16절에 사울은 다윗이 자신을 죽일 수 있었음에도 불구하고 겉옷 자락만 칼로 벤 사실을 알고 다윗에게 '내 아들아'라고 하며 울고 다윗을 평안히 가게 하였는데 여기에서는 사울이 도리어 화를 내며 군사들에게 다윗을 잡아 죽이라고 하며 이에 군사들은 다윗에게 화살을 쏘게 되는 장면으로 묘사되었다. 이는 전혀 다른 모습으로 묘사된 것이다.

열 번째로, 사무엘상 24장 20절로 21절의 말씀처럼 이 장면에서 사울은 다윗이 이스라엘 왕이 될 것을 말하고 다윗에게 자신의 후손들을 멸하지 말라고 부탁하는 아주 중요한 사건이 있는데 이 사건을 전혀 묘사하지 않았다.

열한 번째로, 다윗의 진지에 삼각형이 두 개가 포개진 육각형 별이 새겨져 있는 장면이 나오는데 이것은 엄연히 뉴 에이지 마크이다. 이 육각형 별이 이스라엘 국기에도 그려져 있기에 이스라엘 국기라고 할 수도 있지만 이 장면에서는 국기 중에서 육각형 별만을 뽑아서 묘사하였기에 뉴 에이지를 묘사한 것이다.

끝으로, 다윗이 홀로 왕궁에 미갈을 구하러 가고, 그곳에서 홀로 블레셋 군대들과 싸워서 가까스로 승리를 거두는 장면이 나오는데 이 장면은 다윗을 영웅으로 묘사하기에 충분한 것이다. 이처럼 사람을 영웅으로 묘사하여 하나님의 신성을 결여시키는 것도 뉴 에이지 하나의 방편이다. 분명히 성경에는 다윗이 죄를 범한 내용이 명백히 기록되어 있다. 그럼에도 다윗을 묘사한 이 '더 킹'이라는 애니메이션은 그 죄를 전혀 언급하지 않았다. 그 내용이 필요가 없어서, 또한 시간 관계상 묘사치 않았다고 핑계할 수 있겠지만 이러한 것들이 핑계로 남게 된다면 영상 매체가 성경을 왜곡시키기란 그리 어려운 일이 되지 않을 것이다. 또 하나의 큰 문제점이라고 지목할 수 있는 것은 크리스천들이 이러한 내용의 영상물을 접하면서도 그리 달갑지 않게 본다는 것이며, 거룩한 분노는커녕 도리어 도취되어 흥미와 재미로 일삼는다는 것이다. 이것은 이미 사탄의 달콤한 사탕발림에 넘어간 것이며 그 후에는 자신도 어찌할 수 없이 주체하지 못하며 사탄의 유혹에 이끌리게 되는 것이다.

5.2.4. 'CF(Commercial Film)'의 뉴 에이지적인 성격

5.2.4.1. 불스 원샷

이 불스 원샷은 자동차 엔진에 찌꺼기를 제거할 때 사용하는 것인데 이 선전에서 엔진에 찌꺼기가 많이 끼어 있는 차를 마치 생물이 죽은 것으로 묘사하여 엄정화가 그 차를 보고 슬픔을 표현하며 실신한 사람을 인공 호흡할 때 두 손을 포개어 가슴에 대고 자극을 주어 심폐 소생술을 하는 것처럼 차의 엔진 부분에 두 손을 포개고 자극을 주면서 슬픈 목소리로 "엔진아, 엔진아"라고 애절하게 부르는 것으로 묘사하여 무생물인 차를 생물로 묘사하였다.

5.2.4.2. 코렐

이 코렐은 그릇의 상표인데 이 선전에서 어떤 여인이 발성을 하면서 계속적으로 옥타브(octave)를 올리는데 그 소리의 음이 올라갈 때마다 그릇이 깨지는 장면이 묘사되어 큰 음향을 들을 때의 위험성을 제시하고 있다. 그러나 코렐만큼은 깨지지가 않는데 이것 또한 문제인 것이 세상에 존재하는 것은 다 불완전한 것인데 완전함을 묘사하고 있는 것이다.

5.2.4.3. 듀오백

이 듀오백은 인체에 편안하도록 만들어진 의자인데 어떤 소녀가 세종대왕의 동상 앞에서 "대왕님 딱딱한 의자에서 참 힘드셨죠?"라고 묻자 그 세종대왕의 의자가 듀오백으로 바꾸어지게 되며, 이에 동상인 세종대왕이 얼굴에 미소를 지으면서 "아주 편안하다."는 말을 한다.

이것은 무생물인 돌을 의인화한 것이며, 돌을 우상으로 숭배하는 것을 긍정하고 있다.

5.2.4.4. 스카이 락

이 선전은 초콜릿 선전인데 과거에 박진영의 백댄서였던 B가 등장하여 "내 속을 보여주고 싶다."라고 하며 비닐로 된 옷을 입고 나와 육체를 과시하며 선정성을 요구하고 있다.

이러한 영향은 박진영으로부터 받았는데 박진영 또한 무대에서 공연 시에 팬티만을 착용하고 비닐로 된 투명한 옷을 입었었다.

이 선전은 '벗는 문화'를 조장하여 감수성이 예민한 청소년들에게 잘못된 성의식을 심어 주고 있는 것이다.

5.2.4.5. 순창 고추장

이 선전에서 불교의 여자 비구니와 천주교의 수녀가 서로 미소를 지으면서 고추장에 밥을 비벼서 서로 나누어 먹는 장면이 묘사되는데 이 음식을 같이 먹는다는 것으로써 마음이 하나라는 의미이며, 비빈다는 것은 혼합을 의미하며, 종교의 통합을 의미하는 것으로써 진정한 구원관을 말살시키고자 하는 사탄의 계략인 것이다.

그리고 이 선전의 멘트는 '생각은 달라도 매운 맛은 하나'로서 아주 무서운 사상을 담고 있는 것이다.

고린도 후서 6장 14절로 15절에 기록된 말씀처럼 의와 불법이 함께할 수 없으며, 빛과 어두움이 사귈 수가 없는 것이며, 그리스도와 벨리알이 조화될 수가 없는 것이다. 비록 이 선전은 둘 다 바른 종교관을 가지고 있지는 않는 것이기에 하나 될 수 있는 것이지만 이를 통해 기독교와의 종교 통합을 조장하는 것이다.

5.2.4.6. 수협

이 선전에서 수협을 1년 365일 깨끗한 은행이라고 소개하면서 어떤 남자가 바다 위에 사다리를 놓고 그 위에 앉아 페인트를 칠할 때 사용하는 롤러에 바닷물을 찍어 구름을 지우는 장면을 묘사하고 있다. 그리고 마지막 한 점 남은 구름은 입 기운으로 날려 버린다.

구름은 하나님께서 창조하신 자연의 일부인데 그것을 지운다는 것은 하나님의 섭리를 부인한다는 것이며, 또한 입 기운으로 날려 버린다는 것은 하나님께서 아담을 흙으로 지으시고 코에 생기를 불어넣은 것을 교묘하게 묘사하고 있는 것인데 이렇듯 하나님께서만이 하실 수 있는 일을 인간이 하는 것처럼 묘사하며 하나님의 능력이 가치가 없는 것임을 묘사하는 것이다. 이 선전은 깨끗하다는 주제를 그럴듯하게 내세워서 구름을 지워 버리는데 구름은 자연의 현상 가운데서 없어서는 안 될 꼭 필요한 것이다.

그러므로 진정한 깨끗함이란 다 지우는 것이 아니라 필요치 않는 것만을 지우는 것이다.

5.2.4.7. 미래에셋

이 선전은 증권에 관한 내용을 소개하는 것인데 멘트 중에 "보이는 것만 믿으세요."라는 문구가 있다. 이 문구는 반성경적인 것이다.

로마서 8장 24절로 25절의 말씀을 보면 보이는 소망은 소망이

아니라고 하며, 보지 못하는 것을 참음으로써 기다리라고 기록돼
있다.

또한 요한복음 20장 29절의 말씀을 보면 예수님께서 의심하는
도마에게 "너는 나를 본고로 믿느냐 보지 못하고 믿는 자들은 복
되도다."라고 말씀하시는 내용이 기록돼 있다. 그러므로 이 선전
의 문구는 이러한 성경말씀을 배제한 현실주의적인 성향이 짙은
문구이다.

또한 이러한 성경을 배격하고 있는 문구가 기독교 라디오 방송
에서조차도 들려진다는 것이다.

5.2.4.8. 한국 통신

이 선전은 사람의 감성을 불러일으키기에 충분한 자연을 배경
으로 하고 있으며, 수녀가 자전거를 타고 가다가 꼬마 승을 태우
는 장면이 묘사되었다. 이것은 엄연히 뉴 에이지 사상을 표본으로
한 것이고, 인간의 잠재의식 속에 큰 영향을 미치는 것이다.

그 영향이란 분명히 불교와 천주교의 가는 길은 다른데 함께
동승한다는 것은 가는 길이 같다는 것을 의미하며, 또한 서로 가
는 길이 과거에는 달랐었지만 이제는 같아졌다는 종교의 통합을
주제로 다룬 무서운 사상을 함축하고 있는 것이다.

이처럼 일명 '10초의 예술'이라고 불리는 CF에서조차 사탄의
뉴 에이지 사상이 교묘하게 표출되고 있는 것이다. 그러므로 우리
가 문화를 접할 때마다 기도해야 하며, 경각심을 가져야만 하는
것이다.

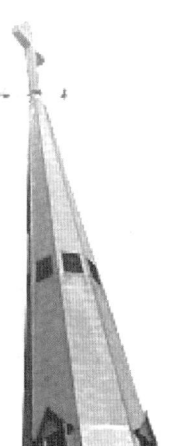

6. 뉴 에이지와 반 기독교적 윤리

NUMBER SIX. THE NEW AGE MOVEMENT
AND ANTI-CHRISTIAN MORALS

6.1. 뉴 에이지와 동성애

대중문화에서 청소년들을 가장 혼돈스럽게 하는 주제 가운데 하나가 동성애이다. 서울대 동성애 모임인 '마음 001' 대표 이정우 씨가 드러내 놓고 회원을 모집한다는 기사가 나간 후 이 땅에 벌어진 동성애 논쟁에서 대중매체는 언제나 어정쩡한 자세를 취하거나 은근히 지지할 수도 있다는 입장을 내비쳐 왔다.

TV드라마 가운데 동성애를 최초로 다룬 드라마는 SBS의 "째즈"이며, 조희 극본, 오종록 연출의 이 드라마는 한 여자의 죽음을 통해 90년대의 변모된 인간들의 세기말적 증상을 다룬다고 하면서, 정성환이 맡은 한새라는 인물을 통해 동성애적 분위기를 한껏 고조시켰다.

여기에 질세라 MBC는 레즈비언을 주인공으로 한 단막극 "두 여자의 사랑"을 내보내 시청자들의 폭발적인 관심을 끌었다.

"두 여자의 사랑"은 여자끼리 포옹을 하는 장면의 직접적인 묘사와 "내가 원하는 건 여자로 한 남자와 사는 게 아니라 그 여자와 함께 있는 거다."와 같은[202] 내레이션을 통해 "째즈"와는 변별되는 본격 드라마로서의 면모를 드러냈다는 평가를 받았다.

이 드라마의 집필을 맡은 신인 작가 정미정 씨는 긍정과 부정이라는 이분법적 틀에서 벗어나 동성애를 그 자체로 봐야 한다면서 이성애자뿐 아니라 동성애자들도 용인할 수 있는 드라마를 지향하고자 했다는 말을 털어놓기도 했다.

---

202) 신상언, 『이제는 문화 패러다임입니다』(서울: 낮은울타리, 1998), p. 184.

"우정인가? 아니면 동성애인가?"라는 말은 라미 화장품의 '카타리나 지오' 광고와 좋은 사람들의 '제임스 딘' 광고를 놓고 벌어진 논란의 쟁점이다. 두 광고가 관심을 끌게 된 것은 동성 간의 스킨십을 과감히 묘사했기 때문이다.

카타리나 지오 광고에서는 패션모델 변정수와 김미조가 묘한 얼굴로 상대방을 응시하고 부드러운 손길로 서로의 얼굴을 쓰다듬는 장면이 나온다. 변정수는 MBC에서 월요일 날 밤 11시에 방영했던 시트콤 연인들에서 과거에 남자였지만 여자로 성전환 수술을 하여 친구인 박상면을 찾아와 일대 성정체성 혼란을 묘사하기도 했었다.

한편 이 광고에서는 어느 여성이 에코를 넣은 목소리로 카타리나 지오를 야릇하게 외치면서 뒤 배경을 검게 처리한 감각적인 영상과 야릇한 분위기를 풍기는 배경음악으로 이 같은 두 여성의 행위를 더욱 강렬하게 부상시키고 있다.

제임스딘 광고는 더 강렬해서 두 여성이 하체를 깊이 맞댄 채 서로를 뜨거운 눈으로 쳐다보게 해 동성애적 표현임을 누구나 알아보게 했다.

90년대 후반에 들어와 대중매체들이 위험하기 짝이 없는 동성애 문제를 노골적으로 다루기 시작한 건 어인 까닭인가.203)

아마도 연세대의 '컴 투게더'를 시작으로 서울대의 '마음 001', 고려대의 '사람과 사람' 등 신성한 캠퍼스 내에서 발족한 동성애자 모임이 연합으로 계간 소식지인 '대학 동성애자 소식'을 창간했다든지, 이들 모임이 95년 6월 26일 한국 동성애자 인권 운동

---

203) Ibid., p. 185.

협의회를 결성한 것도 동성애 문제를 수면 아래서 수면 위로 떠오르게 하는 요인이 아니었나 생각한다. 그러나 무엇보다도 상업주의에 능숙한 대중매체가 사람들의 호기심을 끌기 위해 동성애란 주제를 교묘하게 이용하고 있다는 느낌을 지울 수가 없다.

유럽에서 게이들이 대규모 게이의 날 행사와 법적 권리 쟁취 운동을 벌이고 있으며 유럽 시민들의 시선도 그렇게 관대할 수가 없다는 어느 시사 주간지의 보도, 미국에서는 동성애 옹호론자들이 동성연애 역사의 달을 만들고 역사적 인물이나 처벌 사례 등을 교과서에 수록하자는 주장을 하고 있다는 기사도 눈에 뜨인다.

그런가 하면 매년 대규모로 열린다는 호주 동성애자 마디그라 축제의 눈부신 칼라 화보, 로스앤젤레스에서 열린 게이, 레즈비언 영화제가 대규모 축제로 마감되고 있다는 뉴스. "필라델피아"와 "패왕별희", "결혼 피로연" 등 전 세계를 강타했던 대작 동성애 영화. 그러는 가운데 에이즈 퇴치를 위한 한국 시민 모임이 서울 시내 대학생 390명을 대상으로 한 설문 조사에서는 여대생의 71%가 동성연애에 찬성한다는 결과가 나와 충격. 더구나 동성애를 느껴 본 적이 있느냐는 질문에 무려 37.6%나 그렇다고 대답했다. 동성애를 수면 위로 떠오르게 한 요인 중의 하나인 연세 춘추의 1995년 3월 27일자에 게재된 동성애자 모임 광고 전문의 내용은 다음과 같다.

"연세 춘추 알림 'COME TOGETHER' 우리 대학교에 재학하는 게이/레즈비언(남/여 동성애자)이라면 누구나 함께할 수 있는 대화 모임을 만들고자 합니다. 관심 있는 분은 아래 삐삐 번호로 지체 없이 연락 주십시오. 곧 여러분의 모임이 마련될 것입니다.

연락처: 015 - 371 - XXXX"204)

그러면 동성애의 원인에 대해서 살펴보고자 한다.

첫 번째로, 동성애란 선천적인 유전적 원인 때문이라고 하는 의견이 지배적이라는 것이다. 태어날 때부터 이성보다는 동성에 끌리는 유전학적 요소를 체내에 갖고 있다는 것이다. 이런 경우가 더러 있지만 사실은 매우 희박한 원인이다.

두 번째로, 성장한 환경으로 인해 이성애에 대한 거부감 때문에 동성을 좋아한다는 주장이다. 감정적 혹은 환경적 배경으로 인해 이성보다는 동성에게 호감과 안정을 느낀다는 것이다. 이성의 폭력에 시달린 사회나 개인에게 가능한 원인이다.

세 번째로, 동성애란 윤리적 주체로서의 인간이 갖는 권력 행사의 결과이자 수단이라는 것이다. 즉 자기 자신을 성행위의 도덕적 주체로서 인식한다면 동성애를 개인적인 성적 활용 대상으로 삼는 것은 당연하다는 것이다. 앞의 두 가지 견해는 의학적 혹은 환경적 이유로서 어느 정도 타당하게 받아들여지고 있고 치유의 가능성도 많은 경우이지만, 세 번째 견해는 철학적이고 이념적인 이유와 그 실천이기 때문에 문제도 심각하고 치유도 별 효과를 거두지 못하는 경우이다.

특히 세 번째 견해는 모든 이념과 윤리의 해체를 주장한 프랑스 철학자 '미셸 푸코'의 성의 역사에 전적으로 의지하고 있다.

푸코는 쾌락적이고 부도덕한 현대 문화의 사상적인 기초를 놓은 장본인이다. 기분 내키는 대로 성을 즐기고 갖고 놀자는 것, 즉 푸코의 말대로 성의 억압에서 쾌락의 활용을 주장하는 시대가

204) Ibid., pp. 186~187.

지금이다.205)

바야흐로 육체와 섹스가 하나님이 된 시대에 우리가 살게 된 것이다. 이것은 개인이나 사회를 재미있게 해 주고, 순간적으로 기분을 좋게 해 주는 육체적 쾌락주의에 인간의 최종적인 가치와 행복을 두는 사회가 만들어 내는 작품이다. 이것은 꼭 젊은이들에게만 국한된 것이 아니다. 기성세대도 마찬가지다.

6.1.1. 동성애에 대한 성경적인 조명

동성애에 대한 하나님의 대답은 가혹하리만큼 단호하다. 예를 들어 구약에서는 당시 중동 지방의 성문화를 의식한 듯 "너는 여자와 교합함같이 남자와 교합하지 말라 이는 가증한 일이니라." (레 18:22)고 경고했다.

성경에서는 우상 숭배를 사악하고 가증한 일로 취급했는데 동성애를 같은 유의 죄악으로 취급하고 있는 것이다. 그리고 신약에서는 "미혹을 받지 말라. 음란한 자나, 우상 숭배하는 자나, 간음하는 자나, 탐색하는 자나, 남색하는 자나, 도적이나, 탐람하는 자나, 술 취하는 자나, 후욕하는 자나, 토색하는 자들은 하나님의 나라를 유업으로 받지 못하리라."고 경고하였다(고전 6:9~10).

그러면 동성애를 왜 죄라고 하는지 그 이유를 살펴보겠다.

첫째로, 경제적 이유 때문에 죄라고 하는 것이 아니다. 오늘날 어떤 동성애자들은 성경이 동성애를 죄라고 하는 이유는 노동력

---

205) 성인경, 『아담과 문화를 논할 때』(서울: 낮은울타리, 1998), pp. 262~263.

결핍을 조장하기 때문이라고 하는데 그것은 아니다.

즉 푸코와 같은 사람은 기독교와 자본주의가 정치, 경제적인 목적으로 애를 낳지 않으며 노동력이 모자라기 때문에[206] 동성애를 정당화하지 않는다고 하는데 그것은 반쪽 진실이다.

자본주의 경제 체제가 발전하면서 자본가들이 노동력을 착취할 목적으로 권력의 메커니즘에 의해 조직적으로 노동자들의 쾌락을 억압한 적이 있다는 것은 역사적으로 어느 정도 사실이다.

그의 말대로 20세기 서양 역사를 주물렀던 파시즘, 신보수주의, 민족주의 등이 기독교의 침묵 아래 각종 성적 장치들을 동원하여 권력의 정당성을 확보하고 정치 경제적 목적으로 동성애를 탄압했다는 것을 일부 시인한다고 하더라도 성경은 노동력 재생산을 목적으로 일부일처 가족 제도와 부부간의 이성적인 섹스, 국가적인 인구 정책 등을 통하여 교묘하게 동성애를 탄압한 것은 결코 아니다.

성경이 동성애를 죄라고 한 것은 정치 경제적 이유, 특히 노동력의 결핍 때문이 아니다. 그보다 더 큰 이유가 있다.[207]

둘째로, 금욕주의적인 영성 때문에 죄라고 하는 것이 아니다. 동성애를 죄라고 하는 이유는 섹스와 영성이 대립되거나 기독교가 금욕주의를 부추기기 때문이 아니다.

푸코(Michel Foucault)는 우리 시대의 성윤리가 규정화되고 엄격하게 된 근본 원인을 기독교적인 세뇌와 각인에 의한 것처럼 호도하고 있을 뿐만 아니라 그로 인해 기독교 전 시대라 하는 고

---

206) Ibid., p. 264.
207) Ibid., p. 265.

대 사회의 성 윤리보다 더 억압적이며 개방적이지 못하다고 호도하고 있다.

그것은 푸코(Michel Foucault)가 1977년 1월에 르몽드지와의 인터뷰에서 그 오해는 극에 달했다. "기독교의 가장 부담스러운 유산은 섹스를 죄라고 말하는 것이다." 이것도 반쪽 진실이다. 우리나라에서는 남편이나 아내의 금욕주의와 성학대 때문에 동성애에 빠지는 경우도 더러 있다.

스토트(John R. W. Stott)도 영국의 빅토리아 여왕 시대의 어떤 기독교인들은 금욕주의적인 생각을 가지고 있었다고 일부 인정한다.

그러나 우리는 성경이 인간에게 주신 하나님의 최고의 선물 중의 하나가 섹스라고 믿으며, 그것은 사랑의 가장 아름다운 표현인 동시에 섬김과 교제의 극치라고 믿는다(창 2:18~25, 고전 7:1~7).

한나는 영성이 있는 경건한 여자였지만 남편과 잠자리를 같이 한 여자였다(삼상 1:19~20).

성경이 동성애를 죄라고 하는 이유는 영성과 섹스가 대립되거나 기독교가 금욕주의적이기 때문이 아니다.

셋째로, 창조 질서를 깨는 비정상적인 행위이기 때문에 죄라고 한다. 동성애가 죄가 되는 근본 이유는 남자와 여자라는 하나님의 형상을 가진 인간성과 성적 정체성을 파괴하기 때문이다.[208]

모든 남자와 여자는 각각 육체의 차이와 성적 매력을 갖고 있다. 남자는 남자다운 성적 욕망과 매력이 있고, 여자는 여자다운 성적 정열과 매력이 있다. 하나님의 형상대로 만들어졌기 때문에 인간은 모든 면에서 동등하다. 다만 남자와 여자는 신체적으로나

---

208) Ibid., p. 266.

정서적으로 차이가 있을 뿐이다.

그러기에 남녀의 이성애적 사랑은 이러한 하나님의 창조 질서의 고차원적인 아름다움을 표현하는 인간의 존재론적인 자기 과시인 것이다.

그러나 '제3의 성'이라 운운하는 동성애는 바로 그와 같은 창조 질서의 남녀의 성적 차이와 매력, 그리고 그 고상하고 거룩한 기준을 의도적으로 파괴한다.

바울 사도는 그것을 일컬어 '역리', 즉 남녀의 성을 순리적이지 않고 비정상적으로 사용하기 때문이라고 말했다(롬 1:26~27).

바울의 이 말은 섹스란 본래 남자와 여자는 그들이 갖고 있는 신체적 성적 차이와 매력을 바탕으로 즐기고 사용하도록 만들어졌는데 그것을 고의적으로 거꾸로 사용하거나 비정상적으로 만드는 것이 문제라는 것이다. 그래서 죄이다.

그 밖에도 동성애는 남녀의 인간성과 정체성만 파괴하지 않고 인간 공동체, 즉 인간 사회의 보편적 가치인 일부일처 결혼 제도와 자녀 출산, 가족 제도의 파괴를 가져온다.

그리고 독신자들과 성적 장애자들의 아름다운 가치관, 즉 인간에게 섹스는 필수가 아니라는 생각까지 파괴하고 만다.

비록 이성에게 거부감이 있다고 하더라도 동성애로 그것을 해소해서는 안 된다. 그래서 동성애는 죄이다. 하나님이 세우신 남자와 여자의 아름다운 고차원적인 성적 정체성을 파괴하고 비정상적으로 만들기 때문이다.[209]

아무리 동성애가 비정상적이고 부도덕한 성행위라고 하더라도

209) Ibid., p. 267.

동성애자들을 미워하거나 멸시해서는 절대로 안 된다.

라브리가 상담한 동성애자들의 고백에 의하면 "나를 받아 주고 사랑해 주는 사람이 필요해서 만나고 있다."는 말을 한다. 그것은 그들도 사람이기 때문에 가장 필요한 것이 사랑이라는 말이다.

모든 사람들과 마찬가지로 동성애자들에게도 먼저 사랑이 필요하다. 비록 동성애를 즐기고 있지만 그들도 하나님의 형상대로 지어진 영광스러운 존재들이다. 초청하고 함께 식사도 나누고 해야 하지만 교제와 치료를 위해 잠을 재워 주어야 할 필요가 있으면 그렇게 해야 한다. 그리고 이성적인 사랑과 섹스가 얼마나 아름다운가를 느끼도록 공동체가 도와야 한다.

> 오랜 동성애 끝에 만난 한 남자에게서 사랑을 느낀 한 여성의 고백이다. "나는 한 여자와 지난 8년간 아주 가까운 관계를 유지해 오던 중에, 지금 결혼한 그 남자를 만나 몇 번의 데이트를 하면서 그 사람이 다정다감하고 사려 깊은 성격을 갖고 있다는 것을 알았다. 그는 내게 무조건적 사랑을 베풀어주었는데 나는 그동안 죄 된 생활을 했다는 것을 깨닫기 시작했다."210)

이제 공동체 안에서 성경적인 남녀 간의 사랑과 결혼 안에서의 섹스가 얼마나 아름다운지, 그리고 어떻게 깨어진 사랑이 치유되고 혼전 성윤리가 지켜지는가를 보여주어야 한다. 또한 어떤 이유로라도 동성애를 정당화해 주거나 그들에게 값싼 동정심을 베풀지 말아야 한다. 왜냐하면 그것은 그들을 속이는 것이며 결국 죽음으로 몰아가는 것이기 때문이다.

---

210) Ibid., p. 268.

동성애가 "하나님의 나라를 유업 받지 못할 가증한 죄"라고 단호하게 선포한 바울도 곧 이어서 "너희 중에 이와 같은 자들이 있더니 주 예수 그리스도의 이름과 우리 하나님의 성령 안에서 씻음과 거룩함과 의롭다 하심을 얻었느니라(고전 6:11)."고 말했다. 우리 모두가 죄인이다. 그러므로 사랑과 값싼 동정심은 구분되어야 한다.

마지막으로 동성애를 예방하는 데 앞서야 한다. 누구나 실수할 수 있다. 우리 주위에 더 이상 동성애가 제3의 사랑으로 퍼지기 전에 교회와 국가가 나서서 예방하고 그런 징후가 있는 사람이면 지혜롭게 도와야 한다. 그래서 여기에 동성애 진단법을 소개하고자 한다.[211]

이 진단법은 피차 이로 인해 상처를 주고받지 않기 위해 동성애 연구자들에 의해 몇 가지 자가 진단 방법으로 제시된 것이다.

① 나는 이성에 대해 무관심한가?

② 스스로 이성처럼 행동하는가?

③ 동성과의 성관계를 열망하는가?

④ 동성애론을 무조건 옹호하는가?

⑤ 동성애 잡지나 영화에 호기심이 많은가?

⑥ 동성애자들이 모이는 곳을 기웃거리는가?

⑦ 동성의 사람에게 육체적 관심을 보이는가 등이다.[212]

결론적으로 정리하면, 동성애는 동성끼리의 변태적인 사랑을 의미하며, 이 사랑은 정신적인 사랑뿐만 아니라 육체적인 사랑인 성

---

211) Ibid., p. 269.

212) Ibid., p. 270.

행위를 말하는 것이다. 이 동성애는 레위기 18장 22절의 말씀에 하나님께서 엄중히 경고하고 있는 극악무도한 죄악이다. 레위기 18장 22절 말씀을 보면 "너는 여자와 교합함같이 남자와 교합하지 말라 이는 가증한 일이니라."로 기록되어 있다.

하나님께서 유황과 불을 비같이 소돔과 고모라에 내려서 멸하신 것(창 19:24)도 바로 동성애 때문인 것이다. 롯의 집에 찾아온 두 천사를 소돔 사람들이 상관하겠다고 이끌어 내라고(창 19:5) 강요하자 롯은 남자를 가까이하지 않은 두 딸을 주겠다고 한다(창 19:8). 그럼에도 불구하고 그들은 막무가내였다. 이 사건은 소돔과 고모라가 동성애로 타락한 모습을 여실히 보여주고 있으며 동성애는 하나님의 진노를 받아야 마땅함을 입증해 주고 있는 것이다.

'Sodom'이라는 지명은 '남색'을 의미하는 'Sodomy'에서 파생된 단어이다. 남색을 전문 용어로 바꾸어 말하면 '게이'로서 이는 남성끼리의 동성애를 의미한다. 그러므로 소돔은 그 지명의 뜻처럼 타락하여 하나님의 진노의 불로 멸망한 것이다.

이처럼 지금의 시대에도 뉴 에이지라는 이름으로 동성애의 줄기가 확산되어 가고 있으며, 이를 통해 많은 사람들의 성의식이 오염되어 가고 있다.

6.1.2. 동성애가 대학가에 들어온 경로

과거엔 도시 어둠침침한 곳에 사는 이들로 인식되던 동성애자들. 그러나 이제 그들은 더 이상 음지에 있지 않다.

대화방 수준이었던 컴퓨터 통신이 90년대 후반에 들어서자 유니텔의 '거아사', 천리안의 '퀴어넷', 나우누리의 '레인보우', 하이텔의 '또 하나의 사랑' 등 많은 동호회로 조직되게 되었고, 1994년에 '컴 투게더'라는 동성애 서클이 연세대학교에서 출범하여 서울대의 '마음 001'에 이어 고려대의 '사람과 사람'이 발생하게 되었다.213)

그리고 동성애의 줄기가 점차적으로 확산된 것이다. 안타까운 문제 중의 하나는 대학가 동성애의 시발점이 선교사 언더우드로 하여금 우리나라에 세워진 최초의 미션 스쿨이라고 할 수 있는 연세대학교라는 것이다.

또한 사탄은 이 줄기를 대중문화라는 매개체를 통해서 많은 사람들에게 동성애를 부추기고 있다.

실례로 박지윤이라는 여가수는 중절모와 넥타이와 양복 정장으로 남장을 하고 무대에서 "난 남자다"라는 노래를 부르기도 하였다.

이 노래의 파급효과(波及效果)는 잠재의식에 영향을 미쳐 많은 여성들로 하여금 호기심을 느끼게 할뿐더러 성을 전환코자 하는 욕구를 불러일으키기에 충분한 것이다.

심지어 프랑스에 '다윗과 요나단'이라는 기독교 동성애 운동 단체가 있듯이 우리나라에도 기독교 동성애자들의 모임이 4~5백 개가 있다는 것이다.214) 이처럼 대중문화의 위력이란 실로 대단한 것이기에 사탄은 사람들을 타락시키고자 대중문화를 악용하는 것이다.

---

213) 신상언, 『사탄은 마침내 대중문화를?』(서울: 낮은울타리, 1992), p. 204.
214) Ibid., p. 205.

우리의 이성적인 판단으로 부정적인 것이라 할지라도 대중문화에서 긍정으로 말하면 그것은 곧 긍정이 되는 것이다. 또한 사람들의 판단력을 상실하게 하며, 서서히 문화 속으로 잠식되게 하여 바르지 못한 이성관을 갖게 하며, 자신이 한 행동 여부를 옳게만 판단하여 상대방의 말을 무시한 결과를 초래하여 지극히 이기적인 모습으로 퇴보해 가도록 하는 것이다.

6.1.3. 동성애에 대한 분류

동성애(homosexual love)는 일반적인 이성애(heterosexual love)와 반대되는 개념으로 같은 성을 사랑하는 사람들을 가리키는 것이다.

원래 이들은 정신병자를 지칭하는 듯한 '호모'라고 불렸는데 1960년부터 자신들의 정체성을 갖기 위해 '호모'라는 말 대신에 '게이'라는 말을 사용하게 되었고, 여러 가지의 개념으로 분류하므로 자신들의 위상을 높이게 되었다.

그러면 동성애를 분류하여 그 의미를 살펴보고자 한다.

첫째로, '게이(gay)'인데 이 게이는 자신이 동성애자임을 확신했을 때의 기쁨이라는 뜻으로서 남성 동성애자를 가리킨다. 이 게이라는 뜻에서 알 수 있듯이 여기에서 말하는 기쁨이란 수치스러운 것이며, 퇴폐적인 것이다. 이처럼 세상의 문화는 타락한 기쁨만을 줄 뿐이다.

둘째로, '레즈비언(lesbian)'인데 이 레즈비언은 게이와 상반되는

의미로서 여성 동성애자를 가리킨다.215)

셋째로, '트랜스젠더(trans - gender)'인데 이 트랜스젠더는 게이와 레즈비언과 같이 같은 성을 사랑하지만 그들처럼 자신이 상대방과 같은 동성임을 인식하고 사랑하는 것이 아니라, 자신은 원래 다른 성이었는데 신의 실수로 인하여 잘못된 성을 가지게 되었다고 말하는 자를 가리킨다.

그러므로 이들은 육체적인 성과 정신적인 성이 다른 사람들로서 정신적인 성이야말로 자신들의 진정한 성으로 인식하는 자들이다.

넷째로, '트랜스섹슈얼(trans - sexual)'인데, 이 트랜스섹슈얼은 트랜스젠더보다 한층 더 진보된 자들로서 트랜스젠더는 자신이 육체와 다른 성의 사람이라는 것을 정신적으로 인정하지만 이 트랜스섹슈얼은 트랜스젠더와 같이 정신적으로도 원래 자신이 육체와는 다른 성이었음을 인정하고, 실제로 성전환 수술을 통해서 성을 바꾸는 자들이다.

이는 자신이 원래는 지금 현재의 성과 다른 성이었는데, 신의 실수로 인해 잘못 태어난 것이라고 주장한다. 그래서 원래 자신의 성으로 되바꾸고자 하는 것이다.

하리수는 우리에게 트랜스젠더로 알려져 있는 자인데, 이 트랜스젠더는 앞서 살펴본 바와 같이 게이와 레즈비언처럼 같은 성(性)을 사랑하지만 그들처럼 자신이 상대방과 같은 동성임을 인식하고 사랑하는 것이 아니라, 자신은 원래 다른 성이었는데 신의 실수로 인하여 잘못된 성을 가지게 되었다고 말하는 자를 가리킨

215) Ibid., p. 212.

다. 그러므로 이들은 육체적인 성과 정신적인 성이 다른 사람들로서 정신적인 성이야말로 자신들의 진정한 성으로 인식하는 자들이다. 이처럼 정신적으로 자신의 성을 바꾸기를 열망하는 자들을 가리켜 트랜스젠더라고 하며, 의학적인 수술을 통해 육체의 성을 바꾼 자들을 가리켜 트랜스섹슈얼이라고 한다. 그러므로 하리수는 분류상 트랜스젠더가 아니라 트랜스섹슈얼에 속한다. 이 하리수의 본명은 '이경엽'이다. 그리고 그는 2002년도에 인천 지방법원에서 호적상 성을 남성에서 여성으로 정정하고, 이름을 '이경엽'에서 '이경은'으로 바꾸기 위해 '호적정정 및 개명신청'을 하였다. 그래서 이 두 가지 사안을 인천 지방법원을 통해 결정을 받게 되었다. 그는 고등학교 때까지 남자로 살았다. 그런데 그가 자신의 인생을 설계하면서 자신이 남성보다는 여성으로 사는 것이 정당하고 당연하다고 생각하였다.

이처럼 타고난 육체의 성과 정신적인 성이 일치하지 않는 것을 가리켜 성정체성 장애라고 한다. 이것은 정신병 중의 하나로서 이러한 마음을 가진 사람은 당연히 남들 앞에서 부끄러움과 수치스러움을 느껴야 함에도 불구하고 동성애라는 문화가 이러한 것들을 긍정적인 방향으로 몰아가며, 부추기고 있다.

이 성정체성 장애라는 정신과적인 진단을 받은 자들은 자신들이 원하는 성의 호르몬을 주사로 투여해 자신이 생각하는 성의 모습으로 변해 간다.

6개월에서 1년여 동안 이 호르몬(hormone)을 몸속에 투여하면 남성은 여성 호르몬을 투여했기에 발기 능력을 상실하게 되고, 여성은 남성 호르몬을 투여했기에 임신을 할 수 없게 된다.

또한 남성이 여성으로 수술하는 것은 거의 완벽하지만 여성이 남성으로 수술하는 것은 어려움이 따르게 된다. 그리고 이러한 성전환 수술은 본인이 하고 싶다고 다 할 수 있는 것이 아니라 자신과 반대의 호르몬을 투여했을 때 그에 대한 반응이 잘 나와야만 할 수 있는 것이다. 만약에 반응의 결과가 좋지 않으면 성전환 수술을 하고 싶다고 하더라도 할 수가 없는 것이다. 그런데 하리수는 자신의 성과 반대 호르몬의 반응이 좋았고, 특히 그의 힙(hip)은 여성의 힙과 흡사한 구조를 가지고 있었다고 한다. 그래서 그는 성전환 수술을 큰 어려움 없이 거의 완벽하게 할 수 있었다. 그런데 신체적인 조건은 그렇다고 하더라도 재정적인 비용이 만만치가 않다. 이 수술비용은 대략 천만 원에서 이천만 원이 드는데 하리수는 천삼백여 만원에 수술을 했다고 한다.

하리수는 성전환 수술비용을 마련하기 위해서 일본으로 건너갔다.

그는 일본으로 건너가 밤무대에서 활동하여 번 수익금으로 수술을 하고자 했는데, 한번은 그 수술비용을 전부 다 잃어버린 적도 있었다고 한다. 하리수는 그 말을 하면서 슬픔을 자아내며 자신의 심경을 고백하였는데 필자는 그때 오히려 그가 그 일로 하여금 성전환 수술을 포기하고 한국으로 다시 돌아왔으면 하는 바람이었다.

하지만 그는 자신만의 좌절과 슬픔을 딛고 일어나 또다시 수술비를 마련하여 국내로 돌아와 끝내는 수술을 하여 성을 바꾸고야 말았다. 그리고 들리는 말에 의하면 공항에서 돌아오는 그를 맞이하는 부모님이 원래는 아들이었던 그에게 "내 딸아 수고했다."고 했다는 것이다. 이 일로 하여금 하리수는 성전환 수술을 하고자 준비하는 자들의 우상이 되어 버렸고, 그들에게 할 수 있다는 의지와 자부심을 심어주는 결과를 낳게 되었다. 이는 야고보서 1장 15절의 말씀처럼 "욕심이 잉태한즉 죄를 낳고, 죄가 장성한즉 사망을 낳은 것이다." 그리고 하리수는 뻔뻔스럽게도 처음부터 자신이 트랜스젠더임을 밝혔다고 한다. 그리고 그는 사람들에게 자신을 부정적으로만 보지 말고 마음을 열고 보라고 한다. 이것은 말도 안 되는 궤변(詭辯)이다. 부정을 부정으로 보는 것은 당연한 것이다. 부정을 부정으로 보지 않고 옹호한다면 그 사회는 무법천지(無法天地)가 되고, 도무지 소망이 없는 지옥처럼 변해 갈 것이다.

하리수는 성전환 수술을 한 지 3개월이라는 짧은 기간 만에 인기를 얻어 스타의 반열에 오른 자이다. 그는 '노랑머리 2'라는 영화까지 촬영할 정도로 인기를 얻기도 하였다. 이 '노랑머리 2'는 탤런트 이재은 씨가 찍은 영화인 노랑머리의 후속 작품으로서 이 노랑머리의 내용은 퇴폐적인 성을 주제로 하고 있다. 그리고 정말로 눈을 뜨고는 볼 수 없을 정도로 남녀가 올 나체가 되어 선정적인 섹스의 장면을 노골적이고, 파격적으로 묘사하고 있다. 이러한 노랑머리에 이어 나온 영화가 하리수가 주연한 '노랑머리 2'이다. 후속 작품은 전속 작품보다 더 강하고 자극적인 내용을 묘사해야 하는 것이다. 그래야만이 인기를 얻을 수가 있는 것이다. 그리고 그는 인기 있는 방송에 출연하여 사람들에게 호응을 얻기도 하였다.

또한 도도 화장품이라는 CF를 찍어 눈길을 끌기도 하였다. 이 도도 화장품은 '빨간통케이크'로 알려진 화장품이다. 이 광고는 아주 선정적이고, 야한 광고이다. 이 광고의 전속 모델은 엄정화이다.

엄정화는 두 가지의 방편으로 CF를 찍었는데, 첫 번째 광고는 빨간 모자를 쓰고 몸에 딱 달라붙어서 몸매가 요염하게 드러나는 빨간 원피스를 입고 뒤로 돌아서 큰 힙을 요염하게 흔들며 뭇 남자들을 황홀경에 빠뜨린 광고이며, 두 번째 광고는, 손톱을 길게 하여 빨간 매니큐어를 칠하고 철조망 밑으로 여우처럼 기어가는 장면을 묘사한 광고이다. 이 얼마나 선정적인 광고인가? 웬만한 여성일지라도 뽑히기 힘든 이 도도 화장품의 광고 모델로 트랜스섹슈얼인 하리수가 뽑혔다.

이 CF에서 그를 소개하는 멘트는 '여자보다 더 섹시한 여자'이다. 이 말은 그가 예전에 남자였음을 입증하는 말이다.

'새빨간 거짓말'이라는 테마로 시작하는 이 광고는 하리수가 등장하고 남자를 상징하는 마크(♂)가 나왔다가 사라지며, 여자를 상징하는 마크(♀)가 나오게 된다. 이것은 하리수가 남성에서 여성으로 성 전환한 '트랜스섹슈얼'임을 의미하는 것이다. 이처럼 그가 광고에 모델로 나왔다는 것만으로도 충분히 충격적인데, 떳떳이 화면에 자신이 성전환자임을 드러내다니, 또한 이런 광고를 많은 사람들이 보는 방송 매체가 허용하다니, 이것은 실로 말로 표현할 수 없는 극악무도(極惡無道)한 일인 것이다. 이 하리수는 사탄에게 이용당할 가치가 충분히 있는 자이다. 이 사탄으로 말미암아 주어진 영광은 그리 오래가지 못하며, 그의 종말은 결국 물거품이 되고야 마는 것이다.

가장 큰 문제 중의 하나는 성전환자들의 호적정정 신청을 대법원에서 결정해 준다는 사실이다.

2006년 6월 22일 대법원에서 성전환 수술을 한 A 씨에게 호적상 성별을 남성에서 여성으로 변경하도록 결정한 데 대해서 하리수(본명, 이경은)는 "인간으로서 최소한의 권리를 누릴 길이 열렸다."며 환영하였다. 비록 인간으로서 권리를 주장하는 것은 당연한 일이다. 하지만 하리수는 성전환을 최소한의 권리라고 단정지었는데 이 말은 지극히 당연한 것이라고 주장하는 것이다. 이 주장은 도저히 묵과(默過)할 수 없는 말이며, 하나님의 창조를 부인하는 말이기에 지옥에나 떨어져야 마땅한 사탄의 소리에 불과한 것이다.

　하리수, 그도 역시 앞서 말한 바와 같이 2002년도에 인천 지방 법원의 결정으로 호적의 성별을 남성에서 여성으로 변경하였다.

　이날 그는 연합뉴스 기자와의 전화 인터뷰에서 '지극히 옳고 당연한 결정'이라고 하였으며, "민주 사회라면 성전환 수술자의 인간 존엄성도 법적으로 반드시 보장해야 한다."라고 했다. 이 말 또한 도저히 들을 수조차 없는 역겨운 소리에 불과하다. 비록 인간 존재의 가치는 보장해야만 하는 것이다. 하지만 만약에 성전환자인 그들을 존엄성이라는 이유로 두둔한다면 단순한 인간의 권리를 인정하는 차원을 훨씬 뛰어넘어 그들의 존재를 귀하게 여기는 결과를 초래한다. 그러나 그들은 인간 자체로서는 귀할지는 몰라도 성 전환한 상태로서의 그들은 결코 귀한 존재가 아니라 오히려 천한 존재인 것이다. 이 말은 그들의 인권을 무시하거나 비약하는 것이 아니라 그들이 주장하는 성전환의 긍정성에 대해서 언급하는 것이며, 그 긍정성을 약화시키는 것이다. 그들은 이러한 여러 가지의 수식어로 자신들이 자행하고 있는 성전환 수술을 마치 당연한 것인 양 떠들어 대고 있다.

하지만 근본적으로 이것은 하나님의 창조질서를 깨뜨리고자 하는 사탄의 술수에 불과한 것이다. 하리수는 "연예인이 되어 성전환 수술을 했다는 사실이 알려지기 전 관공서에 신분증을 제출할 때마다 겉모습과 달리 왜 남성 신분증을 가지고 있었는지에 대해서 일일이 설명해야 했다."고 말하며, 그때마다 자신의 프라이버시(privacy)가 낱낱이 드러나는 것 같아 몹시 가슴이 아팠다고 하였다. 그는 호적의 성별이 여성으로 바뀐 뒤 인터넷에서 여자 아바타(avatar - 가상공간에서 자신을 표현하는 사이버 캐릭터)를 사용하고 여성용 신용카드를 발급받는 것만으로도 행복감을 느꼈다며 남들은 하찮게 여길지 모르지만 성전환자들은 이런 것만으로도 인간으로서 존중받고 있다는 느낌을 받는다고 덧붙였다. 비록 행복이란 자신이 느끼는 주관적인 것이라고 할지라도 그 행복이 진정한 행복이 되기 위해서는 객관적인 평가를 받아야만 하는 것이다.

하리수는 성전환 수술을 했다는 사실이 널리 알려진 자신과는 달리 일반인으로서 성전환 수술을 한 사람들은 호적상 성별과 외모로 판단되는 성별이 다른 데서 오는 불편함을 무척 심하게 겪었을 것이라며 대법원의 결정으로 이들이 받는 불이익이 점차 줄어들기를 바란다고 밝혔다. 그는 법적으로 성별을 바꿔 달라는 요구를 하기 위해서 스스로의 고뇌와 노력도 그만큼 절실해야 하며, 한순간 충동이나 장난으로 성별 변경 요구를 해서는 안 된다고 강조했다. 이어서 그는 성전환 수술을 하기 위해서는 수십 년을 걸친 고민 끝에 결정되는 만큼 실제로 성전환 수술을 감행하는 사람은 많지 않다며 따라서 이들의 호적상 성별 변경을 허용해도 사회적 혼란은 없을 것이라고 주장했다.

그러나 이러한 주장은 허무맹랑(虛無孟浪) 한 소리에 불과하며, 결코 용납할 수 없는 것이다. "미꾸라지 한 마리가 온 강을 흙탕물로 만든다."는 말이 있는 것처럼 성전환자 한 사람이 온 사회를 혼란케 하며, 부패하게 하는 것이다.

하리수는 2002년 호적상 성을 남성에서 여성으로 정정하고 이름을 '이경엽'에서 '이경은'으로 바꾸게 해 달라며, '호적 정정 개명 및 신청'을 인천 지방법원에 내 허가 결정을 받은 바 있다. 이처럼 사회의 법은 동성애를 인정하고 긍정적인 방향으로 몰아간다. 대법원이 호적 정정을 허가한 이유는 성전환증을 정신적으로 치료할 수 없어 성전환 수술을 한 사람에 제한한다는 것이다. 자신의 의지나 기호에 따라 성전환 수술을 한 사람은 호적 정정 대상이 아니라는 것이다. 이는 호적 정정에 대해서 제한선을 두어 부정하는 것 같지만 결과적으로 허용하여 긍정하는 것이다.

국제보건기구(WHO)는 1994년 제10차 국제질환 분류에서 성전환증을 성정체성(성적 동일성) 장애의 하나로 분류하였다. 이에 대해서 자신의 해부학적 성에 대한 불편함이나 부적절감을 가지고 있으면서 자신과 반대되는 성으로 살고 인정받고 싶은 욕망, 그리고 성을 바꾸기 위해 호르몬 치료와 수술을 받고자 하는 욕구라고 정의하고 있다.

성전환증으로 진단되려면 자신과 반대의 성에 대한 정체성이 최소한 2년 이상 지속되어야 하고, 다른 정신장애증상 또는 성염색체 이상이 존재하지 않아야 한다. 이러한 성전환증 원인이 유전적인 영향 등 선천적인 것인지, 아니면 사회적인 학습 등 후천적인 것인지에 대해서 2006년 6월까지는 규명되지 않았으며, 지금도 확실하게 규명하기는 어려울 것으로 보인다. 그리고 2006년 6월 기준으로 성전환증자가 우리나라에 약 천여 명으로 추산되고 있으며, 문화적인 영향으로 인하여 계속 증가하고 있는 추세이다.

또한 하리수는 2004년 5월 19일에 서울대 미대생들을 대상으로 '아름다움'이라는 주제를 가지고 특강을 하였다. 서울대 미대 학생회는 봄 축제 문화행사의 하나로 하리수를 초청해 이날 오후 3시에 대형 강의동에서 특강을 마련하였다.

한국에서 으뜸인 지성의 상아탑이라고 말할 수 있는 서울대에서 성정체성 장애라는 정신병의 극치인 성전환자에게 강의를 허용한다는 것은 암울한 말세의 현실을 말해 주고 있는 것이라고 할 수 있다.

진정한 아름다움이란 하나님께서 주신 자신의 기본적인 것들을 소중히 간직하는 것이다. 하나님이 주신 것에 대해 불만을 갖고 성형 수술을 한다든지, 성을 바꾼다든지 하는 것은 하나님께 정면으로 도전하는 어리석고도 무모한 행동이며, 도저히 해서는 안 되는 것이다. 그러기에 하리수는 진정한 아름다움의 의미를 말할 수 없는 자인 것이다.

이러한 자에게 '아름다움'에 대해서 강의를 하도록 했던 서울대의 어리석음을 한탄하지 아니할 수 없는 것이다.

이상에서 살펴본 바와도 같이 하리수는 죄악의 끝자락에 서 있는 자이다. 소돔과 고모라도 역시 동성애라는 죄악 때문에 유황불로 멸망하게 된 것이다. 필자가 단언하건대 동성애, 그 이상의 죄는 없다. 이제 하나님의 멸망을 자초하며, 심판만을 기다릴 뿐이다. 하지만 하리수는 동성애를 뛰어넘어 성정체성 장애를 갖게 되었고, 그 일로 하여금 트랜스젠더가 되었으며, 끝내는 성전환 수술을 하여 트랜스섹슈얼이 되어 버리고 말았다. 하리수는 더 이상 죄악의 끝으로 가려야 갈 수 없는 자가 되어 버린 이 시대의 가장 불쌍하고도 슬픈 자가 되어 버렸다. 그는 죄악의 대로를 쉼 없이 달린 자이다. 그리고 이제 그가 도저히 해서는 안 되는 결혼을 하고야 말았다.

결혼이란 하나님께서 창세기 2장 24절에 말씀하신 것처럼 "남자가 부모를 떠나 그 아내와 연합하여 둘이 한 몸을 이루는 것"이며, 이것이 바로 진정한 사랑인 것이다. 그렇다면 하리수! 그는 누구인가? 남자인가? 아니면 여자인가? 세상 사람들은 하나같이 그를 여자라고 할 것이다. 그러나 최소한 기독교인들은 그를 여자라고 말해서는 안 된다. 비록 그가 성전환 수술을 통해서 완벽하리만큼 여자가 되었다고 하더라도 그는 여자가 아닌 남자인 것이다. 왜냐하면 하나님께서 그를 여자가 아닌 남자로 창조하셨기 때문이다. 그런데 하나님께서 남자로 창조하신 그를 누가 여자로 바꾸었는가? 그 자신인가? 비록 그 자신이 결정한 일이기는 하지만 그 배후에는 하나님의 창조질서를 깨뜨리고자 발악을 하는 사탄이 현존하는 것이다.

이런 하리수가 2007년 5월 19일 오후 4시에 서울 반포동에 위치한 센트럴 시티 밀레니엄 홀에서 결혼식을 하였다. 사회는 KBS 신영일 아나운서가 맡았고, 주례는 1995년 당시 하리수가 19살 때에 그의 성전환 수술을 집도했던 대학의 교수가 맡았다. 그는 동아대 의대 성형외과 김석권 교수이다. 동아대 의대 성형외과는 국내에서 성전환 수술을 가장 많이 하고 있는 곳으로 알려진 곳이기도 하다.

하리수 측은 "하리수의 주례에 고민하다 하리수를 여자로 만들어 준 교수님께 부탁하게 됐다."고 밝혔다. 축가는 가수인 박상민, 김창렬 씨가 맡았으며, 가수 신해철 씨와 소년 트로트 가수인 양지원 군과 개그 그룹인 '뮤지컬' 팀이 함께 축하에 동참하였다.

하리수의 상대 커플은 자칭 '미키 정'이라고 불리는 자인데, 그는 당시에 27세로서 본명은 '정영진'이다. 반면에 하리수는 그 당시에 32세였다. 이 미키 정은 하리수의 래퍼(rapper)로 활동한 자이며, 늘 하리수의 그림자처럼 붙어 다니는 자이다. 이들은 자신들의 사랑을 과감하게 과시하기도 하였다.

하리수는 "우리 자기의 때 묻지 않은 순수함, 자상함, 나만을 사랑하는 열정이 너무 좋다."고 말하기도 하였다. 또한 자신만의 우울증 퇴치법을 말하였는데 그것은 '우리 자기의 품에 안기는 것'이라고 하였다. 그리고 결혼을 앞둔 자들이 으레 밝히는 첫 키스에 대해서 하리수는 "처음 키스를 할 때 하루 종일 뽀뽀를 했다."고 말했다. 한마디로 못 봐줄 노릇이다. 또한 미키 정은 "하리수 씨는 천사 같아서 항상 천사를 바라보고 있는 것 같다."고 하였다. 하지만 이들의 사랑을 진정한 사랑이라고 말할 수도 없으며, 이들의 결혼도 진정한 결혼이라고 말할 수 없다. 왜냐하면 결혼이란 남자와 여자가 만나서 하나가 되는 것인데, 비록 그들이 외형적으로는 남자와 여자가 만난 것처럼 보이기는 하지만 실상은 남자와 남자가 만나는 동성애(homosexual love)적인 것이다.

또한 외관상으로만 보면 하리수의 결혼은 남자와 여자의 결혼이므로 동성애 결혼보다는 그 죄악의 수위가 좀 낮은 것처럼 여겨질 수도 있지만 결코 그렇지가 않다.

하리수의 결혼은 일반적인 동성애의 결혼보다는 더 극악무도(極惡無道)한 동성애 결혼인 것이다. 그 이유는 그 결혼은 이성 결혼을 가장한 동성 결혼이며, 그 역시나 동성애 결혼이기 때문이다.

필자는 그들의 결혼을 깰 생각은 추호도 없다. 다만 그들의 결혼 아닌 결혼이 도화선이 되어 엄청나게 퍼질 잘못된 결과들을 미연에 방지하고자 하는 것이다. 그들이 결혼하는 것은 그 둘만의 자유라고 말할 수 있을지는 몰라도 그들의 결혼을 사회적인 관점에서 인정하면 안 되는 것이다. 왜냐하면 그것은 단순히 그들의 결혼만을 인정하는 것이 아니라 하나님께서 하리수의 성을 잘못 창조하셨다는 것을 긍정하는 것이 되기 때문이다. 그들이 그리스도 밖에(out christ) 있는 자들이라고 할지라도 그들 역시 하나님께로부터 지음 받은 피조물인 것이다. 하리수는 결혼을 하게 되면 네 명의 자녀를 낳을 것이라고 하였다. 그러나 근본적으로 성전환자들은 아이를 출산할 수가 없다. 이는 비록 그가 여자의 몸이기는 하지만 여자가 아니라 남자라는 것을 입증하고 있는 것이다. 여자라면 아이를 낳는 것은 자명한 사실이다. 그리고 하나님께서는 남자가 아니라 여자에게만 아이를 낳을 수 있도록 하셨다. 그런데 앞으로 얼마 있지 않으면 남자가 임신하여 아이를 출산하는 시대가 올 수도 있다. 이것 또한 극악무도한 죄악이라고 말하지 않을 수 없는 것이다.

하리수가 자녀를 낳는다는 말은 자신이 실제로 낳는다는 것이 아니라 입양을 한다는 것이다. 그는 결혼 후 두세 달 있다가 첫 딸을 시작으로 하여 아들, 딸, 아들 순서대로 자녀를 입양할 것이라는 계획을 밝혔다.

이 하리수의 웨딩 앨범을 촬영한 업체는 서울 논현동에 위치한 '나인 스튜디오(nine studio) 황마담 웨딩'이다. 이 업체의 운영자는 과거 개그 프로그램에서 여장을 하고 나와 황마담 역할을 담당한 황승환이다. 그는 남성임에도 불구하고 여성의 역할을 완벽하리만큼 잘 소화해 내어 많은 인기를 누렸던 자이기도 하다. 그는 남자임에도 불구하고 방송에 출연할 때는 항상 여성 옷의 대명사라고 말할 수 있는 원피스 차림으로 등장하였다.

또한 하리수는 자신의 결혼식 하루 전날인 5월 18일 오전 10시 50분경에 MBC에서 방영되는 '이재용, 임예진의 기분 좋은날'이라는 프로그램에 '세상에서 가장 특별한 부부, 하리수♥미키 정'이라는 주제로 출연하여 자신의 결혼 전말을 밝혔다. 이 주제처럼 하리수와 미키 정은 특별한 부부이기는 하다. 왜냐하면 남자와 남자가 만났기 때문이다. 하지만 이 프로그램에서는 특별이라는 관점과 시각으로 이들의 결혼을 긍정하고 있는 것이다. 이 MBC는 대한민국의 대표채널이라고 할 수 있는 공영방송인데 이 방송에서 하리수의 결혼에 대해 매우 긍정적으로 시사한다는 것은 정서상 위험한 일이라고 할 수 있다. 이러한 방송의 위력은 실로 대단한 것이기에 보는 이로 하여금 하리수의 결혼을 긍정하게 만들고 마는 것이다.

또한 이 방송에 등장한 하리수와 미키 정 커플은 두 손을 꼭 잡은 채 자신들의 사랑을 과시하기도 하였으며, 서슴없이 말로 표현하기도 하였다. 이 방송에서는 하리수가 결혼을 준비하는 전 과정을 공개하기도 하였는데, 하리수는 꽃무늬가 화려하게 장식된 한복을 차려입게 되었고, 그에 대한 이유를 묻는 기자의 질문에 '처녀 시절의 마지막을 장식하기 위해서'라고 하였다. 이 말에서 하리수는 자신을 '처녀'라고 표현하였는데 그가 그 자신을 처녀로 표현할 수 있을지는 몰라도 그는 기독교적인 관점으로 보면 처녀가 아닐뿐더러 여자도 아닌 것이다.

또한 미키 정은 "부럽죠? 홀로이신 분은 배필을 만나서 빨리 결혼하시길 바랍니다. 저처럼요?"라고 하였다. 이는 자신의 결혼에 대해서 상당히 자부심을 갖고 있는 발언이며, 자신의 결혼을 남들에게까지 부각시키고 있는 것이다. "사랑에는 국경도 없다."는 말이 있는데 이 말은 모든 사람들에게 다 해당되는 것이 아니라 이미 결혼을 한 사람들과 동성 간의 사람들에게는 해당되지 않는 말이다.

사실 그들은 결혼을 해서는 안 되는 자들이며, 설령 결혼을 한다고 하더라도 비밀리에 해야 마땅한 것이다. 그러나 이들은 공공연히 방송을 통해서 자신들의 결혼을 마치 당연한 것이며, 자랑스러운 것이라고 떠들어 대고 있다. 이 프로그램에는 하리수의 어머니 김부미 씨와 미키 정의 어머니 이영자 씨도 등장하여 이들의 결혼을 한층 더 긍정적으로 부추기기도 하였다.

우리나라 과거의 결혼 풍속 중에 보면, 결혼 전날 밤에 신랑 측에서 신부 측에게 보내는 함을 함진아비가 등에 메고, 얼굴에 오징어로 가면을 만들어 쓰고, 신부 측의 사람들과 흥정을 벌이며, 신부 집으로 함을 전달하는 풍속이 있는데, 이를 통해 결혼의 흥을 돕우고, 그 결혼을 동네 사람들에게 공개적으로 알리며 축하를 받는 것이다. 그러나 지금은 간혹 하는 경우도 없지 않아 있지만 여러 가지 사정상 하지 않는 경우가 다반사이다. 하지만 하리수는 이 풍속을 재현하였고, 이를 통해 자신들의 결혼을 동네 사람들에게 알렸으며, 이러한 장면이 이 프로그램에서 방영되었다. 필자는 굳이 이렇게까지 해서 자신들의 결혼을 알릴 필요가 있었는지 그들에게 묻고 싶다. 또한 평범한 사람들도 번거로워서 하지 않는다 지난 일을 하리수가 한다는 것은 웃지 못할 처사인 것이다.

이 프로그램의 마지막 멘트로 "영원히 사랑하고, 행복하세요." 라고 내레이터(narrator)가 말하였는데, 과연 이들의 결혼 생활이 얼마나 갈 것인가에 대해서 필자도 의문이다.

보통 연예인들의 결혼 생활은 그리 오래가지 않는 것이 통상적인 사실이다. 왜냐하면 그들은 이미 평범한 사람들이 아니기에 그 삶을 지탱하며, 유지할 수가 없기 때문이다.

끝으로, 이들은 자신들이 순수한 사랑을 한다고 주장하지만 이들의 사랑은 이미 사랑이 아니며, 이들은 극악무도(極惡無道)하고 타락하고 부패한 자들이다. 순수한 사랑의 초석은 이성끼리의 사랑이지, 동성끼리의 사랑은 결코 아닌 것이다. 현재 성전환 수술은 각 대학 병원에서 클리닉(clinic)을 개설해 성공적으로 수행하고 있기도 하다.

정신적인 치료가 불가능한 경우에 한해서는 수술을 허용하며, 그가 원하는 성으로 외부 성기를 형성시켜 줄 수밖에 없다는 의학계의 주장이 만연되어 있고, 또한 이러한 주장들이 사람들에게 긍정적인 모습으로 비춰지고 있다.

비록 이에 대해서 부정적으로만 대처해서는 안 되겠지만 이를 빌미로 해서 성전환을 긍정하며, 마치 그것이 당연한 것인 양 떠들어 대서는 안 될 것이다. 여하튼 자신의 성에 만족하지 못하는 성정체성 장애를 가진 사람들은 이 시대에 있어서 가장 불행한 자들이라고 말할 수 있다. 하지만 그들을 너무 동정해 하나님의 창조 질서를 깨뜨려 성을 바꾸는 것을 허용해서만은 안 되는 것이다. 이는 마치 마약에 중독되어 마약을 달라고 요청하는 자들에게 마약을 주는 것과도 같은 것이다. 필자는 이러한 하리수의 결혼을 성경적인 시각으로 바라본다면 이 결혼이 말세의 또 다른 이면을 보여주고 있는 것이라고 강하게 주장하고 싶다. 드디어 끝이 오고야 만 것이다. 더 이상의 끝은 없는 것이다. 왜냐하면 단적으로 하리수가 결혼을 했기 때문이다. 이러한 하리수의 결혼이 시사하는 바는 아주 큰 것이며, 차지하는 비중 또한 가히 상상을 초월할 정도이다. 이 일을 계기로 하여 앞으로도 계속해서 이러한 충격적인 사건이 연이어 발생할 것이다.

다섯째로, '바이섹슈얼(buy – sexual)'인데 이는 양성애자로서 이 양성애자는 동성과 이성을 모두 다 인정하며, 혼합적으로 성을 즐기는 자들이다.

여섯째로, '이반(anti – hetero sex)'인데 이 이반은 청소년들 사이에서 말하는 동성애의 별칭으로서 이성을 반대한다는 의미를 가지고 있으며 동성애라는 말을 은닉하기 위해서 사용되는 은어이다.

일곱째로, '커밍아웃(coming – out)'인데 이 커밍아웃은 자신이 동성애자임을 대중 앞에서 공개적으로 밝히는 자를 의미한다.

우리나라에 연예인 중에 홍석천 씨가 커밍아웃을 한 자이다. 또한 그리스의 역사적인 인물이며 철학자인 플라톤은 그의 작품 "향연"에서 동성 간의 사랑을 장려하였고, 차이코프스키는 이성과의 사랑을 부단히 노력했지만 그가 32세 때 19세의 소년과 여행을 하면서 자신이 게이임을 밝혔고, 오스카 와일드는 오랜 게이 생활 끝에 결국 1895년 동성애 행위로 런던의 형사 법원에서 실형을 선고받았고, 80년대에 우리나라에 여러 개의 팬클럽을 만들게 했던 매력 있는 목소리의 영국 팝스타인 조지 마이클(George Michael)은 로스앤젤레스에 있는 베벌리힐스의 한 공원에서 동성적 범죄로 체포되었고, 프랑스 왕 루이 13세는 결혼하여 두 아들을 두었지만 그는 고의적으로 작은 아들인 필립에게 페티코트를 입히고 인형과 함께 놀게 하는 등 여자처럼 다루면서 양육하였고, 남성과의 관계로도 유명하다. 놀랍게도 그의 아들마저도 게이로 성장했다.216)

또한 폭군으로 유명한 로마의 황제 네로는 '스포러스'라는 소년에게 깊이 빠져 그를 거세시키고 정식으로 결혼식을 올려 자신의 아내로 삼았다. 그 후엔 '피타고라스'란 남자와 결혼하여 이번엔 자신이 아내의 입장에서 그를 남편으로 떠받들었다. 그리고 네로가 추방되고 대신 오도가 황제의 자리에 올랐을 때 그는 제일 먼저 '스포러스'를 자신의 동성애 파트너로 삼았다.217)

위와 같은 부류의 사람들은 자신들이 순수한 사랑을 한다고 주장하면서 성행위를 즐기기도 하는 극악무도(極惡無道)하게 타락

---

216) Ibid., p. 214.
217) 손종태, 『팝 음악에 나타난 사탄의 활동』(서울: 크리스찬 서적, 1987), p. 15.

하고 부패한 자들이다. 그러나 순수한 사랑의 초석은 이성끼리의 사랑이지 동성끼리의 사랑은 결코 아닌 것이다.

창세기 2장 24절의 말씀처럼 "남자가 부모를 떠나 그 아내와 연합하여 둘이 한 몸을 이루는 것"이 진정한 사랑이다.

1962년에 가톨릭 신자인 미국의 대통령 케네디가 신앙의 자유화를 선포하며 모든 공립학교에서 기도회를 없애고 동성연애를 양성화하였다.

로마시대부터 점성술로 사용되던 기호인 '♂'은 화성을 본뜬 것으로서 남자를 상징하고, 창의 모양을 나타내며, '♀'은 십자가가 있는 금성을 본뜬 것으로서 여자를 상징하고, 거울의 모양을 나타낸다.

1970년대에 들어와서 게이들은 '♂♂'로, 레즈비언들은 '♀♀'로 표시했다. 1978년 샌프란시스코에서 게이들은 자유의 날 거리를 행진할 때 무지개 깃발을 사용하였는데 이 깃발은 게이들의 긍지를 상징하고 있다.[218]

끝으로, 우리에게 경악을 금치 못하게 하는 것은 이 동성애가 사회 법정에서도 인정되고 있다는 것이다.

2000년 1월 1일 미국 캘리포니아 주의 법정에서는 공식적으로 동성의 결혼이 허락되었고, 이 결혼의 주례를 거부하는 자는 어느 누구를 막론하고 벌금형에 처하며, 구속까지도 되는 사안이 공식적으로 통과되었다.

또한 성직자라고 할지라도 이 법을 어길 시에는 법적인 제재를 피할 수가 없게 되었다. 그리고 동성이라는 이유 때문에 집을 대

---

218) 신상언, 『사탄은 마침내 대중문화를?』(서울: 낮은울타리, 1992), p. 213.

여해 주지 않거나 직장에서 일자리를 주지 아니하면 법적인 조치를 받을 수밖에 없게 되었다.

그리고 우리나라에서는 2003년 4월 2일에 국가 인권위원회가 청소년 보호법 시행령 제7조의 개별 심의 기준에서 동성애를 삭제토록 청소년 보호 위원회에 권고하였고, 청소년 보호 위원회가 이를 수용키로 하였다.219) 이는 동성애를 국가 기관인 국가 인권위원회가 정상적인 성으로 간주하는 것이며, 청소년을 보호하며 그들을 바른길로 선도해야 할 청소년 보호 위원회도 동성애를 정상적인 성으로 여기라는 국가 인권위원회의 권고를 듣고 반대하기는커녕 이를 수용하였으며 오히려 맞장구를 쳤다는 것은 실로 충격적인 일이 아닐 수가 없는 것이다.

그리고 테런스 맥널리(Terrence Mcnally)는 예수님께서 제자들과 동성애를 했다는 것을 간접적으로 묘사하여 희곡을 쓰기도 했다.

동성애는 결코 선천적인 것이 아니다. 그것은 후천적으로 형성되는 습관에 불과한 것이다. 사람들이 동성애에 빠지게 되는 것은 자신의 부모들로부터 긍정적인 남녀의 역할에 대해 실제적인 가르침을 받지 못하기 때문이다. 부모들의 무관심과 거부적인 태도, 또 긴장으로 가득 찬 가정의 환경이 그들의 자녀로 하여금 동성애에 빠지게 하는 길잡이가 되고 있다.

한 사회에 동성애가 유행하고 있다는 것은 그 사회를 형성하고 있는 기본 단위인 가정이 파괴되었음을 의미하는 것이다. 그리고 가정의 파괴는 곧 사회와 문화의 파탄을 의미한다.220)

---

219) 장종현, 「기독교연합신문」(2003년 4월 13일자, 제728호), p. 1.
220) 손종태, 『팝 음악에 나타난 사탄의 활동』(서울: 크리스챤 서적, 1987), p. 16.

그리고 더 나아가서는 교회의 파탄을 의미하는 것이다. 육체적인 성이란 베일에 가려 있을 때 진정한 빛을 발하는 것인데 사탄은 그 베일을 문화라는 이름으로 벗겨서 노출시킨 것이다. 그러한 노출로 말미암아 사람들의 성의식을 타락시키고 그 타락으로 인해서 이성애를 뛰어넘어 하나님께서 금지시킨 금단의 열매인 동성애의 수렁으로 빠져들게 하는 것이다.

바로 변태적인 성의 말로가 동성애인 것이다. 그리고 이제는 더이상 동성애자들이 어둠 속에 있지 않고 자신들을 인정해 달라고 타락한 외침을 소리 높여 하고 있다.

이 외침을 막는 길은 교회가 이들보다 더 큰 목소리로 예수 그리스도의 복음을 외쳐 그 복음에 이들의 타락한 외침들이 묻혀서 더 이상 소리를 내지 못하도록 하는 것이다.

섹스(sex)라는 단어는 원래 그리스어로 남과 여의 분리를 뜻하는 것이며. 남과 여를 구별하는 의미로 사용했던 일상적이고 평범한 용어인데, 이 의미가 변질되어 왠지 듣기가 거북하고 가히 입에 오르내리기 부끄러운 단어가 되어 버렸다.

그러므로 하나님께서 의와 죄, 선과 악, 정한 것과 부정한 것을 정확하게 구분하신 것처럼 우리들도 동성애라는 이름으로 성의 불분명한 구분이 도사리고 있는 이 시대에 남과 여의 성별을 올바로 구분하여 '섹스'의 진정한 의미를 회복해야 한다. 이것이야말로 동성애를 막는 초석이 될 것이다.

6.1.4. 동성애의 실태

전에는 동성애자였다가 지금은 목사로서 불행한 생활 방식에 빠져 있는 사람들을 인도하고 있는 미국의 어떤 목사는 "나는 300명 이상의 동성연애자들을 상담해 왔는데 아버지와 좋은 관계를 가졌던 사람은 본 적이 없다."라고 말했다.

한 사회에 동성애가 유행하고 있다는 것은 그 사회를 형성하고 있는 기본 단위인 가정이 파괴되었음을 의미한다. 그리고 가정의 파괴는 곧 그 사회와 문화의 파탄을 의미하는 것이다. 성도덕의 타락, 특히 동성애의 성행은 곧 그 사회가 붕괴될 것이라는 예고이다.

미국의 한 도시에서는 7만 명의 동성연애자들이 모여 대규모의 집회를 열고 그들의 권익을 주장하는 성명서를 내며 시가행진을 한 일이 있었다. 또한 미국의 어느 대학교에서는 연속적인 강연회가 개최되었는데 그 첫날의 주제는 동성애에 관한 것이었다.

강사로 나온 목사는 동성연애자 교회의 목사였는데 그는 공개적으로 선언하기를 "나는 게이입니다만 이렇게 사는 것이 기쁩니다. 우리는 소수 집단입니다. 따라서 다른 사람들이 우리를 괴롭힙니다. 45개 주에서 동성애라는 사적 행위를 법의 보호 대상 밖으로 밀어냈으며, 경찰은 그것을 최대한 이용합니다. 사회는 우리를 범죄시하는데 그 뚜렷한 이유로는 우리가 가증스런 족속이라고 레위기에서 말하고 있기 때문입니다. 경찰은 우리가 즐겨 찾는 술집들을 추적해서 우리를 체포합니다. 그 술집들이야말로 우리가 다른 게이를 만날 수 있는 유일한 장소인 것입니다.[221] 경찰은 우

---

221) Ibid., p. 17.

리를 유치장에 끌고 가는 도중에 구타하는 예가 비일비재합니다. 대부분의 교회에서는 우리의 행실을 죄악으로 단정하고 있습니다. 우리가 동성의 연인과 결합할 경우 교회의 축복을 받지 못합니다. 이런 일에 대해서 우리가 어떻게 해야 할까요? 우리는 조직체를 결성해야 합니다. 우리는 반격의 싸움을 벌일 것입니다. 뉴욕에서 경찰이 어느 게이 술집을 정탐하러 왔을 때 우리는 뒷문으로 살그머니 빠져나와 문을 잠그고 그곳에 불을 질렀습니다. 그랬더니 경찰이 허겁지겁 물러가 버렸습니다."라고 말하였다.

또한 영국의 한 목사는 "예수는 남자 일색으로 제자들을 삼았다. 그러므로 그는 동성연애자였다."라고 주장했다.[222]

동성애자의 천국으로 불리는 네덜란드의 경우 동성애 잡지 「게이 그란트」를 통해 많은 국회의원과 연예인이 동성애자임을 공개하였고, '세계 동성애자 퍼레이드'를 개최하여 동성애자들 간의 결혼을 법적으로 인정받는 성과를 거두게 되었다.

또한 동성애자들을 위한 TV채널까지 등장했다. 미국의 경우 과거에 11월 선거를 앞두고 미연방 의회 의원 지망생 중 공인된 동성애자가 7명이나 되는 것이 밝혀졌고, 전국 동성애자의 지지 아래 그들은 이미 당선 가능성을 확보하고 있다고 국내 언론은 보도하고 있다.

동성애자의 안수 문제를 놓고 심한 몸살을 앓고 있는 미국 장로교에서는 일체의 논쟁과 행동을 중지하는 '안식년'을 실시하고자 할 만큼 동성애 문제들이 헌의안으로 많이 올라와 있는 형편이다.

---

222) Ibid., p. 18.

게다가 제자들과 동성애를 하는 예수와 비슷한 인물을 묘사한 희곡을 쓴 극작가 '테런스 맥널리(Terrence Mcnally)' 씨는 미국의 몇몇 극장이 자신의 연극을 무대에 올릴 것을 제의했다고 공개해 교계를 놀라게 했다.

그리고 동성애가 '불공평한 대우를 받는 소수의 사람들이 인류를 향해 외치는 인권 회복 운동'인 것처럼 퍼지고 있는 추세이다.

어느 누구도 단지 성지향성 때문에 사회적인 차별을 받아서는 안 된다고 주장하는 것이다. 문제는 이러한 추세가 비단 먼 나라의 일만이 아니라는 것이다.

1965년 연세대 총학생회 축제 기간 중 열렸던 성 정치 문화제가 그렇고 고려대학에서 개최한 퀴어(동성애) 영화제, 거리 시위를 통해 "에이즈의 주원인은 동성애가 아니다."라는 사과문을 받아 내는 등 공공연한 활동을 통해 점차 큰 소리를 내기 시작했다. 그러나 무엇보다도 큰 문제는 대중문화가 이에 편승해 동성애 홍보 사절의 역할을 감당하기 시작했다는 것이다.223)

---

223) 신상언, 『사탄은 마침내 대중문화를?』(서울: 낮은울타리, 1992), pp. 205~206.

6.2. 뉴 에이지와 복제 인간

6.2.1. 복제 인간의 실태

인간 복제를 준비해 온 클로네이드사(Clonade Ltd.)가 사상 최초로 인간 복제를 통해 여자아이가 태어났다고 밝혀 종교계는 물론 생명 과학, 의학계 등에 충격을 던져 주고 있다.

특히 기독교계에서는 있을 수 없는 일이 벌어졌다며 이번 기회에 인간 복제의 사각 지대인 한국에서 관련 법규를 마련하는 등 실질적 대책을 수립하는 데 전부 교계 학계 등이 모두 나서야 한다며 깊은 우려를 나타냈다.

요즘처럼 건강과 장수에 관심이 많은 시대에 의학적인 분야를 통해서도 이 뉴 에이지 사상이 접근해 오는데 그것은 다름 아닌 복제 인간이다.

라엘리안 무브먼트(Raelian Movement)의 비밀조직인 클로네이드 소속에 속해 있는 프랑스의 여성 과학자인 '브리지트 부아셀리' 박사는 지난 2002년 12월 26일 오후에 AFP통신과의 전화 인터뷰에서 30대의 산모가 제왕절개를 통해 최초의 복제 여아를 출산했다고 밝힌 바 있다. 그리고 이 여자아이의 이름은 다름 아닌 하나님께서 첫 사람의 여자로 만드신 '이브'였다.

이 복제 여아인 '이브'는 남자의 정자와 여자의 난자가 만나서 정상적으로 출생한 것이 아니라 어머니의 체세포 일부를 떼어 내 복제한 것으로서 산모와 여아는 태어난 시기만 다를 뿐 유전적으로 동일한 인간이라고 게리 대변인은 주장했다.

즉 정자를 제외한 난자만을 가지고 수정한 것이다. 이것은 윤리적인 차원으로도 도저히 납득이 가지 않는 것이며, 창조의 질서를 무참하게 깨뜨리는 것이며, 하나님의 진노를 촉구하는 것이다.

네이딘 게리(Nadin Gary) 클로네이드사 대변인은 철저한 보안 속에 태어난 아기가 진짜 복제 인간임을 증명하기 위해 비디오 장비와 중립적인 과학자들을 동원, 복제아의 DNA 테스트를 실시할 것이라고 AFP 통신에 밝히는 등 자신감을 나타냈다.

부아셀리 박사는 지난 19일 AFP 통신과의 전화 인터뷰에서 지난봄에 모두 10개의 인간 배아가 복제돼 여성들의 자궁에 착상되었으나 5명은 유산되고 한 명은 이달 중, 나머지 4명은 내년 2월 말 이전에 출생할 것이라고 말했었다.

특히 또 다른 복제 남아 탄생이 이탈리아 인공수정 전문의 세베리노 안티노리 박사에 의해 내년 1월 예고돼 있어 전 세계적으로 인간 복제를 둘러싼 윤리 논쟁은 가열될 것으로 전망된다.

인간 복제는 부친이든 모친이든 한 사람의 유전 정보만 물려받게 되는 등 신의 영역에 도전하는 행위라는 비난과 윤리적 논쟁을 불러일으켜 왔다. 전문가들은 인간 복제의 과정에서 유산과 선천성 기형, 면역 체계 결함, 조로 등의 부작용이 있을 수 있다면서 인간 복제를 반대하고 있다.

박상은 안양 병원장은 이와 관련 "우선 복제아의 사실 여부 검증이 필요하며 사실로 판명될 때는 혁명적 변화를 예고하는 것"이라며 우려했다.

박 원장은 인간 복제가 일반화, 상업화되면 걷잡을 수 없는 상황이 벌어지게 될 것이라며 종교계는 물론 모두가 문제 해결에 앞장서 생명 윤리를 바로 세우는 기회로 삼아야 한다고 강조했다.

선진국 대부분이 인간 복제를 금지하지만 아직까지 복제 인간의 탄생을 기정사실로 보고 이에 대비해 마련된 세계 공통의 규범은 없다. 대부분의 나라들은 인간 복제를 법률로 금지하고 있지만 영국의 경우 2002년 1월 유일하게 치료 및 연구 목적의 인간 배아 줄기 세포 복제를 허용, 세계 최초의 인간 줄기 세포 은행이 이르면 2004년 봄에 출현할 전망이다.

그러나 영국은 인간 복제에 대한 우려가 커지자 뒤늦게 인간 개체 복제 금지 법률안을 제정했다.

국제법 문제를 담당하는 UN총회 제6차 위원회는 국제적인 인간 복제 금지 협약을 만들기로 했으나 규제 범위를 둘러싸고 독일 및 프랑스의 제안과 미국의 제안이 팽팽히 대립, 결국 2004년 9월 회의로 넘기기로 했다.

2004년 시행을 목표로 독일과 프랑스가 공동 제안한 국제 협약안 초안은 아기를 출산하기 위한 인간 복제만을 금지하고 있다.

반면 미국의 제안은 자녀 출산을 목적으로 한 인간 복제뿐만 아니라 의학 연구 및 질병 치료용 인간 배아 복제까지 모두 금지해야 한다는 엄격한 입장을 취하고 있다. 미국에서는 조지 W. 부시(George W. Bush) 대통령이 연구 목적이든 생식 목적이든 인간 배아 복제를 전면 금지하는 법안을 통과시켜 주도록 상원에 촉구하고 있다.

그러나 일부 상원 의원들은 치료 목적의 배아 복제를 허용하는 법안을 제출해 놓고 있으며, 캘리포니아 주도 연방 정부의 방침에 정면으로 맞서 의학 연구를 위한 배아 줄기 세포 연구를 허용하는 법 제정을 추진 중이다. 이번 중간 선거에서 상, 하원 모두를 장악한 미국 집권 공화당이 인간 복제 전면 금지를 추진하고 있다고 워싱턴 포스트(WP) 인터넷판이 보도했다. 현재 미국은 집권 공화당을 중심으로 아기 출산용 인간 복제뿐 아니라 연구 목적의 인간 배아 복제까지 전면 금지할 것을 추진하고 있지만 과거 과학자들과 환자 권익 옹호 단체들의 주장에 가로막혀 사원에서 관련 법안이 폐기됐던 사실에 비추어 법안 통과가 쉽지 않을 것으로 전망된다.

워싱턴 포스트에 따르면 공화당의 복제 반대파는 내년 2004년 회기에는 인간 복제 금지 법안을 통과시키겠다는 결의에 차 있다. 그러나 복제 전면 반대파와 연구용 복제 지지파 어느 쪽도 우세를 정하는 데 필요한 60표에 미치지 못하는 불투명한 상황이기 때문에 공화당이 일정 기간 복제를 유예하는 방향으로 선회할 가능성이 점쳐진다고 이 신문은 분석했다.

복제 유예 방침은 4년간의 인간 배아 복제 유예를 권고한 조지 W. 부시 대통령의 생명 윤리 위원회의 입장과도 맞아떨어진다. 공화당 상원 원내총무로 선출된 빌 프리스트(Bill Presty) 의원(테네시)이 의회에서 얼마만큼 영향력을 발휘하느냐도 변수가 될 것으로 보인다. 프랑스 하원은 아기 출산용 인간 배아 복제 행위를 범죄로 규정, 최고 20년형을 선고할 수 있는 인간 복제 금지 법안을 통과시켰으나 난치병 치료를 위한 줄기 세포 복제를 허용하는 수정안은 표결에 부쳐지지 않았다. 호주 하원도 2002년 8월 인간 복제 금지하는 내용의 법안을 만장일치로 통과시켰으나 인간 배아 줄기 세포의 실험을 제한적으로 허용하는 법안에 대한 표결은 연기되고 있다. 러시아 국가두마(하원)는 2002년 4월 앞으로 5년 간 인간 복제를 금지하는 법안을 통과시켰으며, 일본도 인간 복제를 법률로 금지하고 있다.

한국에서는 현재 인간 복제를 금지하는 법률이 없다. 2002년 9월 보건 복지부가 인간 복제를 원천적으로 금지하는 등의 내용을 담은 생명 윤리 법안을 입법 예고했지만 치료용 배아 복제의 광범위한 허용을 요구하는 과학계의 반발 때문에 아직 국회에 상정하지도 못하고 있다.

2004년 초 여야 의원 88명이 생명 윤리법과 유사한 법률안을 임시 국회에 상정할 예정이지만 이번에도 국회 통과가 불확실하다.

명지대 생명과학부와 한국창조과학회 부회장으로 있는 이웅상 교수의 "첫 복제 인간 파문 - 왜 문제인가?"라는 주제의 글을 살펴보면 이 복제 인간은 신에 도전한 인간의 교만이므로 재앙을 부를 것이라고 한다. "과학자들은 1997년 영국 로즐린 연구소의 체세포를 이용한 복제 양 돌리의 생산을 시작으로 1998년에는 생쥐, 1999년에서 소의 복제에 성공한 데 이어 2000년에는 인간과 가장 유사한 원숭이의 복제에 성공, 마침내 2002년을 한 주 남겨 놓고 인간 복제를 성사시키고 말았다.

논란과 우려 속에 많은 나라들이 인간 복제 금지 법안을 만들고 노력했음에도 불구하고 결국 복제 인간 1호는 출생하고 만 것이다.

앞으로 우리는 이 문제를 어떻게 대처해 나가야 할 것인지 인간 복제에 따른 신학적 문제와 윤리적 문제를 함께 생각해 보자.

우선 인간 복제의 신학적, 성경적 문제점을 생각해 보자. 생명 현상에 있어 주체는 물질이 아니며 하나님의 개입에 의한 창조만이 가능하다는 것이 성경의 가르침이다. 생명의 탄생에는 반드시 하나님의 섭리가 내재해 있다는 것이 기독교의 기본 신앙이다. 따라서 인간 복제는 하나님에 대한 도전이고 인간 교만의 극치가 아닐 수 없다.

하나님의 형상으로 창조된 인간은 육체뿐만 아니라 영혼도 함께 가진 존재이다. "내가 너를 복중에 짓기 전에 너를 알았고, 네가 태에서 나오기 전에 너를 구별하였고"(렘 1:5)에서 보듯이 인간은 말씀을 통해 만세 전에 하나님의 계획 아래 모태에서 생명체로 조성된다는 것을 알 수 있다.

그러나 체세포를 이용한 복제 인간의 생산은 남녀를 통해 생육하고 번성케 하시는 하나님의 창조 섭리에 위배되는 영적인 범죄임을 알 수 있다.

인간 복제에 성공한 라엘리안은 대표적인 사이비 종교 집단이다. 창시자인 보리롱은 외계인으로부터 라엘(엘로힘의 사자란 뜻)이란 칭호를 얻었고 인간은 외계인의 복제물이라고 주장하며 복제 인간을 2001년 말까지 탄생시키겠다던 사람이다. 결국 머뭇거리는 사이에 복제 인간이 탄생했고 이런 해괴한 집단은 더욱 힘을 얻어 전 세계로 확산될 가능성이 높게 되었다. 이것은 하나님의 영광을 갈취하려는 사단의 역사요, 이 싸움은 곧 영적 싸움인 것이다. 하나님의 형상으로 창조하시고 그 속에 영을 불어넣으사 생령이 되게 하신 하나님의 창조의 산물인 인간을 마치 인간이 마음대로 복제할 수 있는 것처럼 오해하게 하는 사건이다.

철저히 대비하지 않으면 수많은 신학적 혼란과 창조 신앙의 위기와 함께 라엘리안과 같은 유사한 이단의 확산을 초래하게 될 것이다.

이 라엘리안에 대해서는 라엘리안 무브먼트라는 주제로 뒤에서 다룰 것이다.

다음으로 윤리적 문제점을 생각해 보자. 인간 복제는 인간의 윤리를 파괴하게 될 것이 분명하다. 하나님의 형상으로 창조된 인간을 인간의 이기적인 목적에 의해 복제하고 이용한다면 인간의 존엄성은 곧 무너지게 될 것이다. 치료 목적으로 복제된 인간을 장기이식 등에 사용한 후에는 폐기 처분해야 하는 수많은 스페어 인간들이 생겨날 것이며 미인을 대량 복제하여 상품화하고, 폭군을 복제하여 세상을 지배하려는 세기적 범죄 등 상상할 수 없는 일들이 발생할 수 있게 될 것이다.

남자와 여자를 통한 후손의 생산은 하나님의 창조 섭리일 뿐만 아니라 생식 이상의 중요한 의미가 있다. 사회는 남녀의 사랑과 그 결과로 갖게 된 자녀로 이루어진 가정으로 구성되어 있다.

인간 복제는 자신과 생태 윤리에도 많은 문제를 초래할 수 있다. 유성 생식을 하는 생물은 암수로부터 각각 전수된 반수체가 다양하게 결합하여 새로운 개체를 형성하도록 되어 있다. 그러므로 한 부모 밑에서 태어난 자녀들이 많이 닮았음에도 불구하고 서로 다른 것은 이 때문인 것이다.

그러나 이번의 인간 복제에 이용된 기술처럼 체세포 핵을 치환하여 복제하게 되면 이러한 다양성이 없게 되면서 생태계의 안정성을 잃게 되어 멸종될 가능성이 높아진다. 또한 복제 과정 중 인위적인 조작과 실수를 통하여 유전자의 돌연변이가 일어날 가능성은 더욱 높아진다. 인간 유전자의 변화는 영구히 치유되지 못하고 후손들에게 전달될 때 그 결과에 대한 비극적인 종말은 아무도 예측할 수 없다.

이미 밝혀진 대로 6세 양을 복제한 돌리는 실제 나이 11세에 해당하고 세포의 수명을 조절하는 DNA의 첨단부가 같은 또래의 양들에 비하여 훨씬 짧은 것으로 미루어 노화 현상이 빨리 오고 있으며, 세포가 스스로 죽지 않을 경우 세포의 이상 증식으로 암이 발생될 가능성이 높은 점을 우려하고 있는 것이다.

결론적으로 이 사건을 계기로 전 세계의 과학자들은 스스로 자성하여 인간 생명을 놓고 위험한 도박과 같은 실험을 중단하고, 이것을 이용하려는 사이비 종교 집단의 유혹에 빠지지 않도록 해야 할 것이다. 또한 모든 국가들이 자국 내뿐만 아니라 국제적인 힘을 모아 테러보다도 더 사악한 인간 복제 뿌리를 근절시키는 계기로 삼아야 할 것이다.[224]

그러면 앞서 말한 라엘리안 무브먼트에 대해서 살펴보고자 한다. 이 조직은 뉴 에이지 사상을 신봉하는 종교로서 미국의 종교단체이다. 이 조직은 1973년경에 프랑스 중부 지방에서 외계로부터 UFO를 타고 날아온 우주인을 만났다는 클로드 보리롱 라엘의 이름을 본떠서 형성되었다. 클로드 보리롱 라엘은 6일 동안을 우주인과 만나 대화를 나누었다고 하며, 이 메시지를 전 인류에게 전할 목적으로 이 단체를 만들었다고 한다.[225] 그러므로 이 운동의 목표는 외계에서 온 우주인의 메시지를 지구에 널리 알리자는

---

224) 플로리다 마이애미 한인 주간, 「특집/인간복제」(January 1, 2003), p. 29.
225) 신상언, 『X 그리고 대중 사탄 문화에 대한 보고서』(서울: 낮은울타리, 1995), p. 25.

것이다. 클로드 보리롱 라엘은 1973년 12월 13일경에 프랑스에 있는 레르 몽페랑의 한 사화산에서 우주인을 만났다고 하는데 그가 만난 외계에서 온 우주인의 이름은 다름 아닌 성경에서 말하는 창조주 하나님이신 '엘로힘'이라는 것이다.

또한 그는 1975년 10월 7일경에 UFO를 타고 우주인의 혹성을 방문하여 교류를 통해 그들이 지구인들에게 주는 메시지를 전달받았다고 한다.[226] 클로드 보리롱 라엘은 이 운동의 보급을 위해 스위스의 제네바에 국제 본부를 두고 한국, 프랑스, 이탈리아, 독일, 캐나다, 일본, 대만 등 각국에 협회를 조직해 놓고 있다. 참으로 희한한 것은 이 운동이 주장하는 각종 주제들이 거의 뉴 에이저들이 추구하는 바와 일치하다는 점이다.

국제 본부가 있는 제네바는 어떤 도시인가? 장로교의 창시자인 죤 칼빈이 성경을 바로 해석하여 진리의 초석을 다진 곳이며, 그 제네바로부터 진정한 복음이 전 세계로 확산된 곳이다. 바로 이러한 하나님의 도성이라고 할 수 있는 제네바가 사탄의 종교인 라엘리안 무브먼트의 중심 기점이 되었다는 것은 실로 충격적인 일이 아닐 수가 없다.

이처럼 사탄은 믿는 자들의 가까이에 있는 것이며, 그들을 서서히 좀먹고 있는 것이다. 클로드 보리롱 라엘은 그의 저서를 통해 "엘로힘(우주인)이 인간의 행복과 발전을 위해 모세, 예수, 석가, 마호멧 등의 예언자를 보내 인류를 교육하며, 개화시키고 엘로힘의 창조 작업에 대한 기록을 남겼다."고 주장한다.[227]

---

226) 김웅광, 『뉴 에이지 운동의 정체』(서울: 국민일보사, 1994), p. 17.
227) Ibid., p. 19.

우주인이 보낸 자는 누구이겠는가? 바로 우주인이다. 그리고 그들은 이 사상을 주장하면서 예수 그리스도도 우주인이라고 말하기도 한다.

이 조직은 무브먼트(movement), 즉 운동이라는 이름으로 대중문화 속에 깊이 파고들었기에 쉽사리 사람들의 이목을 집중시키게 된 것이다. 또한 예수 그리스도가 우주인이라는 이들의 주장을 강력하게 피력하며 사람들의 잠재의식에 주입시키기 위해서 과거에 대단한 인기리에 방영되었던 영화이며, 앞서 살펴본 아직도 잊히지 않은 영화인 E.T.가 있다.

이 영화는 스티븐 스필버그(Steven Spielberg)의 작품으로서 예수 그리스도를 외계에서 온 우주인으로 교묘하게 묘사하고 있다.

그리고 이 영화를 통해 예수 그리스도가 우주인이라는 거짓 사상을 주입한 성공의 결과로 인해 한동안 아이들로 하여금 E.T.의 신발을 신게 하고, E.T.의 모자를 쓰게 하고, E.T.의 옷을 입게 하였다. 이것이야말로 대중문화의 대단한 위력인 것이다.

예수님께서 마구간에 태어난 것을 외계로부터 날아와 마구간에 떨어진 E.T.라고 묘사했으며, 그 E.T.가 떨어진 곳은 엘리엇의 마구간이었는데 그 엘리엇의 어머니가 다름 아닌 마리아였고, 예수님만이 하실 수 있으며 우리의 구원과 직접적인 연관성이 있는 부활과 승천을 E.T.를 통해서 교묘하게 묘사하였다. E.T.의 죽음 앞에서 엘리엇이 울먹이며 한 대사는 많은 사람들의 심금을 울리기까지도 했는데 그 대사는 "당신은 이제 다른 세상으로 갈 것입니다. 나는 당신을 영원히 매일같이 믿겠습니다."이다.228)

---

228) 신상언, 『대중문화 최후의 유혹』(서울: 낮은울타리, 1993), p. 113.

310   뉴 에이지(NEW AGE)가 교회를 파괴한다

이 대사는 재림을 기다리는 성도들의 신앙고백이 아니고 무엇이겠는가? 이처럼 이 영화는 사탄의 전유물로서 사람들에게 예수 그리스도가 우주인이라는 사상을 주입시키기에 충분한 효력을 가지고 있는 것이며, 우주인인 E.T.를 등장시켜 예수 그리스도의 역할을 대신하게 한 것이다.

그러기에 라엘리안 무브먼트의 사상을 주입시키기에 충분한 것이다. 이 영화를 만든 스티븐 스필버그는 영화의 천재이자 영화계의 대부라고 일컬어지며, 그가 만든 영화는 모두 다 인기리에 상영되었으며, 또한 그가 만든 영화는 하나같이 반 기독교적이며, 하나님을 우롱하는 것이며, 기독교인이라면 보아서는 안 되는 영화인 것이다.

스티븐 스필버그는 12살 때부터 영화의 천재성을 보이기 시작하였고, 12살의 어린 나이에도 불구하고 8미리 영화를 만들기도 하였다.

창세기 3장 6절 말씀에 하와가 사탄의 유혹을 받고 선악을 알게 하는 나무의 실과를 보자 봄 직하여 그 실과를 따 먹은 것처럼 영화 또한 선악과처럼 우리의 시각을 자극시켜서 그 시각으로 본 것들을 잠재의식에 각인시키고 그 사상에 동조하게 하고 심지어는 행동으로 옮기게 하는 것이다.

1977년도에 스티븐 스필버그가 만든 영화인 원제가 "Close Encounter of The Third Kind"인 "미지와의 조우"가 있다.

이 영화에서 남자 주인공은 외계인을 동정하여 신비한 체험에 매료되어 빠지게 되는데 결국에는 텔레파시를 통해 자신이 그렇게 만나기를 원했던 우주인을 만나게 된다.

이 장면은 구약의 선지자인 에스겔이 그발 강가에서 하나님을 만나는 장면과 아주 유사하게 꾸며 놓았던 것이다.229)

이처럼 스티븐 스필버그는 E.T.에서와 마찬가지로 성경에서 말하는 하나님인 엘로힘이 다름 아닌 외계에서 온 우주인이라는 사상을 주입시키기 위해서 영화를 통해 전심전력(全心全力)을 다하고 있는 것이다.

이처럼 라엘리안 무브먼트에서 말하는 하나님이 우주인이라는 사상이 터무니없는 거짓말일지라도 대중문화의 거목이라고 할 수 있는 영화라는 매개체가 뒷받침해 주고 있기에 자연스럽게 사람들에게 동화되어 가며 끝내는 긍정하게 만드는 것이다. 이처럼 대중문화의 위력은 부정을 긍정으로 보게 하는 것이다.

이 라엘리안 무브먼트에서 말하는 'UFO'란 Unidentified(미확인) Flying(비행) Object(물체)의 이니셜, 즉 약자 표기로서 미확인 비행 물체라는 의미이다. 사실 UFO라는 것은 실재하지 않는 것인데 미확인 비행 물체, 즉 확인되지 않는 비행 물체라는 의미가 사람들의 마음을 자극시켜 자꾸만 확인해 보도록 하는 것이고, 심지어는 환상을 통해서 보게 하는 것이다.

또한 종종 CF선전에서도 UFO를 등장시켜 사람들에게 호기심을 갖게 하고 UFO의 실재를 긍정하게 하여 거짓 사상에 매료되게 하는 것이다. 'IBM'컴퓨터 선전에서 괴상망측(怪常罔測)한 외계인들을 등장시켜 UFO가 실재함을 부추기고 있다. 이처럼 대중문화의 위력은 없는 것을 있는 것으로 여기게 하는 것이다.

한 가지의 거짓 사상에 매료되기만 하면 그 파장은 급속도로

229) Ibid., p. 115.

퍼지게 되어 어떠한 파괴적으로 강한 거짓 사상이라도 쉽게 긍정해 버리는 것이다. 또한 이 UFO는 마약과도 관련이 있어서 마약에 심취한 자들이 자신의 정신을 스스로 추스르지 못하는 정신이상 상태에서 UFO를 환상 중에 보게 되기도 하는 것이다.

UFO를 하나님이 보시게 하시겠는가? 결코 그렇지가 않다. 그렇다면 바로 사탄이 보게 하는 것이며, 그 이유는 정신을 혼미케하기 위함이며, 진정한 가치관을 흔들어 놓고자 하는 것이다. 그러므로 UFO는 하나님이 아닌 사탄과 직결되는 것이다.

이 UFO는 진화론적 잠재의식의 표출이다. 사실 UFO에 관한 현대인의 발상 중 대부분이 다음과 같은 환상에서 출발하고 있다. "우주는 진화되었으며 지구도 일개 진화된 행성에 불과하다. 그러므로 지구보다 훨씬 더 오래된 외계의 행성이라면 틀림없이 지구인보다 훨씬 더 진화된 생명체가 있을 것이고, 그들이 지구의 생명체를 연구하기 위하여 인류가 잘 분별할 수 없는 고도의 과학기술을 사용하여 지구를 넘나들고 있는 것이다."

이것은 하나님께서 지구를 다른 천체의 별보다 먼저 만드셨다고 하는 창세기의 말씀과 어긋나는 것이다.[230]

우주 진화론자들은 달과 화성과 금성을 탐험하여 생명의 흔적을 발견하게 되면 이것이 진화의 결정적 증거가 될 것이라는 생각을 가지고 있다.

하지만 그 어느 곳에서도 지극히 작은 생명의 흔적을 찾아볼 수가 없었다. 성경이 진화에 대하여 전혀 언급하고 있지 않음은 우리가 주목해 보아야 할 대목이다. 오히려 하나님께서는 종류대

---

230) 조덕영, 『UFO와 신비주의』(서울: 두루마리, 1996), p. 17.

로 이 땅에 생물들을 허락하셨으며 영적인 관심이 이 지구를 향하신 것으로 보아 하나님께서는 생명을 이 지구에만 허락하셨다고 보는 것이 보다 성경적인 해석일 것이다.

박윤선 목사도 성경 주석에서 저 넓고 경이로운 우주는 하나님께서 인간을 사랑하셔서 지으셨으며, 칼빈주의에서는 지구 이외의 다른 별들의 세계에는 사람과 혹은 사람 이상 되는 어떤 실존이 살고 있는 것으로 보지 않는다고 밝히고 있다.

결국 UFO현상은 하나님을 마음에 두기를 싫어하는 사람들의 마음속에 내재된 진화론적 잠재의식이 오늘날의 과학 기술에 엉뚱한 방향으로 표출된 것인지도 모른다.231)

마지막으로, UFO현상에 대한 사람들의 다섯 가지 유형에 대해서 살펴보면, 첫째로, 전혀 무관심한 사람들이 있다. 사실 우리 기독교인들 중 믿음이 확실하고 성령의 보호하심을 받는 사람들이 모두 이와 같은 현상에 전혀 무관심하고 자신의 주위에서 UFO현상과 관련된 아무런 소동이 한 번도 일어나지 않은 경우라면 바람직할 것이다.232)

둘째로, 관심은 보이지만 단순한 관심 이상으로는 발전하지 않는 경우이다. 이 경우도 기독교인이 성령의 보호하심을 받는다면 커다란 문제는 발생하지 않는다. 다만 요즘과 같이 어린 청소년 시절부터 만화와 잡지와 TV의 어린이 만화영화 등과 같이 무분별하게 UFO 현상을 소개하여 호기심을 자극하는 대중매체에 노출되어 있는 상황하에서는 자녀들이나 주위에서 UFO와 관련하여

---

231) Ibid., pp. 18～19.
232) Ibid., p. 11.

갑자기 반 기독교적인 공세를 하게 되면 미흡하게 대처하거나 당황할 수도 있다. 결국은 전도에 실패하거나 신앙에 갈등이 생기고 기독교인 자신이 설득당하게 될 위험성이 있다.

셋째로, 적극적으로 알아보고 연구하려는 사람들이 있다. 물론 이 부류에도 기독교인과 비기독교인들이 모두 해당된다. 이 경우도 매우 신중하지 않으면 신앙의 순수성을 잃어버릴 위험성이 있으므로 경계해야 한다. 왜냐하면 시중에 나와 있는 대부분의 UFO와 관련된 서적들은 비성경적이기 때문이다. 아니 반 기독교적이기까지 하다.

넷째로, 목격했다거나 접촉하였다는 사람들이 있다. 이 경우 단순한 환상이나 착각에 의한 목격이거나 접촉이라면 문제되지 않겠으나 정말로 분명한 것을 보았거나 만났다고 믿고 행동하기 시작하면 심각한 지경으로까지 발전할 수 있다.233) 목격담의 경우 정상인들에 의한 경우는 95% 이상이 일상적인 자연현상을 잘못 본 것이거나 착시에 의한 경우로 설명이 가능한 것들이다.234)

끝으로, 이런 모든 경우를 통하여 UFO를 신봉하고 종교적으로 믿는 사람들이 있다. 이 경우는 더욱 심각한 경우라고 할 수 있다. 어쩌면 이럴 때 그의 영혼을 사탄에게 빼앗겨 버릴 위험성이 있다.

우리 기독교인이라고 해서 예외는 아니다. 신, 불신을 막론하고 모두가 다 이 다섯 가지 유형에 해당될 뿐 아니라 노출되어 있는 것이다.235)

조현우 박사는 다른 나라와는 달리 왜 유독 한국에서 UFO 신

---

233) Ibid., p. 12.
234) Ibid., p. 16.
235) Ibid., p. 13.

봉자들이 난리를 치는 것인가에 대한 질문에 답하기를 첫째, UFO에 대해 말이 많은 나라일수록 대중매체가 발달한 나라들이며, 둘째, 공산권 국가와는 달리 자본주의 사회에서 UFO에 대한 얘기를 많이 하며, 셋째, 지금 우리나라의 경우 사회가 복잡, 혼란한데다 이 틈을 비집고 상식적인 생각을 넘어서는 세기말적인 현상들이 나오는 것과 관련이 있으며, 넷째, 우리나라는 종교 박람회장이라 불릴 만큼 다양한 종교와 신흥 종교들이 많은 나라이며, 뭔가 새롭게 세상을 해석하고 기댈 곳을 찾는 사람들의 마음이 UFO에 대한 언급을 많이 하는 이유라 할 수 있다고 한다.[236]

이 라엘리안 무브먼트는 이처럼 무서운 사상을 가지고 있는 뉴에이지의 종교이자 적그리스도의 종교이며, 여러 가지의 문화라는 매개체를 통해 사람들에게 접근하기에 쉽게 분별할 수도 없으며, 쉽게 빠져들 수밖에 없는 것이다. 또한 이러한 지구밖에 무엇인가가 존재한다는 거짓되고 무서운 사상을 순전한 어린이들에게 주입시키기 위해 TV에서 방영되는 어린이를 위한 만화 프로그램은 하나같이 공상 과학을 주제로 하여 로봇을 등장시키고, 지구 밖에 있는 우주인과의 전쟁을 통해서 어린이들에게 우주인이 있음을 각인시키고 있다. 그러므로 어린이들이 흥미로 이러한 만화를 시청하다 보면 라엘리안 무브먼트의 무서운 사상에 쉽게 빨려 들어갈 수밖에 없는 것이다.

그리고 「안녕하세요 지구 어린이」라는 책이 있는데 이 책은 제목에서도 알 수 있듯이 어린이를 위한 도서이며, 우주인이 지구에 있는 어린이에게 메시지를 전달하는 것이다. 이것이야말로 라엘리

---

236) 신상언 외, 『지도자용 핸드북』(서울: 낮은울타리, 1997), p. 27.

안 무브먼트를 어린이들에게 가장 잘 대변해 주는 것이다.

라엘리안 무브먼트의 창시자인 클로드 보리롱 라엘이 우주인을 만나 대화를 한 것처럼 이 책 또한 우주인이 어린이들과 대화하는 주제로 쓰인 책인 것이다. 이처럼 가당치도 않은 내용이 담긴 책이 많이 팔려 나갔다는 것은 실로 충격이 아닐 수가 없다. 이러한 책들은 당연히 거부해야 할 대상이며, 호기심의 유발로 인해사 보아서도 안 되는 불법 도서이다. 이러한 불법 도서가 많은 사람들이 교양을 쌓기 위해서 찾는 서점에 버젓이 진열되어 팔리고 있다는 것 또한 실로 충격적이다.

이 책의 내용을 한마디로 일축한다면 '인간이 창조자'라는 것이다. 이 책은 스위스의 '마이어'라는 소년과 우주에서 온 '셈야제'라는 여인의 대화를 내용으로 구성하고 있는데 그 대화의 내용은 "창조의 힘이라는 게 뭐지요? 그것은 누구나 가지고 있습니다. 지구인들은 모르지만 사람은 누구든지 자신의 내부에 무한한 힘을 가지고 있거든요. 그 무한한 힘……. 그것이 바로 창조의 근원이에요."이다.237)

이처럼 이 책은 두말할 나위도 없이 하나님의 유일한 창조성을 정면으로 부인하는 것이다. 그리고 여기에 등장한 마이어라는 소년이 다름 아닌 스위스의 소년이라는 것은 앞서 말한 바 있는 라엘리안 무브먼트의 국제 본부가 스위스에 있다는 것과 일맥상통하는 것이다. 이러한 라엘리안 무브먼트의 사상이 위험한 것은 특별히 사람들과 가장 밀접한 관계를 통해서 접근하기에 더더욱 그

---

237) 곽용화, 『당신은 뉴 에이지와 그 음악에 대해 얼마나 알고 있습니까?』(서울: 낮은울타리, 1995), p. 19.

렇다. 이러한 지금의 시대가 바로 뉴 에이지의 시대이며, 뉴 에이지의 무서운 사상이 기승을 부리고 있는 시대이기에 예수 그리스도의 몸 된 교회가 이 시대를 향해 생명의 복음을 강하고 담대하게 전해야 할 것이다. 왜냐하면 저들에게 능히 대항할 수 있는 것은 어떤 강력한 군사력의 동원이나 무기가 아니라 오직 예수 그리스도의 피 묻은 복음뿐이기 때문이다. 그 복음만이 거짓된 사상으로 높게 쌓인 저들의 바벨탑을 능히 무너뜨릴 수 있는 것이다. 크리스천이라면 누구든지 이러한 복음의 무기를 가지고 있는 것이다. 무엇이 두려운가? 무엇 때문에 주저하며 망설이는가? 더 이상 방관하고 있을 시간이 없다. 왜냐하면 우리의 행동 여부에 따라서 이 세상을 살리느냐? 죽이느냐가 결정될 것이기 때문이다.

6.2.2. 복제 인간의 반기독교적인 윤리성

본래적 의미로서의 복제 인간이라는 것은 현재의 생명 과학 기술로는 달성이 용이하지 않다. 기술적으로 어려운 목표이며, 현재 인류가 공유하고 있는 가치관으로 볼 때 굳이 그것을 행해야 할 아무런 명분도 없는 일이다.[238] 하지만 이 복제 인간은 지금 현실에서 행해지고 있다.

복제 인간을 쉽게 만들 수 있는 방법이 있다. 그것은 식물 세포에는 있지만 동물의 경우 발생 초기에서 쉽게 잃어버리는 분화 전능의 성격을 이해하는 것이다. 분화 전능이라는 것은 생식 세포

---

238) 김기태, 조인래, 최금희, 신전수, 『복제 인간』(대구: CUP, 1994), p. 12.

들의 수분을 거치지 않더라도 하나의 체세포로부터 완전한 개체가 발생할 수 있는 식물의 경우처럼 어떤 세포의 발생학적 특성이 완전히 결정되지 않은 상태에서 환경이 변함에 따라 바뀔 수 있는 성질을 의미한다. 동물의 경우, 만일 간에서 조직을 떼어 내 세포 배양을 한다면 그것은 간세포 덩어리로서만 증식을 하게 되지, 배양한다고 해서 근육 세포로 전환이 이루어지거나 그 세포 하나가 완전한 하나의 개체로 성장되는 것을 기대할 수 없다. 그 이유는 유전적으로 간 조직을 구성하는 세포들은 이미 세포로서의 운명이 결정되어 있어서 다른 조직의 세포 특성으로 전환되지 않기 때문이다.[239] 이는 특정 조직으로 분화하는 데 필요한 유전자들만 발현이 되고 나머지 유전자들은 어떤 알려지지 않은 기작에 의해 발현이 저지되기 때문인 것으로 추정되고 있다.

하지만 식물의 경우는 식물 호르몬을 잘 조절해 주면 해당 체세포를 뿌리에서 취했든지, 잎사귀에서 취했든지, 줄기에서 취했든지 상관없이 그 세포에서 뿌리와 싹이 나서 결국은 완전한 하나의 개체로 성장할 수 있다. 즉 식물의 체세포들은 환경의 변화에 따라 얼마든지 바뀔 수 있다는 것을 의미한다. 자신의 세포학적 특성이 완전히 결정되어서 다른 조직의 특성으로 전환되지 않는 경우가 없는 것이다. 따라서 식물의 경우에는 복제 기술이 무척 쉽게 적용되고 있는 셈이며, 이러한 식물의 성질은 식물 육종에 매우 유용하게 응용되고 있다.

만일 분화 전능을 지배하는 인자를 분석해서 유전적으로 그것을 조작할 수 있다면 복제 인간은 기술적으로 매우 쉬운 일이 될지도

---

239) Ibid., p. 13.

모른다. 그리고 이러한 일이 현실이 된다면 머리털 한 뭉치로 무한히 많은 복제 인간이 태어날 수도 있고, 그 결과는 끔찍할 수밖에 없다.

보다 현실적으로 실현 가능성이 높은 방법은 복제 개구리의 기술을 그대로 사람에게 응용하는 경우이다. 이론적으로 이미 복제 개구리가 성공했기 때문에 기술적인 세밀함이 더 필요할지언정 불가능한 것으로 여겨지지는 않고 있다.

노벨상 수상자인 '제임스 왓슨'은 "세포융합이 더욱 정밀화되면 인간 체세포의 핵을 인간 난세포에 도입하는 것이 일상다반사가 될 가능성이 증대된다."라고 지적한 바 있다.[240]

조슈아 레더버그는 "우수한 개인의 모든 유전 청사진이 수중에 있다고 하면 유전자의 짝을 바꾸어 맞출 때 생기는 혼란이나 위험을 무릅쓰는 것보다 차라리 그 개인을 직접 복제해도 되지 않겠는가?"라고 말했다.

프로 농구 클럽의 구단주는 슈퍼스타 마이클 조단의 복제 인간을 쉽게 얻을 수 있다는 것에 대해 흥미를 느낄 것이다.

군부의 지도자들이 람보를 대량 생산해 내는 일에 흥미를 나타내는 것은 결코 이상한 일이 아닐 것이다. 독재자라면 통제하기 쉬운 국민을 많이 양산하는 방법으로 전국적으로 복제 인간 이외의 인간의 출생을 금지시키는 방법을 착상하는 데 매력을 느낄 수도 있다. 그 외에도 훨씬 휴머니즘적인 이유들을 상상할 수 있다.

하나의 공동체 내에 복제 인간이 수백 명 단위로 존재한다면 동료 복제 인간에게 장기를 기증하는 일은 가장 이상적인 조건을 갖추는 셈이 된다. 몹시 귀여워하던 자식이 불치병으로 죽어 가고

---

240) Ibid., p. 15.

있다면 부모의 심정에서 그 자식의 복제 인간을 만들고 싶을 것이다.

복제 인간은 성별을 임의로 선택할 수 있다. 어느 부부가 어떤 이유로 불임의 상태라고 할지라도 그 부부는 자신의 복제 인간으로 딸과 아들을 이상적으로 가질 수가 있다. 이상에서 살펴본 이유들은 복제 인간이 시도될 충분한 명분들을 제공하는 것 같다.241)

그러나 인간의 경우에는 실용주의적인 가치의 측면에서 보더라도 복제 인간이 정당화되기는 도저히 불가능하다. 인간을 제외한 피조계가 인간의 다스림과 경작의 대상이 된다는 것은 하나님께서 인간에게 위임한 청지기적 특권이라고 하겠지만 동물에게 적용되는 기술적 조작이 인간에게 그대로 적용될 수는 없다. 인간을 위해서는 또 다른 하나님의 규범들이 주어져 있기 때문이다. 인간은 인간에 의한 사랑과 섬김의 대상이지 다스림이나 조작의 대상일 수 없다는 것이다.

생물 복제의 기술적 가능성에서 우리가 엿볼 수 있는 한 가지 중요한 기독교적 관점은 복제 기술의 적용성 정도가 식물과 동물에 있어서 큰 차이를 갖고 있다는 것이다. 식물에게는 주어지지 않고 동물과 인간에게 주어진 생기의 정체는 알 수 없지만 성경의 이러한 기록은 식물과 동물의 질적인 차이점을 지적하고 있다.

또한 창세기 1장의 기록에서 식물의 창조와는 다르게 동물들에 대한 하나님의 창조에는 'Bara'라는 특수한 동사, 즉 하나님만이 주어가 될 수 있는 동사로 묘사되어 있는 것을 볼 때 이들 간의 질적인 차이는 충분히 엿볼 수 있다. 따라서 하나님에 의해서 규

---

241) Ibid., p. 17.

정된 이러한 식물, 동물, 그리고 인간 간의 질적인 차이는 복제 기술을 비롯한 유전 공학의 기술들에 대해서 차별적인 적용이 이루어져야 한다는 것을 우리들에게 요구하고 있다.242)

끝으로, 복제 인간보다는 불임을 극복하거나 유전병을 치료하겠다는 목적으로 시행되는 여러 가지 시술들이 갖고 있는 윤리적인 문제들이 우리에게는 더 급박한 사안이다. 그 시술들은 현재 인간의 배자 태아에 대해 확률적인 조작을 서슴지 않고 있어서 태아 및 배자의 인권 문제에 깊이 관련되어 있다. 체외수정과 수정란 분할 기술은 인간의 발생 과정 중 어디서부터가 진정한 인간으로서의 시작인가에 대한 심각한 의문을 염두에 두고 고려되어야 할 사안이다.

예를 들면, 체외수정의 경우 성공 확률을 높인다는 이유로 둘 이상의 많은 난자를 시험관에서 수정시켜 이식하게 되는데 경우에 따라서 남는 수정란을 폐기하기도 한다.

만일 한 인간으로서의 출발을 난자와 정자가 만나는 시점으로 생각한다면 남는 수정란을 폐기한다는 것은 살인 행위로 볼 수도 있을 것이다.

또 체외수정 후 이식했을 경우 그대로 태아로 발생하는 경우가 무척 많다는 것인데, 세쌍둥이 이상이 되었을 경우 태아들의 정상적인 성장이 어렵기 때문에 태아들 중 성장이 원활치 않는 태아를 선택적으로 유산시키는 기술을 적용시키고 있다고 한다. 체외수정 기술은 필수적으로 낙태라는 윤리적인 문제를 수반하고 있다.

하나님께서 사람에게 내리신 땅에서 번성하고 충만하라는 명령

242) Ibid., pp. 19~20.

은 결혼 후 부부간의 성행위를 통해 수행해야 하는 것으로 규범을 정하셨다는 것은 상식이다. 따라서 그러한 정상적인 과정을 통해 출산을 하지 못하는 경우 그것은 분명히 의료적인 도움을 통해 치료되어야 할 것이다.

예를 들면 난관이 막히거나 호르몬의 이상으로 배란이 원활치 못한 경우, 정자의 수가 적어서 생기는 불임 등을 의료적 처치로 극복하는 것은 정당한 치료 행위로 여겨진다. 이때 태어날 아기는 분명히 아버지와 어머니, 둘 다에게서 염색체를 받아들임으로써 자신의 유전적인 구성이 이루어져야 정상이다.[243] 따라서 난관 폐쇄를 극복하기 위한 수술, 호르몬 양의 조절, 배란의 촉진을 유도하기 위한 약물 투여, 정자 과소증을 극복하기 위한 정도는 불임을 극복하기 위한 치료로서의 지위를 갖는다고 보인다.

하지만 남편의 정자가 아닌 다른 정자를 사용하게 되는 경우나 체외수정의 경우에는 문제가 달라진다. 체외수정의 경우 남편의 정자와 부인의 난자를 사용했을 경우에는 그래도 큰 문제가 되지 않을 수 있지만 시험관 속에서 수정 과정을 인위적으로 조작할 수 있는 순간부터는 해당 부부가 아닌 제3자로부터 얻은 난자나 정자를 쉽게 사용할 수 있는 가능성으로 인해 문제가 심각해진다. 그리고 여기서부터 난자와 정자의 상업적 이용이라는 문제가 대두될 수 있는 것이다.[244]

실제로 지금의 시대는 미녀모델의 난자를 팔고 있다. 인터넷 웹사이트에 "예쁜 아이 낳고 싶으세요? 미녀 모델 난자 팝니다."라

---

243) Ibid., pp. 21~22.
244) Ibid., p. 23.

는 기사가 떠올라 있다. 이 사이트는 미국의 사진작가인 '론 해리스'라는 사람이 개설한 난자 경매 웹사이트였는데 팔등신 미녀라고 소개된 모델들의 사진이 칼라로 올라와 있고, 이 여자들의 난자를 원할 경우 입찰금을 써서 내는데 20%의 수수료를 받겠다는 것이다. 공식 출범도 하기 전에 4만 2천 달러, 우리 돈으로 5천만원 넘게 입찰가를 써낸 사람이 있다고도 한다.

해리스는 잘생긴 외모야말로 사회생활을 성공적으로 할 수 있기 때문에 이런 미녀를 뽑았다며 난자를 사다가 자신의 정자와 수정시켜 아내나 애인의 자궁에 착상시키면 환상적인 아이를 낳을 수 있다는 것이다.[245]

결국 체외수정은 결혼이라는 제도와 인간의 출산을 유리시키게 되는 결과를 가져오고 결국 가족을 기본 단위로 구축되어 있는 사회를 크게 재편할 수밖에 없도록 만들 것이다. 이것은 기독교적 관점에서 무엇보다도 중요시해야 하는 하나님의 창조 규범에 어긋나는 행위이며, 바로 이 점이 우리가 기독교적인 비판을 시도하거나 대안을 찾을 때 놓쳐서는 안 되는 것이다. 따라서 인간 배자 분할 실험은 그것을 시도해야 했던 명분에서부터 비판받아야 마땅하다고 생각한다.

그 실험은 인간의 배자가 갖는 인권에 대한 심각한 문제를 일으킬 수 있으며 그것이 불임의 치료라는 명분에 어느 정도 걸맞은 시도인가 하는 것도 의심스럽다.[246]

태에 관한 주권은 전적으로 하나님께 있는 것이다. 하나님께서

---

245) 신상언, 『사탄은 마침내 대중문화를?』(서울: 낮은울타리, 1992), p. 250.
246) 김기태, 조인래, 최금희, 신전수, 『복제 인간』(대구: CUP, 1994), pp. 23~24.

사라의 태를 열어 이삭을 낳게 하셨고, 리브가의 태를 열어 야곱과 에서를 낳게 하시고, 한나의 태를 열어 사무엘을 낳게 하시고, 엘리사벳의 태를 열어 세례요한을 낳게 하셨다. 그리고 그 태어난 자들을 머리로 사용하셨다.

오직 하나님께만 창조하시는 절대적인 주권에 있음을 시인하고 생명을 재창조하는 복제 인간의 행위나 체외수정의 행위를 행해서는 안 될 것이다.

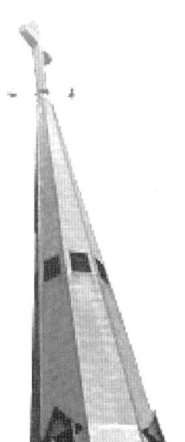

7. 끝나는 말

NUMBER SEVEN. CONCLUSION

7.1. 뉴 에이지에 대한 성경적인 조명

앞에서 여러 가지 방편으로 살펴본 바와 같이 뉴 에이지는 단순한 문화 차원을 넘어선 예수 그리스도의 구원관을 말살시키고자 하는 적 그리스도적인 무서운 사상을 담고 있다.

요한 일서 4장 2절로 3절에 다음과 같은 말씀이 기록되어 있다.

> "하나님의 영은 이것으로 알지니 곧 예수 그리스도께서 육체로 오신 것을 시인하는 영마다 하나님께 속한 것이요. 예수를 시인하지 아니하는 영마다 하나님께 속한 것이 아니니 이것이 곧 적그리스도의 영이니라. 오리라 한 말을 너희가 들었거니와 이제 벌써 세상에 있느니라."

이처럼 뉴 에이지는 예수 그리스도의 하나님 되심을 철저히 부인하므로 적그리스도의 영인 것이다.

문화란 인간에게 꼭 필요한 것이며, 인간의 삶을 보다 더 영위롭게 하며, 아름답게 가꾸어 나가는 발판이 되어야 하며, 특히나 인간의 안식처라고 할 수 있는 가정을 보호하며 세워 나가는 데 필요한 것이 되어야만 한다. 그러나 뉴 에이지라고 일컬어지는 문화는 가정을 파괴하며, 그 원인은 가정과 인간의 삶의 진정한 반석이 되시는 예수 그리스도를 부인하게 만들기 때문이다. 이런 점으로 미루어 보아 뉴 에이지는 단지 문화의 한 방편이 아니라 종교이며, 반 기독교적인 사상을 내포하고 있는 이단이다.

또한 기독교를 포함하고 있는 여러 종교들의 혼합체이므로 종교 다원주의와도 깊은 연관성이 있는 것이다. 그럼에도 불구하고 사람들에게 가볍게 취급되고 있는 이유는 뉴 에이지의 외형적인 요소가 종교이기보다는 문화에 가깝기 때문이다. 이것이야말로 사탄의 교묘한 술수인 것이다. 사탄도 고린도후서 11장 14절의 말씀처럼 "자기를 광명한 천사로 가장"하므로 영적인 분별력이 없이는 속아 넘어갈 수밖에 없는 것이다.

뉴 에이지는 종교의 기본적인 세 가지의 요소를 갖추고 있기에 문화가 아니라 종교인 것이다. 그 종교의 세 가지의 요소란 신과 구원과 내세이다. 그러면 뉴 에이지에서 말하는 이 종교의 세 가지의 요소를 성경적으로 조명해 보고자 한다.

첫째로, 뉴 에이지에서 말하는 신관은 '모든 것이 신이다.'라는 범신론이다. 그러나 성경적인 신관은 유일신관이며 그 유일신은 성경에서 말하는 오직 천지를 창조하신 하나님 한 분뿐이시다. 그 하나님 외에 다른 신은 우상에 불과한 것들이며, 우리를 결코 구원으로 인도할 수 없는 것이다. 그러므로 사탄은 인간을 멸망시키기 위한 목적으로 하나님 외에 다른 신을 만들고 그 신을 섬기도록 촉구하고 있으며 뉴 에이지라는 교묘한 술수를 악용하는 것이다.

출애굽기 20장 3절에 "너는 나 외에는 다른 신들을 네게 있게 말지니라."고 기록되어 있으며, 신명기 4장 39절에 "너는 오늘날 상천하지에 오직 여호와는 하나님이시요, 다른 신이 없는 줄을 알아 명심하고"라고 기록되어 있으며, 시편 73편 25절에 "하늘에서는 주 외에 누가 내게 있으리요. 땅에서는 주 밖에 나의 사모할 자 없나이다."라고 기록되어 있으며, 시편 47편 2절에 "지존하신 여호와는 엄위하시고 온 땅에 큰 임군이 되심이로다."라고 기록되어 있으며, 시편 96편 5절에 "만방의 모든 신은 헛것이요. 여호와께서는 하늘을 지으셨음이로다."라고 기록되어 있으며, 요한복음 17장 3절에 "영생은 곧 유일하신 참하나님과 그의 보내신 자 예수 그리스도를 아는 것이니이다."라고 기록되어 있다.

둘째로, 뉴 에이지에서 말하는 구원관은 윤회와 환생과 영적인 진화를 통해 인간이 신이 된다는 것이다. 이 영적인 진화로 인해 인간이 신이 되는 것이므로 신에게는 구원이 필요 없다는 것이다. 심지어는 예수 그리스도도 환생한 것으로 역설하기도 한다. 윤회란 사람이 죽어서 다시 다른 생물체로 태어난다는 것이며, 우리나라의 국교라고 할 수 있는 불교에 짙게 깔려 있는 사상이기도 하다. 그래서 우리나라 사람들의 입에서 습관처럼 자주 나오는 말 가운데 '전생'이라는 것이다. 그러나 결코 인간에게 전생이란 있을 수가 없는 것이다.

환생이란 윤회와 비슷한 의미를 함축하고 있는 것인데, 윤회란 차례로 돌아간다는 의미로써 인간의 영혼이 해탈하여 극락에 가기 전까지 멸하지 않고 돌고 돈다는 의미인 데 반해 환생이란 사람이 죽었다가 형상을 바꾸어 다시 태어난다는 것이다.[247] 그러나 히브리서 9장 27절에 "한 번 죽는 것은 사람에게 정하신 것이요. 그 후에는 심판이 있으리니"라는 말씀이 기록돼 있는 것처럼 인간이 죽은 후에는 윤회나 환생을 하는 것이 아니라 하나님께 심판을 받는 것이다.

요즘 들어서 더욱더 유명 연예인들을 주인공으로 내세워 전생과 윤회와 환생을 주제로 한 드라마나 영화들이 쏟아져 나오고 있다. 이러한 악한 사탄의 문화에 물들지 않도록 기도가 절실히 필요한 때이다.

---

247) 양성모, 『동아 새국어사전』(서울: 두산 동아출판사, 1990), p. 2477.

또한 영적인 진화를 구원관의 요소로 보고 있는데 이 영적인 진화란 인간이 여러 가지 수련의 방법을 통하여 우주와의 합일을 이루어 끝내는 신이 된다는 것이다. 그러므로 신이 될 수 있는 인간에게는 구원이 필요하지 않는 것이다. 예배의 대상 또한 다른 어떤 신이 아니라 자기 자신이라는 것이다.

그러나 로마서 3장 23절에 "모든 사람이 죄를 범하였으매 하나님의 영광에 이르지 못하더니"라고 기록되어 있으며, 요한복음 14장 6절에 "예수께서 가라사대 내가 곧 길이요, 진리요, 생명이니 나로 말미암지 않고는 아버지께로 올 자가 없느니라."고 기록되어 있으며, 사도행전 4장 12절에 "다른 이로써는 구원을 얻을 수 없나니 천하 인간에 구원을 얻을 만한 다른 이름을 우리에게 주신 일이 없음이라 하였더라."고 기록되어 있다.

이처럼 인간은 죄로 전적인 부패를 한 자들이므로 모두가 죄인이고 또한 그 죄를 스스로 해결할 수 없는 자들이므로 오직 하나님께서 그 해결책으로 주신 예수 그리스도의 보혈로써만이 구원을 받을 수가 있는 것이다.

그러므로 영적인 진화란 허무맹랑한 소리에 불과한 것이며, 인간은 결코 신이 될 수 없을뿐더러 영원한 멸망을 받을 수밖에 없는 존재인 것이다. 뉴 에이지에서는 그리스도라는 말을 지상에 사는 사람들에게 천사들 중에서 육체로 보내심을 받은 사자 혹은 메시아 화신이라고 주장한다. 그리고 예수, 부처, 모하메드, 공자 등을 포함한 모든 이들이 '그리스도'였으며 그들보다 좀 더 위대한 존재가 새 시대를 열 것이라고 주장한다.[248]

---

248) 신상언, 『사탄은 마침내 대중문화를?』(서울: 낮은울타리, 1992), p. 97.

그리스도라는 말은 '기름 부음 받은 자'라는 의미를 가지고 있는 직분을 의미하는 말로써 구원자라는 의미이다. 그리고 오직 구원자는 예수 그리스도 한 분뿐이시므로 그리스도는 곧 예수님을 지칭하는 고유명사인데 뉴 에이지에서는 예수를 비롯한 많은 타 종교의 교주들에서 붙이고 있다.

또한 뉴 에이지에서 말하는 그리스도는 '마이트레야(Maitreya)' 이다.

뉴 에이지 단체인 타라 센터에 의하면, 기독교인들은 '마이트레야(Maitreya)'를 그리스도라 부르고, 유대인들은 오실 '메시아', 불교 신자들은 다섯 번째 '부처', 힌두교 신자들은 '크리슈나(Krishna)', 회교도들은 '이맘 마히리'라고 부른다고 한다. 이 모든 이름은 한 사람의 이름인 것이다.[249]

그러나 앞서 살펴본 성경 말씀과도 같이 그리스도는 오직 예수님 한 분뿐이시고, 인류에게 구원을 주실 분 또한 예수 그리스도 한 분뿐이신 것이다.

셋째로, 뉴 에이지에서 말하는 내세관이다. 죽음이란 껍데기에 불과한 육신을 바꾸는 것과 같다고 한다. 이생에서 축적한 인간의 지혜는 다음 생에서도 이용할 수 있다고 한다. 자연의 순환과 동일하다고 하며, 인간을 심판할 하나님은 존재하지 않는다고 한다. 왜냐하면 인간 자신이 모든 것의 시작과 끝이기 때문이라는 것이다.[250]

그러나 요한 계시록 21장 6절에 "나는 알파와 오메가요. 처음과 나중이라."고 기록돼 있으므로 인간이 아닌 하나님께서만이 시

---

249) 이대복, 『이단종합연구』(서울: 큰샘출판사, 2000), pp. 177~178.

250) 이대복, 『월간 교회와 이단』 통권 28호, (서울: 큰샘출판사, 1996), p. 32.

작과 끝인 것이다.

뉴 에이지에서 말하는 천국과 하나님의 나라라는 용어는 뉴 에이저들에게 종종 구별되지 않는 용어이다. 이 용어는 지구가 영적으로 정화된 상태를 뜻하는데, 그때 인류는 그리스도의 의식을 얻어 신과 비슷한 경지에 달하게 된다고 한다.

새 시대(New Age), 곧 물병자리 시대(Aquarian Age)에는 천국과 하나님의 나라가 지상에 실현될 것으로 믿고 있다. 또는 그리스도의 화신(적그리스도)이 새 시대를 통치할 것이며, 하나의 세계 종교를 만들어 모든 국가를 하나의 강력한 국가로 통합시킬 것이라고 한다.

뉴 에이저들은 지옥과 심판이 없다고 주장한다. 그들은 죄와 악의 존재도 부인한다. 신은 선악을 넘어선 존재이므로 선악의 개념은 새 시대와는 관계없는 개념이라고 한다.251)

그러나 성경에서는 천국은 이 땅에 실현되는 것이 아니라 새 하늘과 새 땅이 도래하면 이 땅에 있는 모든 것들은 다 멸망한다고 기록돼 있다. 이에 대해서 요한 계시록 21장 1절에 "또 내가 새 하늘과 새 땅을 보니 처음 하늘과 처음 땅이 없어졌고 바다도 다시 있지 않더라."고 기록돼 있다. 또한 성경에서는 분명하게 지옥이 실재함을 기록하고 있고, 예수 그리스도를 믿지 않는 자들이 심판을 받아 지옥에 떨어짐을 기록하고 있다.

이에 대해서 요한 계시록 20장 13절로 15절에 다음과 같은 말씀이 기록돼 있다.

---

251) 신상언, 『사탄은 마침내 대중문화를?』(서울: 낮은울타리, 1992), p. 98.

"각 사람이 자기의 행위대로 심판을 받고 사망과 음부와 불 못에 던지우니 이것은 둘째 사망 곧 불 못이라. 누구든지 생명책에 기록되지 못한 자는 불 못에 던지우더라."

결론적으로, 뉴 에이지에서 말하는 신관과 구원관과 내세관을 성경으로 조명해 본 결과 모두가 하나같이 거짓된 사상임이 판명되었고, 그 뉴 에이지 사상에 매료되면 구원에서 멀어지는 것임을 알 수가 있다. 그리고 뉴 에이저들이 지옥과 심판을 부정하는 것은 자기들이 받아야 할 심판이 너무나 크기 때문인 것으로 사료되는 바이다.

그러기에 이 뉴 에이지는 사탄의 사상으로 점철되어 있는 것으로 알고 경각심을 가지고 경계해야 하며 하나님께 영적인 분별력을 달라고 기도로 호소하며 아뢰어야 할 것이다.

7.2. 뉴 에이지에 대한 기독교적인 대책과 방안

첫째로, 성경을 통해 문화를 보는 바른 시각과 가치관을 심어주어야 한다. 성경을 다른 말로 정경이라고 표현하며 이 정경은 영어로 'Canon'이라고 한다. 이 'Canon'은 치수를 재는 '잣대'라는 의미를 함축하고 있다. 그러므로 하나님께서 인류에게 주신 성경만이 참과 거짓을 판단하며, 진리와 비진리를 판단하며, 선과 악을 판단하는 '잣대'임을 가르쳐야 한다. 그래서 어떤 대상을 판단할 때 다수가 아니고, 자신의 어리석은 기준이 아닌 성경으로 판단하는 가치관을 심어 주어야 하는 것이다.

실례로 영화나 음반을 평가할 때 내용과는 전혀 상관없이 그 영화나 음반을 얼마나 많은 사람들이 보고 샀는가에 따라서 좋은 영화나 좋은 음반으로 치부해 버린다.

그러나 필자는 여기에 대해서 강력하게 반대하며, 앞서 말한 성경을 가지고 판단해야 한다고 주장하는 바이다.

또한 그 영화를 보거나 음반을 사는 사람들이 문화를 분석할 수 있는 전문가들이라면 얘기는 달라질 수도 있다. 그러나 그 문화를 접하는 대중들은 대부분 문화를 판단할 수 있는 기준이 없는 자들이다. 그러기에 그러한 그들이 아무리 많이 그 문화를 접했다고 할지라도 그 문화는 결코 바른 문화라고 할 수가 없는 것이다.

그리고 문화의 옳고 그름을 분석하는 '공연 예술 진흥 협의회' 도 상업성을 띠고 있으므로 그들의 판단을 너무 옹호해서는 안 될 것이다.

그러므로 교회 내에서는 이제부터라도 성경을 바로 가르쳐 그리스도의 문화관을 심어 주어야 할 것이다.

둘째로, 뉴 에이지를 놓고 기도해야 한다. 기도할 때 특별히 뉴 에이지에 대한 분별력을 달라고 기도해야 하며, 뉴 에이지 사상에 접했을 때 지혜롭게 대처할 수 있게 해 달라고 기도해야 할 것이다.

이 뉴 에이지는 사탄의 간교하고, 교묘한 술수이므로 성령의 도우심이 없이는 분별할 수가 없는 것이 많다. 또한 분별할 수 있는 것이라고 할지라도 우리도 모르는 사이에 넘어가고 마는 것이다.

베드로 전서 5장 8절에 "근신하라 깨어라 너희 대적 마귀가 우는 사자와 같이 두루 다니며 삼킬 자를 찾나니"라고 기록된 것처럼 사탄은 뉴 에이지라는 매개체를 가지고 우리의 영혼을 노리고 있다.

이러한 위험성을 제시하기 위해 개구리를 가지고 실험한 실례가 있다.

개구리를 물이 담긴 투명한 컵에 넣고 그 컵 밑에서 불을 가열하여 그 물의 온도를 개구리가 느끼지 못하도록 아주 조금씩 올리는 실험이다. 그러자 개구리가 자신의 몸이 담겨 있는 물이 뜨거워지는 줄도 모르고 그곳에 계속 있게 되는 것이다. 그리고 급기야는 물의 온도가 상승하자 튀겨지게 되었다는 것이다. 온도에 민감한 개구리는 그 온도를 감지하지 못하고 튀겨지고야 만 것이다. 그런 다음에는 도무지 살 가망성이 없는 것이다.

마치 뉴 에이지도 이와 같은 것이다. 우리의 의식이 느끼지 못하는 범위 내에서 우리의 잠재의식을 무서운 사상으로 잠식시켜 가는 것이다.

그러므로 이러한 것에 대한 대책을 하나님의 도우심을 기도로 구하는 것이 1차적인 것이며 아주 중요한 것이다. 그러므로 교회 내에서는 이제부터라도 뉴 에이지에 대해서 기도해야 할 것이다.

셋째로, 뉴 에이지에 대해서 가르쳐야 한다. 가르치되 문화적인 차원에서뿐만 아니라 종교적인 차원에서 가르쳐야 한다. 지금은 과거와는 달리 많은 그리스도인들이 뉴 에이지에 대해서 알고 있다. 그러나 단순한 문화로만 알 뿐이지 필자가 염려하는 것처럼 종교적인 깊은 의미를 알지 못한다. 뉴 에이지 속에 숨겨진 무서운 반 기독교적인 종교성을 알지 못한다면 그 아는 것은 무용지

물일 수밖에 없는 것이다.

그러나 뉴 에이지는 단순한 문화가 아니라 사탄이 마지막 시대에 자신의 모든 사상을 총동원한 강력한 무기인 것이다. 그러므로 기도로 무장해야 하며, "마귀의 궤계를 능히 대적하기 위하여 하나님의 전신갑주를 입으라."는 에베소서 6장 11절의 말씀처럼 행해야 하는 것이다. 그동안 교회가 뉴 에이지에 대해서 무관심한 것은 누구도 부인할 수 없는 사실이다. 그러나 이제부터라도 앞으로 차세대인 청소년들에게 뉴 에이지 문화의 해악성을 바로 가르쳐야 한다.

특별히 장애 요소가 되는 자신 마음의 벽을 먼저 허물어야 한다. 필자가 강의를 다녀 보면 가장 많은 질문이 "그 가수는 내가 제일 좋아하는 가수이며, 기독교인인데……, 그 드라마는 내가 즐겨 보는 드라마인데……."라는 질문들이다. 이 질문의 내용 속의 주체는 바로 자신이다. 설령 그 문화가 옳은 것이라고 할지라도 그 문화를 판단하는 기준이 자신이라면 그 문화 역시도 잘못된 문화인 것이다.

왜냐하면 앞서 말한 바와 같이 문화를 판단하는 기준이 자신이 되어서는 안 되는 것이고, 오직 성경이 되어야 하기 때문이다. 또한 그 문화의 주가 되는 연예인의 행적이 그 문화를 판단하는 기준이 되어서는 안 되며, 그 문화의 내용을 직접적으로 판단해야 하는 것이다.

끝으로, 뉴 에이지를 이길 수 있는 기독교적인 대안이라고 말할 수 있는 것은 지금의 모든 문화가 뉴 에이지 사상에 만연되어 있음을 알고, 단순히 즐기는 차원이 아니라 경계하며, 분석하는 차원에서 현 문화를 기도하면서 접해야 하는 것이다. 기도하지 않고 어떤 문화를 접하다가는 대중문화에 노출되어 있는 우리의 잠재의식은 무참한 공격을 당하고 말 것이다.

또한 한 주 동안 자신이 접했던 문화 중에서 뉴 에이지성을 발견한 것이 있다면 주일날 교회에서 지체들과 함께 나누어서 공감대를 이루어야 할 것이다.

필자가 바라는 것은 교회에서 뉴 에이지를 적극적으로 가르쳐야 하며, 학생부나 대학부나 청년부 예배가 끝난 후에 필연적으로 뉴 에이지에 대해서 서로 나누며, 분석하며, 기도하는 시간이 있어야 한다는 것이다.

그리고 교회를 담임하는 교역자들이나 부서를 담당하는 부교역자들이 문화를 성경에 비추어 보며 분석해야 한다. 이러한 분석이 단순한 분석으로 끝나서는 안 되며, 예를 들어 드라마나 영화를 분석할 때 전체적인 내용을 중점으로 분석하는 것도 중요하겠지만 그 매체에 등장하는 주인공은 물론이고, 단역 배우들의 행동이나 말투나 심지어는 그들이 즐겨 입는 의상이나 액세서리들을 면밀히 조사해 보아야 한다.

그리고 방송매체상에서의 연예인들이 입는 의상이나 행동들을 그대로 답습하여 따라하는 것을 금기시해야 하며, 왜 이러한 것들을 금해야 하는가를 성경에 비추어 가르쳐야 하는 것이다.

성경에서도 하나님께서 백성들에게 이방인과 언약도 맺지 말라고 하시며, 불쌍히 여기지도 말라고 하시며, 그들과 혼인도 하지 말라고(신 7:2~3) 하신 것처럼 그리스도인들도 세상의 풍습에 물들지 말아야 할 것이다.

이는 하나님께서 이스라엘 백성들이 이방인들의 풍습에 물들어 정체성을 잃어버릴까 하여 말씀하신 것이다.

그러므로 지금의 시대를 살아가는 그리스도인들도 이러한 확고한 신앙으로 세상의 문화를 근절해야만 하는 것이다. 이러한 마음을 성도들에게 심어 주는 것이 급선무인데 그러기 위해서는 세상의 문화 가운데 도사리고 있는 사탄의 괴악성을 밝혀 주어야 하며, 그러한 문화를 분석하기 위해서는 시간을 투자하여 세상의 문화를 살펴보아야 할 것이다. 그리고 살펴본 후에 성경을 통해 문제점을 파악하고 성도들에게 문제의식을 심어 주어야 하며, 분별력을 길러 주어야 한다. 그래서 성도들로 하여금 어떤 문화를 접하든 간에 그저 흥미와 재미와 자신의 욕구를 충족시키는 데에만 급급하지 않도록 하며 지혜롭게 잘 분별하여 자신들의 감정을 스스로 억제할 수 있도록 해 주어야 한다. 바로 이러한 자체 방어능력을 교회에서 성도들에게 가르쳐야 하는 것이다.

아울러 뉴 에이지를 이길 수 있도록 하기 위한 대책과 훈련 방안이 청소년들과 교인들에게 필요한데 그 방법으로는 성도들에게 스스로 뉴 에이지를 분별할 수 있는 시각을 갖게 해 주어야 하는 것이다.

가장 근본적인 뉴 에이지의 해악성은 우리가 접하는 문화 전반부의 내용이기보다 먼저 우리가 그 문화에 얼마나 중독돼 있는가를 스스로 진단해 보아야 한다. 왜냐하면 이러한 진단 여부의 확실성은 어느 누구보다도 본인 자신이 가장 잘 알 수 있기 때문이다.

문화와 신드롬과 증후군이라는 말이 있는데 이 세 가지의 말은 순차적인 말로서 중독성의 여부를 판가름하는 데 있어서 중요한

척도가 된다고 할 수 있겠다. 먼저 문화가 접해 오면 사람들은 그 문화를 통해 울기도 하고 웃기도 하며 자신의 감정을 놓게 되며 절제할 수 없는 지경에 이르게 된다. 하지만 문화가 종식되어 이러한 현상도 잊히게 되면 별다른 문제가 없는 것이고, 다시금 일상생활에 아무런 문제없이 정진하게 된다.

그러나 이러한 현상이 정도를 넘어 신드롬까지 번지게 되면 그 접했던 문화에서 등장하는 배우들과 똑같은 언행심사를 하고 싶은 충동이 일어나게 되고, 그 충동을 본인의 자제 능력의 여하에 따라 억제할 수 있는가 하면 그렇게 할 수 없게도 된다. 이처럼 문화에서 신드롬까지 감정이 전이되는 경우는 거의 다반사라고 할 수가 있으며 이 신드롬의 단계에 속해 있는 자가 자칫 잘못하면 증후군으로 전이되어 큰 화를 자초하게 되는 것이다.

증후군이란 말은 정신병의 한 종류를 일컫는 말로서 그 문화에서의 주인공을 우상으로 여기게 되는 위험을 초래하는 것이다. 그래서 마치 그 연예인이 자신의 인생의 모든 것이 되어 버리는 것으로 착각하게 되어 아주 심각한 지경에 이르는 것이다.

그리고 신드롬에 빠져 있는 자들을 자신들의 꿋꿋한 의지로 빠져나올 수 있지만 증후군에 빠져 있는 자들은 상대방의 도움이 절실히 필요하며 하나님의 도우심이 절대적으로 필요한 것이다.

그러므로 대책과 훈련방안은 계속 연구되고 보완되어야 할 필요성이 절실히 요구되는 것이다. 필자가 제시하고 싶은 것은 바로 신드롬이나 증후군에 빠지기 전에 문화의 단계에서 우리의 마음을 믿음으로 무장하여야 한다는 것이다. 그리고 이러한 사실을 알고 우리가 문화를 접할 때 신드롬이나 증후군에 빠지지 않도록 기도하는 마음과 분석하는 시각으로 접해야 한다는 것이다. 그러므로 미연에 방지하는 것이야말로 최선의 방법이라고 사료되는 바이며 이러한 방법들을 교회에서 성도들에게 꼭 제시해 주어야만 할 것이다.

참고문헌

BIBLIOGRAPHY

1. 국내서적

강영안, 김연종, 신국원 외. 『대중문화, 더 이상 침묵할 수 없다』 서울: 예영커뮤니케이션, 1998.

강인중. 『대중음악 볼륨을 낮춰라』 서울: 낮은울타리, 1999.

곽용화. 『당신은 뉴 에이지와 그 음악에 대해 얼마나 알고 있습니까?』 서울: 낮은울타리, 1995.

김광채. 『교부열전』 상권. 서울: 정은 문화사, 2002.

_____. 『신학논문작성법』 서울: 도서출판 참말, 1992.

김기태, 조인래, 최금희, 신전수. 『복제 인간』 대구: CUP, 1994.

김성호. 『뉴 에이지』 서울: 엠마오, 1992.

김웅광. 『뉴 에이지 운동의 정체』 서울: 국민일보사, 1994.

_____. 『영혼을 오염시키는 음악들』 서울: 국민일보사, 1992.

김 호. 『성경의 입장에서 본 뉴 에이지 운동』 서울: 생명의 말씀사, 1995.

나용화. 『기독교 세계관 문답공부』 서울: 기독교문서선교회, 1990.

_____. 『성경핵심입문』 서울: 기독교문서선교회, 1991.

_____. 『웨스트민스터신앙고백서』 서울: 기독교문서선교회, 2000.

_____. 『칼빈과 개혁신학』 서울: 기독교문서선교회, 1992.

박광수. 『톰슨 성경』 서울: 기독지혜사, 1988.

박영지. 『종교학 개설』 서울: 기독교문서선교회, 1990.

박영호. 『뉴 에이지 운동 연구』 서울: 기독교문서선교회, 1992.

박영호. 『뉴 에이지 운동과 영매술』 서울: 기독교문서선교회, 1992.

_____. 『뉴 에이지와 청소년 문화』 서울: 기독교문서선교회, 1995.

_____. 『뉴 에이지 운동 평가』 서울: 기독교문서선교회, 1992.

박용규. 『초대교회사』 서울: 총신대학교출판부, 1994.

서요한. 『초대교회사』 서울: 크리스천 다이제스트, 1999.

서철원. 『기독교 문화관』 서울: 총신대학출판부, 1992.

_____. 『신앙과 학문』 서울: 기독교문서선교회, 1988.

_____. 『하나님의 나라』 서울: 총신대학출판부, 1993.

성인경. 『아담과 문화를 논할 때』 서울: 낮은울타리, 1998.

손석태. 『말씀과 구속사』 서울: ESP, 2001.

_____. 『여호와 이스라엘의 남편』 서울: 도서출판 솔로몬, 1997.

_____. 『요엘서 강의』 서울: ESP, 2001.

_____. 『이스라엘의 선민사상』 서울: 성광문화사, 1991.

_____. 『창세기 강의』 서울: 성경읽기사, 1993.

손종태. 『팝 음악에 나타난 사탄의 활동』 서울: 크리스챤 서적, 1987.

신국원. 『포스트모더니즘』 서울: IVP, 1999.

신상언. 『뉴 에이지에 대한 이해와 연구』 서울: 낮은울타리, 1993.

_____. 『대중문화 최후의 유혹』 서울: 낮은울타리, 1993.

_____. 『사탄은 마침내 대중문화를 선택했습니다』 서울: 낮은울타리, 1992.

_____. 『사탄은 마침내 대중문화를?』 서울: 낮은울타리, 1992.

신상언. 『십대 자녀를 둔 부모가 꼭 알아야 할 대중문화의 모든 것』
    통권 제84호 특별부록. 서울: 낮은울타리, 1997.

_____. 『월간 낮은울타리』 통권 제70호. 서울: 낮은울타리, 1996.

_____. 『이제는 문화 패러다임입니다』 서울: 낮은울타리, 1998.

_____. 『X 그리고 대중 사탄 문화에 대한 보고서』 서울: 낮은울타리, 1995.

_____. 『N 세대를 위한 열 가지 교육전략』 서울: 낮은울타리, 1998.

_____. 『행복한 문화사역』 서울: 낮은울타리, 1998.

신상언 외. 『지도자용 핸드북』 서울: 낮은울타리, 1997.

신상언 외. 『n 낮은울타리』 월간 낮은울타리 별책부록 2002, 9월호.

윤명길. 『예비하라』 경기: 성인기획, 2000.

양성모. 『동아 새국어사전』 서울: 두산동아(동아출판사), 1990.

이건창. 『좋은 세계관』 서울: 낮은울타리, 1999.

이근삼. 『칼빈 · 칼빈주의』 서울: 엠마오, 1972.

이근삼 외. 『칼빈주의 특성과 강조점』 서울: 엠마오, 1986.

이대복. 『월간 교회와 이단』 통권 28호. 서울: 큰샘출판사, 1996.

_____. 『이단종합연구』 서울: 큰샘출판사, 2000.

이종성. 『칼빈』 서울: 대한기독교출판사, 1978.

이태언. 『칼빈의 개혁사상 연구』 서울: 성광문화사, 1992.

장순일. 『크리스챤 록 음악의 함정』 서울: 미완성, 1993.

정성구. 『칼빈주의 사상과 삶』 서울: 기독교문서선교회, 1978.

정형철. 『NIV한영해설성경』 서울: (주)아가페출판사, 1999.

조덕영. 『UFO와 신비주의』 서울: 두루마리, 1996.

조영엽. 『왜 열린예배는 잘못되었는가?』 서울: 도서출판 미스바, 2001.

주현철. 『성경일반(모세오경)』 광주: 태광출판사, 1991.

최광신. 『사탄은 대중음악을 정복하지 않았다』 경기: 두돌비, 1990.

최 혁. 『나의 찬송을 부르라』 서울: 규장문화사, 1994.

최현기. 『그리스도와 문화 Ⅰ, Ⅱ』 서울: 유니온학술자료원, 1990.

황병구. 『많은 물소리 Y2K Version』 서울: 죠이 선교회 출판부, 1992.

2. 번역서적

게일 A. 립링거 지음. 『뉴 에이지 성경 역본들』 신혜선 역. 서울: 말
    씀보존학회, 1998.

더글러스 R. 그루두이스 저. 『뉴 에이지 운동 정체』 박영호 역. 서울:
    기독교문서선교회, 1992.

도날드 K. 매킴 편저. 『칼빈신학의 이해』 이종태 역. 서울: 생명의 말
    씀사, 1991.

로버트 E. 웨버 지음. 『기독교 문화관』 이승구 역. 서울: 엠마오, 1984.

리처드 미들턴 · 브라이언 J. 왈쉬 공저. 『그리스도인의 비전』 황영철
    역. 서울: IVP, 1987.

리처드 니버 저. 『그리스도와 문화』 김재준 역. 서울: 대한기독교서회, 1958.

마크 C. 올브렉 저. 『뉴 에이지 운동과 환생』 박영호 역. 서울: 기독교
    문서선교회, 1992.

빌헬름 니젤 저. 『칼빈의 신학』 이종성 역. 서울: 대한기독교서회, 1973.

스탠리 J. 그랜즈. 『하나님의 비전』 장경철 역. 서울: CUP, 2000.

시몬키스트메이커 지음. 『칼빈주의 역사 · 원리 · 조망』 김정훈 역. 서
    울: 성광문화사, 1982.

아스 귀니이스 저. 『무덤파는 기독교인』 이종필 역. 서울: 낮은울타리, 1996.

R.C. 리드 지음. 『칼빈주의 뿌리와 열매』 홍병창 역. 서울: 교회교육연
    구원, 1985.

오쇼 라즈니쉬 저. 『배꼽』 박상준 역. 서울: 도서출판 장원, 1988.

워렌 오스틴 게이지 지음. 『창세기의 복음』 손석태 역. 서울: 솔로몬, 1999.

월터 마틴 저.『뉴 에이지 이단 운동』박영호 역. 서울: 기독교문서선
　　교회, 1992.

유스토 L. 곤잘레스 저.『초대교회사』서영일 역. 서울: 은성, 1987.

존 T. 맥닐 저.『칼빈주의 역사와 성격』양낙홍 역. 경기: 크리스챤 다
　　이제스트, 1990.

G. I. 윌리엄슨 지음.『웨스트민스터 신앙고백서 강해』나용화 역. 서
　　울: 개혁주의신행협회, 1980.

폴 헬름 저.『칼빈과 칼빈주의지들』서종대 역. 서울: 생명의 말씀사, 1988.

프랭크 갤럭 · 컬트 워첼 지음.『위험에 처한 교회음악』홍성수 역. 서
　　울: 두풍, 1997.

피터 S. 러크만 지음.『UFO를 둘러싼 음모』윤여성 역. 서울: 말씀보
　　존학회, 1999.

해리 R. 보어 지음.『단편 초대교회사』백성호 역. 서울: 개혁주의신
　　행협회, 1986.

헨리 미터 지음.『칼빈주의』박윤선, 김진홍 역. 서울: 개혁주의신행협
　　회, 1959.

헨리 미터 지음.『칼빈주의 근본원리』신복윤 역. 서울: 성광문화사, 1990.

3. 주석류

강병도.『호크마종합주석』창세기 1. 서울: 기독지혜사, 1989.

김영진.『존 칼빈 성경주석』창세기 I 서울: 성서교재간행사, 1992.

박윤선.『성경주석』창세기. 서울: 영음사, 1968.

한성천 · 김시열.『옥스퍼드 원어성경대전』창세기 제1 – 11장. 서울:
　　제자원, 2002.

4. 논문류

김용호. "뉴 에이지의 영향과 기독 청소년 치유" 서울: 개혁신학연구
　　원, 2000.

박정관. "락 음악이 청중에게 끼치는 영향" 서울: 장신대학원 졸업논

　　　문, 1989.

손갑선. "뉴 에이지 운동이 청소년들의 신앙생활에 미치는 영향" 서
　　　울: 서울신학대학원, 1997.

이한수. "뉴 에이지 운동이 청소년들에게 미치는 영향에 대한 연구"
　　　미국: 캘리포니아 신학대학원, 1995.

지통양. "사탄의 사역" 서울: 침신대학원 졸업논문, 1989.

5. 신문류

장종현. 「기독교연합신문」 2003년 4월 13일자 제728호, 서울: 등록번
　　　호 다-455.

「플로리다 마이아미 한인 주간」 특집/인간복제 January 1, 2003.

「한겨레 2」 동성애 시각교정 그 후는…… 2001년 5월 22일.

김영재(金英宰) ─────────────────────────

▌약력

미국 KNOX THEOLOGICAL SEMINARY(D. Min.)
개혁신학연구원: 現 개신대학원대학교(M. Div.)
광주개혁신학연구원: 現 광신대학교(B. Th., M. Div., equ.)

대한예수교장로회총회(개혁) 인천노회 목사
총회 개혁공보 인천지역 주재기자
반-뉴 에이지(ANTI-NEW AGE) 전문 강사

개혁고려신학교 교의신학 교수
미국 CUMBERLAND UNIVERSITY(KOREAN PROFESSOR)

▌주요 논저

*"A STUDY OF THE INFLUENCE OF NEW AGE MOVEMENT ON THE
ANTI-CHRISTIAN CULTURE"*
KNOX THEOLOGICAL SEMINARY, U.S.A., May, 2004.
「뉴 에이지의 반 기독교 문화적인 영향에 대한 연구」
(미국 낙스신학대학원, 2004. 5.)

『어떻게 웨스트민스터 신앙고백서를 설교할 것인가?』
(서울: 아가페음악선교원 출판부, 2009. 5.)

E-mail : ktsdmin9182@yahoo.co.kr
Blog : http://blog.daum.net/ktsdmin9182
M.P. : 016-9226-9182

뉴에이지(NEW AGE)가
개정증보판
교회를 파괴한다

초판인쇄 ｜ 2007년 9월 1일
초판발행 ｜ 2007년 9월 6일
개정증보판발행 ｜ 2010년 5월 31일

저 자 ｜ 김영재
펴낸이 ｜ 채종준
펴낸곳 ｜ 한국학술정보㈜
주 소 ｜ 경기도 파주시 교하읍 문발리 파주출판문화정보산업단지 513-5
전 화 ｜ 031) 908-3181(대표)
팩 스 ｜ 031) 908-3189
홈페이지 ｜ http://ebook.kstudy.com
E-mail ｜ 출판사업부 publish@kstudy.com
등 록 ｜ 제일산-115호(2000. 6. 19)

ISBN   978-89-268-1066-8 93230 (Paper Book)
       978-89-268-1067-5 98230 (e-Book)